U0451386

贾秀云 著

金代儒学思想探析

商务印书馆
The Commercial Press

图书在版编目(CIP)数据

金代儒学思想探析/贾秀云著.—北京：商务印书馆，2022
ISBN 978-7-100-20770-6

Ⅰ.①金… Ⅱ.①贾… Ⅲ.①儒家—哲学思想—研究—中国—金代　Ⅳ.① B222.05

中国版本图书馆 CIP 数据核字（2022）第 031647 号

权利保留，侵权必究。

金代儒学思想探析
贾秀云　著

商 务 印 书 馆 出 版
（北京王府井大街36号　邮政编码100710）
商 务 印 书 馆 发 行
北京顶佳世纪印刷有限公司印刷
ISBN 978-7-100-20770-6

2022 年 7 月第 1 版	开本 710×1000　1/16
2022 年 7 月北京第 1 次印刷	印张 17¾

定价：78.00 元

《山西大学建校 120 周年学术文库》总序

喜迎双甲子，奋进新征程。在山西大学百廿校庆之时，出版这套《山西大学建校 120 周年学术文库》，以此记录并见证学校充满挑战与奋斗、饱含智慧与激情的光辉岁月，展现山大人的精学苦研与广博思想。

大学，是萌发新思想、创造新知识的学术殿堂。求真问理、传道授业是大学的责任。一百二十年来，一代又一代山大人始终以探究真理为宗旨，以创造新知为使命。无论创校初期名家云集、鼓荡相习，还是抗战烽火中辗转迁徙、筚路蓝缕；无论是新中国成立后"为完成祖国交给我们的任务而奋斗"，还是改革开放以后融入科教强国建设的时代洪流，山大人都坚守初心、笃志求学，立足大地、体察众生，荟萃思想、传承文脉，成就了百年学府的勤奋严谨与信实创新。

大学之大，在于大学者、在于栋梁才。十年树木、百年树人。一百二十年的山大，赓续着教学相长、师生互信、知智共生的优良传统。在知识的传授中，师生的思想得以融通激发；在深入社会的广泛研习中，来自现实的经验得以归纳总结；在无数次的探索与思考中，那些模糊的概念被澄明、假设的命题被证实、现实的困惑被破解……，新知识、新思想、新理论，一一呈现于《山西大学建校 120 周年学术文库》。

"问题之研究，须以学理为根据。"文库的研究成果有着翔实的史料支撑、清晰的问题意识、科学的研究方法、严谨的逻辑结构，既有基于社会实践的田野资料佐证，也有源自哲学思辨的深刻与超越，展示了山大学者"沉潜刚克、高明柔克"的学术风格，体现了山大人的厚积薄发和卓越追求。

习近平总书记在 2016 年哲学社会科学工作座谈会上指出，"一个国家的发展水平，既取决于自然科学发展水平，也取决于哲学社会科学发展水平。

一个没有发达的自然科学的国家不可能走在世界前列，一个没有繁荣的哲学社会科学的国家也不可能走在世界前列"。立足国际视野，秉持家国情怀。在加快"双一流"建设、实现高质量内涵式发展的征程中，山大人深知自己肩负着探究自然奥秘、引领技术前沿的神圣责任，承担着繁荣发展哲学社会科学的光荣使命。

  百廿再出发，明朝更璀璨。令德湖畔、丁香花开，欣逢盛世、高歌前行。山大学子、山大学人将以建校 120 周年为契机，沿着历史的足迹，继续秉持"中西会通、求真至善、登崇俊良、自强报国"的办学传统，知行合一、厚德载物、守正创新、引领未来。向着建设高水平综合性研究型大学、跻身中国优秀知名大学行列的目标迈进，为实现中华民族伟大复兴的中国梦贡献智慧与力量。

目 录

前　言 ……………………………………………………………… 1

第一章　金代儒学地位的确立 ……………………………… 3

第一节　宋儒传播儒学的努力 ……………………………… 3

第二节　科举制度引领儒学的传播 ………………………… 9

第二章　金代儒学发展的特殊原因 ………………………… 14

第一节　"苏学盛于北"的影响 …………………………… 14

第二节　耶律倍"让国"事件 ……………………………… 27

第三章　赵秉文弘扬儒学的决心 …………………………… 39

第一节　艰难探索 …………………………………………… 40

第二节　黄河悟道 …………………………………………… 50

第三节　《中庸》在赵秉文儒学思想中的地位 ……………61

第四章　赵秉文儒学思想分析···65

第一节　赵秉文儒学作品分析·······································65

第二节　赵秉文儒学思想的主要特征·······························82

第五章　赵秉文史论中的儒学观·····································90

第一节　对儒家理论的坚持和固守···································91

第二节　赵秉文儒家思想的灵活性···································97

第三节　赵秉文儒学思想的实用性··································101

第四节　极力赞美赵秉文的杨云翼··································106

第六章　赵秉文儒学思想影响下的文坛思考·························110

第一节　对文士命运的思考··110

第二节　儒学思想影响下的文学观··································122

第七章　李纯甫儒学思想探析······································130

第一节　李纯甫儒学思想的主要特征································130

第二节　《鸣道集说》的主要思想··································138

第八章　《鸣道集说》的影响及李纯甫的文学观····················158

第一节　《鸣道集说》的影响······································158

第二节　儒学思想影响下李纯甫的文学观···························162

第三节　李纯甫诗歌作品中的思想变化···············166

第九章　王若虚儒学思想的特征···············173

　　第一节　学界评价：探寻真谛，力求其正···············173

　　第二节　王若虚的主要儒学观点···············178

第十章　王若虚儒学思想的践行···············199

　　第一节　求真的文学观···············199

　　第二节　努力践行儒家理论···············210

第十一章　元好问的儒学思想···············222

　　第一节　元好问对儒学的思考···············222

　　第二节　元好问儒学思想的践行···············232

第十二章　元好问对儒道的变通···············247

　　第一节　对社会现实的批判和思考···············247

　　第二节　元好问对儒道的变通···············260

结　语···············268
参考文献···············272

前　言

金代（1115—1234）是北方女真民族建立的政权，完颜阿骨打统一女真各部后，于 1115 年建立大金国。金国 1125 年灭亡辽国，1127 年灭亡北宋。1153 年海陵王完颜亮迁都中都（今北京），接着，金国进入了一段稳定的发展期，在金世宗、金章宗时代，政治、经济、文化等都出现了繁荣景象。之后，金国开始由盛转衰，于 1234 年被蒙古国灭亡。

金代存国仅仅一百余年，走过了发展—繁荣—衰弱—灭亡的全过程，这个朝代是一个快速发展的朝代，它的文化也经历了快速发展的过程。从创造文字开始，文化与文学进入跨越式发展的时代。在金世宗、金章宗时期，文化文学都出现了繁荣景象，取得了丰硕的成果。金代是一个匆匆而来、匆匆而去的朝代，就像它的迅速崛起一样，它又迅速走向了灭亡，它甚至没有把它创造的大量的思想文化成果留下，就匆匆带着这个时期的士大夫精英消失在历史长河中……

金代是与宋代对峙的时代，而宋代是思想文化繁荣的时代，儒学在宋代进入了一个新的发展时期，理学兴起并迅速发展，同时出现了一批儒学大师和大量的儒学著作。宋儒为儒学的发展做出了巨大贡献，他们的著作也影响了金代的儒士。金代是北方草原民族建立的政权，虽然在思想文化的构建过程中，主要以中原文化为基础，但它毕竟是草原民族文化占有主导地位的政权，在多民族文化的融合过程中，形成了自身的文化特点。所以金代儒士对宋儒的学术成果的接受过程也是一个重新创造的过程，金代儒士对儒学的思考有着自身的特点，他们的学术成果也是具有创新性的成果。金代的这些学术成果是儒学发展的重要组成部分，对这些学术成果的研究也是儒学研究的重要内容。

现在我们能看到的金代资料很少。尽管资料有限，但从中我们还是可以知道，金代曾经创造了丰富的思想文化成果。在我们现有的资料中，金代的儒学成果比较分散，不成体系，一些重要的儒士没有留下著作。所以，一直以来，学界对金代的儒学研究也是零散的，没有很系统的研究。可喜有刘辉博士的《金代儒学研究》著作出版，这是对金代儒学比较系统的研究，是金代儒学的重要研究著作。但是，金代儒学还有很大的研究空间，本书着力于金代儒学著作的分析研究，在文学作品中发掘金代儒学在文化文学方面的影响，全面考察金代儒学成果，从而进一步理解金代儒学的特点，探寻金代儒学在儒学发展史上的贡献。

第一章　金代儒学地位的确立

金代思想文化走过了迅速发展繁荣的过程，但这一过程的阶段性还是比较明显的，学界认为金代的思想文化的发展过程应该分为三个阶段：第一阶段，"借才异代"期（金太祖、金太宗、金熙宗、海陵王时期）；第二阶段，文化发展期（金世宗、金章宗时期）；第三阶段，文化繁荣期（南渡之后）。如果从儒学的发展来看，第一阶段是建立基础的时期，这一时期的主要儒士来自辽与宋，虽然辽代的一些儒士在金代的文化建设中起到了重要作用，但是这一时期的主要儒士还是宋儒，他们为金代儒学地位的确立起到了主要作用。

第一节　宋儒传播儒学的努力

一直以来，学界都把金代早期的文人群体称为"借才异代"的文人。金代是一个文化跨越式发展的时代，而这样的发展难以由女真民族自己培养的文人来完成，金代走出了自己独特的发展路径。金代统治者由于自己民族文化发展相对落后，所以对中原文化非常仰慕。文化的载体是文人和书籍，书籍很容易得到，在金人与契丹人、汉人的交往中，可以通过各种方式得到书籍。金人占领汴梁之后，北宋存留的大量书籍都成了金人的宝贵典籍，但要使用这些典籍，就需要典籍的传承人。金人从建国初期就很清楚地意识到人才的重要性。

契丹人建立辽国之后，积极学习汉文化，经过近二百年的学习过程，文化也得到了很好的发展，金人灭亡辽国之后，对辽国的人才也接纳重用。天辅二年（1118）金太祖诏曰："国书诏令，宜选善属文者为之。其令所在访求博学雄才之士，敦遣赴阙。"①之后，金人在对辽国的人才搜寻、任用的同时，对宋朝文人也开始了各种方式的搜求。"金源氏起东北小夷，部曲数百人，渡鸭绿，取黄龙，便建位号。一用辽宋制度，收一国之名士，置之近要，使藻饰王化，号十学士。"②"金初无文字也，自太祖得辽人韩昉而言始文，太宗入宋汴州，取经籍图书。宋宇文虚中、张斛、蔡松年、高士谈辈先后归之，而文字煨兴，然犹借才异代也。"③在这些记载中我们可以看到金国早期的文士主要是宋儒，这一文人群体的主要来源是招降、使节扣押、占领地据有。在宋金发生战争的同时，经济文化的交流也在发生，一部分文士因为各种原因降金，例如，蔡松年就是父子战败降金，成为金的文士。金人占领宋的土地之后，土地上的文人被迫成为金的臣民。金人占领汴梁后，更是得到了大量的文士精英。据《金史》记载，金人占领汴梁后，"取汴经籍书，宋士多归之"④。金国在多方搜索宋代文士的同时，把目光瞄向了宋国派来的使节。这些使节多是宋朝培养的精英人才，被朝廷派往北方处理各种外交事务，金人发现这些人才能出众，都是可堪重用之士，于是直接扣押，威逼利诱，企图为己所用。"六飞南渡，使金者几三十辈，其得生渡卢沟而南者，鄱阳洪公皓、新安朱公弁、历阳张公邵，才三人耳。"⑤总之，金人通过各种手段，得到了大量的汉人文士，占领汴梁之后，金国文人队伍迅速壮大。这些儒士成为金国的臣民之后，有的心甘情愿，有的被迫滞留。这些文士都是在儒家文化为核心的传统文化的熏染中成长起来的。他们的责任意识、担当意识在宋代统治者用人政策的刺激下，得到了进一步的发展。成为金人的臣

---

① ［元］脱脱等撰:《金史》卷2，中华书局1975年版，第32页。
② ［元］苏天爵编:《元文类》卷14，商务印书馆1936年版，第177页。
③ ［清］庄仲方编:《金文雅》，成文出版社1967年版，《序》第3页。
④ 《金史》卷125，第2713页。
⑤ 李修生主编:《全元文》，江苏古籍出版社1999年版，第8册，第235页。

子后，他们对社会的责任意识不可能迅速消失，而是会在可能的条件下把自己的这种意识发挥出来。而当时的金国统治者给了他们这样的机会。金人为了很好地统治汉人地区，延续汉人的统治方略，任用大量来自宋的文人。大量的文士进入金人统治阶层，他们的文化素养决定了他们保持自己民族文化的必然性，文人的使命感也使得他们产生了"以夏变夷"的决心。

一、教授女真子弟

宋儒进入金国之后，并没有因为对金国的仇视而拒绝接触女真贵族，而是积极教授女真贵族子弟。朱弁被扣留金国期间，金国贵族王公送子弟求学，朱弁热情教授。洪皓滞留金国时，曾用桦树叶写成《论语》《孟子》《大学》《中庸》四书，被称为"桦叶四书"，用以教授女真子弟。张邵滞留期间，也曾以教授女真子弟为业。"虏新立国，乡慕文教，人知公以儒学，士多从之，授书生徒，断木书于其上，捧诵既过，削去复书。"[①]从这些可见，朱弁、洪皓、张邵等人因为出使金国被扣留，从而在北方长期滞留，他们的生活非常艰难，但是在这样艰难的环境中，他们却做着传播儒家文化的大事。他们在教授贵族子弟的同时，与当时金国的贵族文士多有交往，有的甚至成为好友。"又以易讲授，学者为之期日升僧座，鸣鼓为候，请说大义，一时听者毕至。由是圣徒或有钱、米、帛之馈，则赖以自给。"[②]由此可见，他们在滞留期间，因为教授、宣讲儒家经典，与金国社会广泛接触，为推进儒家文化在金代的传播起到了非常重要的作用。这些人在滞留期间以教授为业，他们在教授贵族子弟时，不可能想不到"以夏变夷"的圣人遗训。

    金代儒学承袭了辽和北宋的传统。金朝建国之初，为了加强对中原地区的统治，除了对主动投靠的辽宋旧臣委以重任外，还通过采用科举

---

① ［宋］徐梦莘撰：《三朝北盟会编》卷222，上海古籍出版社2019年版，第1605页。
② 《三朝北盟会编》卷222，第1605页。

考试以及扣留宋使等手段，大量收罗儒学人才，改变了质而不文的落后面貌，从国家制度、政策、语言文字到风俗习惯等都深受汉族文化的影响。不过，从大体上说，政府在科举制度、学校教育方面兼采唐宋制度（因辽袭唐），而在民间则苏学独盛，程学、王学衰而不绝。……宇文虚中、张斛、蔡松年、高士谈等从南方来的士大夫也同时带来许多经籍图书。此外，金初著名儒士还有韩昉、吴激、胡砺、翟永固、张用直等人。正是这些"借"来的人才决定了金初儒学的面貌。然而，由于他们大都被帮助金朝实现由奴隶制国家向封建制国家转变的任务绊住了，忙于参与制定礼仪制度、修史定诏、充任外交使节等等；另一些不愿为官的人如洪皓、张邵等则忙于向女真人传授汉族文化知识，做普及工作。①

进入金国的文士，一方面推进儒家文化的传播，另一方面也在推进金国政治制度的改革。以宇文虚中为代表的一些宋儒精英进入金国后，得到统治者的赏识，于是积极推进金国典章制度的制定。《建炎以来系年要录》记载："自古享国之盛无如唐室。本朝目今制度，并依唐制，衣服官制之类，皆是自宇文相公共蔡太学并本朝数十人相与评议。"②正是宇文虚中等文士为金代制定了一整套礼仪制度。孔子主张"为国以礼"，礼仪制度是儒家治理国家的基本制度。在金太祖、金太宗时期，金国基本没有建立礼仪制度，"金人之入汴也，时宋承平日久，典章礼乐，灿然备具。金人既悉收其图籍，载其车辂、法物、仪仗而北，时方事军旅，未遑讲也"③。"天辅草创，未遑礼乐之事。"④金太祖、金太宗时期，国家的礼仪制度还没有确立。金熙宗时期是礼仪制度的建立期，"皇统间，熙宗巡幸析津，始乘金辂，导仪卫，陈鼓吹，

---

① 魏崇武：《金代儒学发展略论》，《赣南师范学院学报》1995年第3期。
② ［宋］李心传撰：《建炎以来系年要录》，上海古籍出版社1992年版，第126页。
③ 《金史》卷28，第691页。
④ 《金史》卷3，第66页。

其观听赫然一新，而宗社朝会之礼亦次第举行矣"①。从这些记载可见，到皇统年间，皇帝出行的礼仪制度已经开始实行，这已经从形式上强调了帝王的威严，为儒家所主张的君君臣臣的等级制度的全面建立奠定了基础。

在宋儒的推动下，金代制定了系统的礼仪制度。据《金史·礼志》记载，金代祭祀礼仪是非常细致、完善的，这是对儒家"国之大事惟祀与戎"的具体践行。金国也制定了详细的朝仪制度，在详细的朝仪规范中把儒家所强调的等级制度在形式上充分表现，加强了中央集权统治。在制度的儒家化过程中，金国对孔子的祭祀仪式也非常重视，制定了一整套的祭孔礼仪，在形式上把孔子推向了思想教主的位置。这些礼仪制度为儒学在金国的传播起到了强有力的推动作用。

二、用儒学思想熏染统治阶层

金代以武力取得天下，但在很短的时间内就创造了文化繁荣景象，这与统治阶层的文治政策是分不开的。"金初未有文字。世祖以来，渐立条教。太祖既兴，得辽旧人用之，使介往复，其言已文。太宗继统，乃行选举之法，及伐宋，取汴经籍图，宋士多归之。熙宗款谒先圣，北面如弟子礼。世宗、章宗之世，儒风丕变，庠序日盛，士由科第位至宰辅者接踵。当时儒者虽无专门名家之学，然而朝廷典策、邻国书命，粲然有可观者矣。金用武得国，无以异于辽，而一代制作，能自树立唐、宋之间，有非辽世所及，以文而不以武也。"②

草原民族的贵族阶层能够很快接受汉文化，与"借才异代"的儒士的努力是分不开的。金熙宗自幼接受汉文化的熏陶，他不仅掌握了丰富的汉文化知识，同时，这些知识也在气质秉性等方面对他产生了巨大影响。"（完颜亶）自童稚时金人已入中原，得燕人韩昉及中国儒士教之。其亶之学也，虽不能

---

① 《金史》卷28，第691页。
② 《金史》卷125，第2713页。

明经博古，而稍解赋诗翰，雅歌儒服，烹茶焚香，奕棋战象，徒失女真之本态耳。由是则与旧大功臣君臣之道殊不相合，渠视旧大功臣则曰：无知夷狄也。旧大功臣视渠则曰：宛然一汉家少年子也。既如是也。欲上下同心不亦难乎！又曰：僭位以来左右诸儒日进谄谀，教以宫室之状、服御之美、妃嫔之盛、燕栾之侈、乘舆之贵、禁卫之严、礼义之尊、府库之限，以尽中国为君之道。今亶出则清道警跸，入则端居九重，旧大功臣非惟道不相合，仍非时莫得见，瞻望墀阶迥分霄壤矣。"①

从上面的记载可见，金熙宗不仅气质发生了变化，而且在儒士的影响下开始建立一整套君君臣臣的统治秩序，使得金代很快进入了集权的封建统治时代。金代建国后到金熙宗之前，君臣关系是"虽有君臣之称，而无尊卑之别，乐则同享，财则同用。至于屋舍、车马、衣服、饮食之类，俱无异焉"②，上下尊卑的等级制度尚未建立。到金熙宗时代，逐渐建立起了君臣等级制度，礼仪方面也很快完善。

金熙宗对儒学非常重视，封孔子后代为衍圣公，在都城修建孔子庙，并亲自祭祀，"……上亲祭孔子庙，北面再拜。退谓侍臣曰：'朕幼年游佚，不知志学，岁月逾迈，深以为悔。孔子虽无位，其道可尊，使万世景仰。大凡为善，不可不勉。'自是颇读《尚书》《论语》及《五代》《辽史》诸书，或以夜继焉"③。"（皇统元年）三月己未，上宴群臣于瑶池殿，适宗弼遣使奏捷，侍臣多进诗称贺。帝览之曰：'太平之世，当尚文物，自古致治，皆由是也。'"④金熙宗对汉文化的学习不是个别现象，说明金代贵族阶层已经开始接受汉文化，而整个贵族阶层对汉文化的接受也促进了儒学在金国的传播。

---

① 《三朝北盟会编》卷166，第1197页。
② 同上。
③ 《金史》卷4，第76～77页。
④ 同上注，第77页。

第二节　科举制度引领儒学的传播

金代贵族阶层对汉文化的学习是很积极的，在可能的情况下，他们让自己的子弟拜汉人文士为师，他们以自己的汉文化水平高为荣。

一、科举制度的建立与完善

从国家的层面看，金代积极推行科举制度，以科举为导向，促使贵族子弟学习汉文化。

"自三代乡举里选之法废，秦、汉以来各因一代之宜，以尽一时之才，苟足于用即已，故法度之不一其来远矣。在汉之世，虽有贤良方正诸科以取士，而推择为吏，由是以致公卿，公卿子弟入备宿卫，因被宠遇，以位通显。魏、晋而下互有因革，至于唐、宋，进士盛焉。当时士君子之进，不由是涂则自以为慊，此由时君之好尚，故人心之趣向然也。辽起唐季，颇用唐进士法取人，然仕于其国者，考其致身之所自，进士才十之二三耳。金承辽后，凡事欲轶辽世，故进士科目兼采唐、宋之法而增损之。其及第出身，视前代特重，而法亦密焉。若夫以策论进士取其国人，而用女直文字以为程文，斯盖就其所长以收其用，又欲行其国字，使人通习而不废耳。终金之代，科目得人为盛。诸宫护卫及省台部译史、令史、通事，仕进皆列于正班，斯则唐、宋以来之所无者，岂非因时制宜，而以汉法为依据者乎？金治纯驳，议者于是每有别焉。"①这段文字把金代的科举制度放在了中国科举制度的发展进程中来考察，金代科举制度是在继承唐、宋科举制度的基础上建立和完善的。金人在吸取前代制度的基础上，也根据自己国家的情况不断地

---

① 《金史》卷 51，第 1129～1130 页。

改革创新，通过科举制度，选取了大量优秀人才进入了统治阶层，有学者统计，金代录取的进士总数甚至超过了唐代，金代的科举可谓盛况空前。

金代是女真民族建立的政权，他们对本民族文化水平的提升非常重视，为了迅速提高女真人的文化水平，采取了一系列的措施。"凡养士之地曰国子监，始置于天德三年，后定制，词赋、经义生百人，小学生百人，以宗室及外戚皇后大功以上亲、诸功臣及三品以上官兄弟子孙年十五以上者入学，不及十五者入小学。大定六年始置太学，初养士百六十人，后定五品以上官兄弟子孙百五十人，曾得府荐及终场人二百五十人，凡四百人。府学亦大定十六年置，凡十七处，共千人。初以尝与廷试及宗室皇家袒免以上亲、并得解举人为之。后增州学，遂加以五品以上官、曾任随朝六品官之兄弟子孙，余官之兄弟子孙经府荐者，同境内举人试补三之一，阙里庙宅子孙年十三以上不限数，经府荐及终场免试者不得过二十人。"① 从这段记载可见，金代的养士之所是国子监，这里的学子都是贵族子弟，而这些贵族子弟多是女真子弟。

金代对女真民族的教育不仅仅局限在国子监，而是注意到了社会各个层面。"自大定四年，以女直大小字译经书颁行之。后择猛安谋克内良家子弟为学生，诸路至三千人。九年，取其尤俊秀者百人至京师，以编修官温迪罕缔达教之。十三年，以策、诗取士，始设女直国子学，诸路设女直府学，以新进士为教授。国子学策论生百人，小学生百人。府州学二十二，中都、上京、胡里改、恤频、合懒、蒲与、婆速、咸平、泰州、临潢、北京、冀州、开州、丰州、西京、东京、盖州、隆州、东平、益都、河南、陕西置之。凡取国子学生、府学生之制，皆与词赋、经义生同。又定制，每谋克取二人，若宗室每二十户内无愿学者，则取有物力家子弟年十三以上、二十以下者充。凡会课，三日作策论一道，季月私试如汉生制。大定二十九年，敕凡京

---

① 《金史》卷 51，第 1131 页。

府镇州诸学，各以女直、汉人进士长贰官提控其事，具入官衔。"①从这段记载可见，金代的教育已经注意到了普通的良家子弟。官方选取了女真、汉人进士对女真子弟进行教育。

金代专门为女真人设置了科举科目，一方面激发了女真人的学习积极性，另一方面保证了女真人在统治阶层的绝对优势。"策论进士，选女直人之科也。始大定四年，世宗命颁行女直大小字所译经书，每谋克选二人习之。寻欲兴女直字学校，猛安谋克内多择良家子为生，诸路至三千人。九年，选异等者得百人，荐于京师，廪给之，命温迪罕缔达教以古书，作诗、策，后复试，得徒单镒以下三十余人。十一年，始议行策选之制，至十三年始定每场策一道，以五百字以上成，免乡试府试，止赴会试御试。且诏京师设女直国子学，诸路设女直府学，拟以新进士充教授，以教士民子弟之愿学者。俟行之久、学者众，则同汉进士三年一试之制。乃就悯忠寺试徒单镒等，其策曰：'贤生于世，世资于贤。世未尝不生贤，贤未尝不辅世。盖世非无贤，惟用与否，若伊尹之佐成汤，傅说之辅高宗，吕望之遇文王，皆起耕筑渔钓之间，而其功业卓然，后世不能企及者，盖殷、周之君能用其人，尽其才也。本朝以神武定天下，圣上以文德绥海内，文武并用，言小善而必从，事小便而不弃，盖取人之道尽矣。而尚忧贤能遗于草泽者，今欲尽得天下之贤而用之，又俾贤者各尽其能，以何道而臻此乎？'悯忠寺旧有双塔，进士入院之夜半，闻东塔上有声如音乐，西入宫。考试官侍御史完颜蒲涅等曰：'文路始开而有此，得贤之祥也。'中选者得徒单镒以下二十七人。"②在这段记载中可见，对于女真人的科举规定已经比较完善，女真子弟中已经出现大量优秀才士。金代的策论中也可以看到他们求取贤才的迫切期望。在这样的制度下，金代女真子弟的文化水平必然会快速提升。

---

① 《金史》卷51，第1133～1134页。
② 同上注，第1140～1141页。

二、科举制度推进儒学的传播

金代的贵族阶层在提升文化水平的同时，已经开始接受儒家思想，而最高统治者对儒家思想的接受大大推进了儒学在金国的传播。在统治阶层接受儒家思想的基础上，宋儒也为儒学的传播做着各种努力。科举考试科目的规定是推动儒学传播的重要途径。

金代的科举科目有七科，大部分科目的考试内容与儒学经典相关联，例如，经义、策试、经童、女直进士等，这些科目都是以儒家经典为考试内容的，只是侧重点不同而已。"金设科皆因辽、宋制，有词赋、经义、策试、律科、经童之制。海陵天德三年，罢策试科。世宗大定十一年，创设女直进士科，初但试策，后增试论，所谓策论进士也。明昌初，又设制举宏词科，以待非常之士。故金取士之目有七焉。其试词赋、经义、策论中选者，谓之进士。律科、经童中选者，曰举人。"[1] 在金代科举中大部分科目的考试内容是与儒学相关联的，这就促使学子们学习儒家经典，扩大了儒学在社会上的影响力。

金代的科举有规定的教材，"凡经，《易》则用王弼、韩康伯注，《书》用孔安国注，《诗》用毛苌注、郑玄笺，《春秋左氏传》用杜预注，《礼记》用孔颖达疏，《周礼》用郑玄注、贾公彦疏，《论语》用何晏集注、邢昺疏，《孟子》用赵岐注、孙奭疏，《孝经》用唐玄宗注，《史记》用裴骃注，《前汉书》用颜师古注，《后汉书》用李贤注，《三国志》用裴松之注，及唐太宗《晋书》、沈约《宋书》、萧子显《齐书》、姚思廉《梁书》《陈书》、魏收《后魏书》、李百药《北齐书》、令狐德棻《周书》、魏徵《隋书》、新旧《唐书》、新旧《五代史》，《老子》用唐玄宗注疏，《荀子》用杨倞注，《扬子》用李轨、宋咸、柳宗元、吴祕注，皆自国子监印之，授诸学校"[2]。

---

[1] 《金史》卷51，第1130～1131页。

[2] 同上注，第1131～1132页。

金代科举取士促使女真子弟学习儒家文化，一些贵族自己寻找名儒为子弟讲学。同时，为了全面提高贵族子弟的汉文化水平，金统治者设立官学。官方设立国子监、太学、府学、州学，把各个阶层的贵族子弟都纳入其中。在官学中，选用重要的儒士为教授，提高了儒士的地位，也促进了金代儒学的传播，使得儒家文化渐渐成为当时主流文化的核心内容。

第二章　金代儒学发展的特殊原因

第一节　"苏学盛于北"的影响

"程学盛于南，苏学盛于北"①是清人翁方纲的说法，而这种说法在明代已经出现，宋濂提出"洛学在南，川学在北"②，丘濬提出"程学行于南，苏学行于北"③，翁方纲的说法是对前人说法的总结和强调。这些说法都是在说明，宋金时期一直到元代初期，程学与苏学的传播情况。近年来随着北方文学、文化研究的深入，"苏学盛于北"的说法受到很多学者的关注，胡传志先生的《"苏学盛于北"的历史考察》④考察了"苏学"对北方文学及文人精神世界的影响，魏崇武的《也谈"苏学盛于北"》⑤强调了"苏学"文道并重的特质。"苏学"是苏氏父子在文学、经学、经济、政治等方面的学问体系，所以"苏学盛于北"给北方社会带来的影响是多方面的。

一、苏氏经学的独特魅力

研究苏氏经学对北方社会的影响，首先必须回答的问题是：为什么"苏学盛于北"而不是"程学盛于北"？这就要求我们必须看到苏氏经学思想的独特之处。

---

① [清]翁方纲:《石洲诗话》卷5，见《谈龙录　石洲诗话》，人民文学出版社1981年版，第153页。
② [明]宋濂著，黄灵庚辑校:《宋濂全集》卷42，人民文学出版社2014年版，第926页。
③ [明]丘濬撰:《大学衍义补》卷66，文渊阁四库全书本，第712册，第758页。
④ 胡传志:《"苏学盛于北"的历史考察》，《文学遗产》1998年第5期。
⑤ 魏崇武:《也谈"苏学盛于北"》，《民族文学研究》2008年第1期。

中唐以后，经学研究出现了抛开传笺，回归经文的风气，这直接影响到了宋代经学，儒士们大胆阐发义理，标新立异，形成了一股疑经惑古的思潮，苏氏经学是这股思潮发展的重要表现形式。苏氏兄弟以其扎实的经学基础和关注现实的精神，提出了崭新的经学思想，在宋代经学研究方面产生了重大影响。据《钦定四库全书总目》记载，苏氏经学著作主要有：苏轼的《东坡易传》《东坡书传》《论语解》，苏辙的《诗集传》《春秋集解》《论语拾遗》《孟子解》等，他们对主要的儒家经典都有研究，另外，苏氏父子的多篇文章中都有对经学思想的阐述，可以说，苏氏父子已经形成了自己的经学体系。苏氏经学从一开始就站在了风口浪尖，有赞美者、追随者，也有批评者、责骂者。朱熹曾写《杂学辨》直接批评苏氏经学之杂，但是，他的经学理论中也有多处对苏氏经学内容的肯定和吸收。苏氏经学的独特魅力吸引了北方的士人在北方地区展示它洒脱的风貌，完成了它传播经学的历史使命。它的独特魅力主要表现在以下方面：

（一）重灵活、融通

苏氏经学的突出特点是它的灵活性和融通性。苏洵作为苏学的奠基者，他认为"圣人之道，有经、有权、有机"[1]，看到了圣人之道的深层特征——"有权""有机"，在他看来，正是这些深层特征，才使得圣人之道具有了现实性，他在自己的理论中进一步阐述了这些特征，"是以有民、有群臣而又有腹心之臣。曰经者，天下之民举知之可也；曰权者，民不得而知矣，群臣知之可也；曰机者，虽群臣亦不得而知矣，腹心之臣知之可也"[2]。苏洵还明确地指出了自己经学理论的突出特点——"权"，"仲尼之说，纯乎经者也；吾之说，参乎权而归乎经者也"[3]，苏洵经学已经参入了机巧和权变。苏轼兄弟继承了他的权变思想，在经学研究中表现出了灵活、融通的特点。苏轼认

---

[1] ［宋］苏洵著，曾枣庄、金成礼笺注：《嘉祐集笺注》卷4，上海古籍出版社1993年版，第80页。
[2] 《嘉祐集笺注》卷4，第80页。
[3] 《嘉祐集笺注》卷9，第243页。

为："形而上者谓之'道',形而下者谓之'器'。化而裁之谓之'变',推而行之谓之'通'。""'道'者'器'之上达者也;'器'者'道'之下见者也,其本一也。化之者'道'也;裁之者'器'也;推而行之者'一'之也。"① 事实上,苏氏已经把儒学理论分为两个层面,一个层面是"形而上"的"道"的层面,一个是"形而下"的"器"的层面。而"道"作为关于人类社会的一种哲学思考的理论,与佛家、道家产生的原因是相同的,它们的相通也是必然的。所以在形而上的层面,苏氏对于经学的阐释往往与佛、道两家的理论走向相通,苏氏没有拒绝这一点,而是在与佛、道的相通中寻求更合理、更全面的经学义理的阐释。纪昀认为"今观其书,如解《乾卦·彖传》性命之理诸条,诚不免杳冥恍惚,沦于异学"②。在"形而下"的层面,苏氏更强调经学的灵活性,并不固守绳墨法度。"而况《诗》者,天下之人,匹夫匹妇羁臣贱隶悲忧愉佚之所为作也。夫天下之人,自伤其贫贱困苦之忧,而自述其丰美盛大之乐,上及于君臣、父子,天下兴亡、治乱之迹,而下及于饮食、床笫、昆虫、草木之类,盖其中无所不具,而尚何以绳墨法度区区而求诸其间哉!此亦足以见其志之无不通矣。"③ 苏氏经学的灵活性、融通性正是守卫经学正统的儒士们对它激烈抨击的关键点。在宋代,这一点就受到了朱熹等人的批评,到明清时期的经学界,还一直有批评的声音。在《宋元学案》中,以"苏氏蜀学略"被列为另类,足见后代儒士们的排斥态度。

(二)重浅易、实用

苏氏经学非常重视经学的浅易性和实用性,苏氏父子对汉代以来经学研究传笺冗长、深奥难通的现象很不以为然,"甚矣,道之难明也。论其著者,鄙滞而不通;论其微者,汗漫不可考。其弊始于昔之儒者,求为圣人之道而无所得,于是务为不可知之文,庶几乎后世之以我为深知之也。后之儒者,

---

① [宋]苏轼:《东坡易传》卷7,吉林文史出版社2002年版,第311页。
② [清]纪昀、陆士熊、孙士毅等撰:《钦定四库全书总目》,中华书局1997年版,第11页。
③ [宋]苏轼著,张志烈、马德富、周裕锴主编:《苏轼全集校注》卷2,河北人民出版社2010年版,第215页。

见其难知，而不知其空虚无有，以为将有所深造乎道者，而自耻其不能，则从而和之曰然。相欺以为高，相习以为深，而圣人之道，日以远矣"①。苏轼认为，正是因为解经者力求高深，使得经文深奥难通，完全走向了虚渺难明之境，这是自欺欺人的行为，正因为此，圣人之道离我们越来越远，也就完全背离了圣人之道产生的初衷。苏氏认为，圣人之道是为安定天下，教化、规范百姓而产生的，浅近、易行才可以走进百姓生活，服务社会。"嗟夫，天下之礼宏阔而难言，自非圣人而何以处此？故夫推之而不明，讲之而不详，则愚实有罪焉。唯其近于正而易行，庶几天下之安而从之，是则有取焉耳。"② 苏轼认为自己有责任在解经过程中，力求简易、详尽、明白。

对于经学产生的时间及社会状况与现实社会的差异问题，苏轼认为应该以实用为主，可以对不合时宜的礼乐规定进行修改。"至于后世风俗变易，更数千年以至于今，天下之事已大异矣。然天下之人，尚皆记录三代礼乐之名，详其节目，而习其俯仰，冠古之冠，服古之服，而御古之器皿，伛偻拳曲，劳苦于宗庙、朝廷之中，区区而莫得其纪，交错纷乱而不中节，此无足怪也。其所用者，非其素所习也，而强使焉。甚矣夫，后世之好古也。"③ "故夫三代之视上古，犹今之视三代也。三代之器，不可复用矣，而其制礼之意，尚可依仿以为法也。"④ 礼乐制度是根据数千年前的社会生活状况规定的，目前没有必要亦步亦趋学习，应该根据现在的生活习惯和社会状况加以调整，可见苏氏经学是以实用、简易为宗旨的。这就避免了生硬和烦琐，更适应现实社会的需要。所以，纪昀认为"轼之说多切人事"⑤，是对苏氏经学思想特点的概括。

---

① 《苏轼全集校注》卷2，第227页。
② 同上注，第221页。
③ 同上注，第219页。
④ 同上注，第220页。
⑤ 《钦定四库全书总目》卷2，第11页。

（三）以人情为经学之本

苏氏认为，圣人著书立说是以人情为道之基础的，所以后人解经也应该以人情为本，"夫圣人之道，自本而观之，则皆出于人情。不循其本，而逆观之于其末，则以为圣人有所勉强力行，而非人情之所乐者。夫如是，则虽欲诚之，其道无由。故曰'莫若以明'。使吾心晓然，知其当然而求其乐"[1]。正因为圣人著述是以人们的喜怒哀乐为基础的，所以经文事实上与人们的情感密切相关，以人情为本解经，就会使经文明白而易懂，如果离开了人情去理解圣人之言，容易求之过深，难以理解。"至于圣人，其言丁宁反覆，布于方册者甚多，而其喜怒好恶之所在者，又甚明而易知也。"[2] "然天下之人，常患求而莫得其意之所主，此其故何也？天下之人，以为圣人之文章，非复天下之言也，而求之太过，是以圣人之言，更为深远而不可晓。且天下何不以己推之也？将以喜夫其人，而加之以怒之之言，则天下且以为病狂，而圣人岂有以异乎人哉？不知其好恶之情，而不求其言之喜怒，是所谓大惑也。"[3] 正因为解经之人离开了人情，所以将圣人之言变得深奥难懂，"自仲尼之亡，六经之道，遂散而不可解。盖其患在于责其义之太深，而求其法之太切。夫六经之道，惟其近于人情，是以久传而不废。而世之迂学，乃皆曲为之说，虽其义之不至于此者，必强牵合以为如此，故其论委曲而莫通也"[4]。离开了人情，就离开了圣人立言的基础，经学中就会出现牵强附会，远离圣人立言之本意。圣人立言因为近于人情，所以久传不衰，只有本于人情解经，才能符合圣人之本意。苏氏解经是以人情为本，故清楚、明白、易懂、易行。

苏氏经学的这些特点使得经学从高深的理论走向浅近的生活哲理，从儒学大家的笔头进入了普通读书人的生活，使更多的人易于接受经学。北方民

---

[1] 《苏轼全集校注》卷2，第232页。
[2] 同上注，第223页。
[3] 同上。
[4] 同上注，第215页。

族初入中原，儒、释、道各种理论、学问的传播者都希望得到统治者的接受、认可。高深的理论，他们会望而却步。苏氏经学的浅易、灵活、实用，很快就让他们对儒学产生浓厚的兴趣。苏氏解经以人情为本，人情古今相通，以人情为本，高深的理论变得合乎情理，烦琐的礼乐可以简而从之，《诗经》中有古代社会风貌和普通人的情感，枯燥的经典变得趣味横生，《春秋》的"微言大义"也融入了人们的喜怒哀乐，成了人们对待善恶的常见态度。高深的《易经》可以从不同的角度灵活理解，与人们的生活息息相关。苏氏经学少字词训诂，多义理阐释，灵活、融通、浅易、实用、以人情为本，这些都使得经典易于被理解、接受，同时也给人们留下了发挥的空间，使经典的理解出现了随意性。清毛奇龄认为："苏氏解经，每以强辞夺正理，大之启南渡改经之渐，小之一扫汉儒旧说，使不学之徒可以凭臆解断。初闻之似乎极快，而实则灭经之祸皆始于此，此正学人所当戒者。"[①] 毛奇龄站在维护经学正统的角度，批评苏氏经学，但也说明了苏氏经学易于理解，易于接受的特点。

二、苏学影响金代经学思想

在宋金对峙时期，苏学以诗文为载体，迅速传入北方，受到广泛的欢迎。"先是南北道绝，载籍不相通，洛闽之学惟行于南，北方之士惟崇眉山苏氏之学。"[②] "宋金分裂之时，程学行于南，苏学行于北。"[③] 在金代，专心于经学研究者较少，赵秉文与王若虚可谓成就最高者。赵秉文（1159—1232），字周臣，号闲闲居士，晚年称闲闲老人。赵秉文在学业方面很用功，著述颇多，在金代影响很大，"若夫不溺于时俗，不汩于利禄，慨然以道德仁义性命祸福之学自任，沉潜乎六经，从容乎百家，幼而壮，壮而老，怡然涣然，

---

① ［清］毛奇龄撰：《经问》卷4，文渊阁四库全书本，第191册，第41页。
② ［明］冯从吾撰：《元儒考略》卷1，文渊阁四库全书本，第453册，第764页。
③ 《大学衍义补》卷66，第712册，第758页。

之死而后已者，惟我闲闲公一人"①。这虽然是元好问在墓志铭中对赵秉文的赞美，但从他所记载的赵秉文平生著作中也可以看出这样的赞美并不为过，"自幼至老，未尝一日废书不观。著《易丛说》十卷，《中庸说》一卷，《扬子发微》一卷，《太玄笺赞》六卷，《文中子类说》一卷，《南华略释》一卷，《列子补注》一卷，删集《论语》《孟子》解各一十卷，《资暇录》一十五卷，所著文章号《滏水集》者前后三十卷。大概公之文，出于义理之学，故长于辨折，极所欲言而止，不以绳墨自拘"②。赵秉文的著作只有诗文集《滏水集》存，其他著述皆散佚。从书名可见，赵秉文对儒、释、道都有研究，对儒家经典的研究比较深入。

赵秉文在对儒、释、道的研究中，深得三教的融通之处。全祖望在《宋元学案》中也把他列入苏学一脉，"追取《归潜志》考之，乃知滏水本学佛，而袭以儒，其视李屏山，特五十步百步之差耳。虽然，犹知畏名教之闲，则终不可与屏山同例论也"③。在赵秉文的经学思想中，我们也可以明显地看出儒、释、道融通的倾向，刘祁也记载了他当时的思想情况，"赵闲闲本喜佛学，然方之屏山，颇畏士论，又欲得扶教传道之名，晚年，自择其文，凡主张佛老二家者皆削去，号《滏水集》，首以中和诚诸说冠之……"④可见赵秉文对儒、释、道理论的研究都比较深入，到后期，他删去了自己著作中的佛老成分，刘祁认为，他是为了给自己留下"扶教传古"之名，但从金末社会的思想潮流来看，他的这种行为与当时北方儒学正统的危机应该有很密切的关系，他作为学术界的名流，畏人指责自己的学术思想而删除释道成分，这应该不是全部的原因。当时北方地域文化形成，儒、释、道都有自己的思想

---

① ［金］元好问著，姚奠中主编，李正民增订：《元好问全集》卷17，山西古籍出版社2004年版，第400页。
② 《金史》卷110，第2428页。
③ ［清］黄宗羲原著，［清］全祖望补修，陈金生、梁运华点校：《宋元学案》卷100，中华书局1986年版，第3326页。
④ ［金］刘祁撰，崔文印点校：《归潜志》卷9，中华书局1983年版，第106页。

领地，赵秉文可以有自己的观点立场。他后期的行为应该是因为自己学术思想的改变，认识到了儒、释、道的融通会给儒学理论带来危害，紧急采取措施，表明自己对儒学的态度。

赵秉文虽然删去了著作中的释道内容，但从他的一些论述中还可以看到他儒、释、道融通的思想倾向，而且，他的一些论述与苏氏的经学思想非常相似，明显可以看到他受苏学的影响。"夫道，何谓者也？总妙体而为言者也。教者何？所以示道也。传道之谓教，教有方内，有方外。道不可以内外言之也，言内外者，人情之私也。圣人有以明夫道之体，穷理尽性，语夫形而上者也；圣人有以明夫道之用，开物成务，语夫形而下者也。"① 这段论述与前文所引苏轼在《易传》中的论述极为相似，他同样把儒家之道分为穷理尽性的形而上与开物成务的形而下两个层面，对它的这段论述，全祖望认为"总、妙、体三字，便夹杂佛、老家矣"②。而苏轼的相关论述也被认为掺入了异学。

赵秉文明显受到了苏氏经学的实用、浅易思想的影响，他在《滏水集》中的一些论述可以看到这一点，"'经'即'庸'也，百世常行之道也。亲亲、长长、尊贤、贵贵而已。而有亲亲之等，尊贤之差，又在夫时中而已。此权所以应时变也，吕氏论之详矣。譬犹五谷必可以疗饥，药石必可以治病，今夫玉山之禾，八琼之丹，则美矣，果可以疗饥乎？果可以治病乎？则太高难行之论，其不可经世也，亦明矣"③。赵秉文把经学的实用性放在了重要位置，强调经典不可过于高深，过于高深，就难以经世致用。"夫道何为者也？非太高难行之道也。今夫清虚寂灭之道，绝世离俗，非切于日用，或行焉，或否焉，自若也。至于君臣、父子、夫妇、兄弟、朋友之大经，可一日离乎？故曰：'可离非道也。'"④ 赵秉文认为，儒家经典中所蕴含的道，是

---

① ［金］赵秉文著，马振君整理：《赵秉文集》卷1，黑龙江大学出版社2014年版，第1页。
② 《宋元学案》卷100，第3321页。
③ 《赵秉文集》卷1，第7～8页。
④ 同上注，第6页。

与人们生活息息相关的,而"非太高难行之道",不能脱离开人们的日常生活,能够与人们生活脱离开的理论就不是儒家经典所说的道。

从这些可见,赵秉文的经学思想与苏氏经学思想是一脉相承的,他受苏学的影响很深。在金代,经学研究方面可以与赵秉文相提并论的人物是王若虚。王若虚(1174—1243),字从之,号慵夫,晚年自号滹南遗老,著作有《滹南遗老集》。刘祁《归潜志》言,赵秉文"议论经学,许王从之"[1],"金元之间,学有根柢者实无人出若虚右。吴澄称其'博学卓识,见之所到,不苟同于众',亦可谓不虚美矣"[2]。王若虚是金代重要的经学研究者,他现存的经学著述收集在《滹南遗老集》中,在这部著作的《五经辨惑》部分,有诸家经学著作的对比分析、字词订正,虽然作者不断阐述自己的观点,但我们还是可以明显看到他的经学思想受到苏学的影响。

首先,苏氏"人情为解经之本"的经学思想对他的影响很大,他在关于经学的论述中,多处表现这样的思想:

> 《春秋》,人情之书也。若是之类,可谓近于人情乎?自《传》考之,称国者未必无道;称臣者,岂皆有道?参差不齐,自相为戾者,多矣。[3]
>
> 呜呼,夫子中庸之教,朗如白日,坦于夷涂,而世每以矫拂难行,不近人情为奇节,不亦异乎![4]
>
> 盖君子之道,人情而已。丧而遂欲速贫,死而遂欲速朽,非人情也。不近人情,便非君子之道。[5]

---

[1] 《归潜志》卷8,第87页。
[2] 《钦定四库全书总目》,第2200页。
[3] [金]王若虚著,胡传志、李定乾校注:《滹南遗老集校注》卷1,辽海出版社2006年版,第3页。
[4] 《滹南遗老集校注》卷1,第12页。
[5] 《滹南遗老集校注》卷2,第15页。

《礼器》云："礼之近于人情者，非其至者也。"此最害礼。夫圣人制礼，未尝不出于人情，而曰近之者非其至，是岂君子之言邪？①

呜呼，士生千载之后，不获亲见圣人，是非真伪无从而质之，则亦求乎义理之安，而合乎人情之常而已。②

从上面论述可见，王若虚继承苏氏解经中的"人情为本"思想，而且进一步发挥、阐释，甚至认为"不近人情便非君子之道"，把"人情"推到了解经第一重要的位置，把它作为衡量是否为君子之道的标准。所以说，王若虚继承并发展了苏氏经学思想中的"人情"说。

王若虚也继承了苏氏经学中的明白、浅近、实用的思想。"解《论语》者有三过焉：过于深也，过于高也，过于厚也。圣人之言亦人情而已，是以明白而易知，中庸而可久。学者求之太过，则其论虽美而要为失其实，亦何贵乎此哉。"③王若虚也强调经学的浅近和实用，反对高深的、脱离实际的经学思想。从王若虚的《五经辨惑》中我们可看到，他对苏氏经学颇有研究，对一些疑惑的阐释，引用了30余人的观点，其中多处引用苏氏之说，有肯定之处，亦有否定之处，他在辨惑中客观看待问题，表现出了他自己的经学主张，并未人云亦云。

赵秉文与王若虚的经学思想明显受到苏氏经学的影响，这从一个侧面反映了苏氏经学在学术层面对金代经学的重要影响。

三、苏学引领元初理学的北上

苏氏经学思想对金代产生的重要影响，不仅表现在经学研究的学术层面，而且表现在金代社会的思想层面。金代统治者对中原文化很仰慕，儒学

---

① 《滹南遗老集校注》卷2，第21页。
② 同上注，第25页。
③ 《滹南遗老集校注》卷3，第34页。

更是他们积极接受的理论,苏氏的儒、释、道相容、相通的思想,与金代社会的思想文化需求相一致。金代直接承袭了辽代的文化,辽代是一个佛教盛行的时代,辽代灭亡,金并没有采取什么遏制佛教的政策,所以,佛教在金代依然盛行。苏学能够北行,与其儒、释、道融通的思想密不可分。苏学在佛学盛行的北方,没有遇到佛教信徒的抵触,还满足了统治者追慕中原儒学的渴望。在此基础上,三教融通的思想迅速发展,李纯甫是这种思想的代表人物。

李纯甫(1177—1223),字之纯,号屏山居士,是金代三教融通思想的代表,著有《鸣道集说》《金刚经别解》《楞严外解》等,耶律楚材曾写《屏山居士金刚经别解序》《书金刚经别解后》,力赞李纯甫的三教融通思想,"屏山居士取儒、道两家之书,会运、嵩二师之论,牵引杂说,错综诸经,著为《别解》一编,莫不融理事之门,合性相之义,析六如之生灭,剖四相之键关,谓真空不空,透无得之得,序圆顿而有据,识宗说之相须。辨因缘自然,喻以明珠,论诸佛众生,譬之圆镜,若出圣人之口,冥契吾佛之心,可谓天下之奇才矣!噫!此书之行于世也,何止化书生之学佛者偏见,衲僧无因外道,皆可发药矣"①。李纯甫不仅主张儒、释、道的融通,而且把佛教凌驾于儒教之上,这引起了儒士们的强烈不满,从而引发了北方思想界的激烈争论。"李屏山平日喜佛学,尝曰:'中国之书不及西方之书',又曰:'学至于佛则无所学',释迦赞云:'窃吾糟粕,贷吾粃糠,粉泽丘轲,刻画老庄',尝论以为宋伊川诸儒,虽号深明性理,发扬六经、圣人心学,然皆窃吾佛书者也。因此,大为诸儒所攻。"②李纯甫的《鸣道集说》,是对正统儒学的集中攻击,这部书也引起了当时正统儒士们的强烈反对。李纯甫的思想被后来的《宋元学案》列为苏学一脉,正统儒士不断对他提出批评,认为他推老、庄、浮屠之言,歪曲孔、孟之书,"于是发为雄辞怪辩,委曲疏通其

---

① [元]耶律楚材著,谢方点校:《湛然居士文集》卷13,中华书局1986年版,第278～279页。
② 《归潜志》卷9,第105页。

所见，而极其旨趣，则往往归之于佛"。李纯甫推崇王介甫父子、苏子瞻兄弟等人，"凡宋儒之辟佛者，大肆掊击，自司马文正公而下，讫于程、朱，无得免者"，"盖自唐、宋以来，士大夫浸淫释氏之学，借以附会经传，粉饰儒术者，间亦有之，然未有纵横捭阖敢于僪圣人之规矩如屏山者。一何卫浮屠如是之诚，而翦吾儒之羽翼如是之严且力欤？迹其流弊，视荀卿氏之言性恶，墨翟子之论短丧，殆加甚焉"[1]。

儒、释、道融通的思想打破了北方思想界的沉寂，引起了激烈的争论，不仅使得北方思想界异常活跃，也引起了南方理学家的不满。苏氏经学中的灵活性、实用性的特点，也造成了经义理解中的臆断成分，苏轼在《诗论》中言"意有所触乎当时，时已去而不可知，故其类可以意推，而不可以言解也"[2]，明确提出了解经过程中可以意推，这很可能造成解经中的随意性。毛奇龄所说的"以强辞夺正理"，"启南渡改经之渐"，"使不学之徒可以凭臆解断"，都是对解经中的随意性的抨击。面对儒学的义理阐释中主观臆断成分的增多，及在儒、释、道三教融通中儒学经义的迷失，儒士们开始渴望回归儒学正统。他们需要纯粹的正统儒学的出现。北方社会变化频繁，不可能在短时期内产生新的儒学，南方理学的北传就成为北方儒士的渴望，而蒙古新政权的建立，也需要一种占统治地位的理论，于是，杨惟中、姚枢等人开始积极推进正统儒学的传播。杨惟中任中书令，成了推进正统儒学的有利条件。他们开始搜寻正统儒士，传播程朱理学。姚枢在俘虏中发现赵复，开启了濂洛之学在北方的传播工程。"复以所记程朱诸书尽录以付枢，惟中闻复议论，始嗜其学，乃与枢谋建太极书院，立周子祠，以二程、张、杨、游、朱六君子配食，选取遗书八千余卷，请复讲授其中。"[3] 郝经作为忽必烈幕府的重要儒士，也是理学北传的倡导者，他对金元之际的理学北传过程是这样

---

[1] [清]汪琬著，李圣华笺校：《汪琬全集笺校》卷27，人民文学出版社2010年版，第594页。
[2] 《苏轼全集校注》卷2，第216页。
[3] 《元儒考略》卷1，第453册，第764页。

叙述的：金代后期，赵秉文、麻九畴等人自称道学门弟子，金亡之后，北方学者开始大量接触道学著作，然不得其宗。杨惟中为中书令，"议所以传继道学之绪，必求人而为之师，聚书以求其学，如岳麓、白鹿，建为书院，以为天下标准，使学者归往，相与讲明，庶乎其可。乃于燕都筑院，贮江淮书，立周子祠，刻《太极图》，及《通书》《西铭》等于壁，请云梦赵复为师儒，右北平王粹佐之，选俊秀之有识度者为道学生，推本谨始，以太极为名，于是伊洛之学遍天下矣"①。这里，郝经为太极书院的建立兴奋不已，也为理学的传播规划了宏伟蓝图——"伊洛之学遍天下"。而对于太极书院的命名，郝经认为："呜呼！公之心一太极也，而复建一太极，学者之心各一太极也，而复会于极，画前之画，先天之《易》，尽在是矣。"② 以"太极"命名书院，足见其溯本求源之意，更见其将思想界嘈杂的声音归于一统之愿望。"使不传之绪不独续于江淮，又续于河朔者，岂不在于是乎？是公之心也，学者之责也，其惟勉旃。"③ 这里不仅看到了郝经为儒学正统得以传承而欣喜的心情，同时也看出了郝经对理学北上之前的北方儒学的全面否定，从中可见杨惟中、姚枢、郝经等人为代表的儒士对纯儒学的期盼。这些期盼心理正是北方思想界的多元化和激烈争论的现实在他们心中的反映。对经学史而言，这是"苏学盛于北"的负面影响的正面结果。

综上所述，正是苏氏经学的灵活、浅近、实用的特点，使得儒家学说在北方迅速传播，草原民族很快接受了儒学思想，甚至出现了"辽以释废，金以儒亡"的说法。但同样是这些特点，带来了儒学经义的迷失。这直接导致了儒士们的焦虑，他们渴望传播正统儒学，而短时期内新的正统儒学难以产生，于是他们把目光转向了南方理学。苏学在北方的传播，引起了维护正统儒学与倡导儒、释、道融合的两个文人阵营的激烈争论，这样的社会状况使

---

① ［元］郝经著，张进德、田同旭编年校笺：《郝经集编年校笺》卷 26，人民文学出版社 2018 年版，第 692 页。

② 同上。

③ 同上注，第 692～693 页。

得正统儒学成了北方社会的迫切需要，也促使儒士为此奔走呼号。赵复的北上，不仅仅传播理学思想，还在极力地强调理学的正统地位。"苏学盛于北"的经学意义在于，苏氏经学使得草原民族在很短的时间内接受了儒学经典，同时苏氏经学客观上成了理学北传的基础，引领着比较深奥的理学跳过了民族之间的隔膜，跳过了农耕文化与草原文化的鸿沟，跳过了文明程度的差异，渐渐被北方的士人所接受，成为北方的主流思想。

第二节 耶律倍"让国"事件

耶律倍，小字图欲（托云），曾被封为人皇王，主理东丹国事务。他是太祖耶律阿保机的长子，元初政治家耶律楚材的八世祖。耶律楚材在他的诗歌中多次提到自己是"东丹八叶孙"，把耶律倍当成了自己的骄傲，并当成激励自己奋进的动力源泉。辽太祖以他的雄才伟略夺得了大量的土地和人民，创建了辽朝，他作为开国之君的气势和功绩，从哪个角度来说，都应该是耶律楚材的骄傲，更应该是他在诗歌中反复歌咏的内容，但是在耶律楚材的诗歌中并没有大力歌颂这位九世祖，他引以为骄傲的却是失去皇位继承权，流落海外的八世祖耶律倍。耶律楚材对耶律倍的尊崇，我们只能从耶律倍在辽金元时代拥有美好的声誉来理解。耶律倍在皇权斗争中是一个失败者，最后被人杀害，他之所以在辽金元时代都引起人们的赞美，是因为他的"让国"行为，而他的"让国"行为与他对儒家文化的喜爱是分不开的。

近年来学界有一些对耶律倍的研究，但对"让国"事件的真相没有深入研究，对儒家文化在"让国"事件中的作用也没有深入探讨，在此希望通过史料的分析，揭示儒家文化在辽代皇权争夺过程中的作用及"让国"事件对儒学发展的影响。

一、史料中关于"让国"事件的记载

耶律倍聪明好学,虽为契丹贵族,对中原文化却十分仰慕。辽太祖神策元年(916)被立为太子。辽太祖驾崩后,母亲述律皇太后对他不满意,希望次子耶律德光即位。在母亲的策划下,耶律德光登上了皇位,耶律倍失去了皇位继承权。后又受到新皇帝的猜疑,无奈之下远赴海外。记载耶律倍生平事迹的文献主要有《辽史》和《契丹国志》。在两部文献中都记载了他失去皇位这一事件,但对他失去皇位的过程,两部文献的记载是不一样的:

> 太祖崩,述律后爱中子德光,欲立之,至西楼,命与突欲俱乘马立帐前,谓诸将曰:"二子吾皆爱之,莫知所立,汝曹择可立者执其辔。"诸将知其意,争欢跃曰:"愿事元帅太子。"后曰:"众之所欲,吾安敢违?"遂立之,为天皇王,称皇帝。突欲愠,帅数百骑,欲奔唐,为逻者所遏。后不罪,遣归东丹。唐明宗长兴元年,突欲自以失职,帅部曲四十人,越海自登州奔唐。①

> 太宗讣至,倍即日奔赴山陵。倍知皇太后意欲立德光,乃谓公卿曰:"大元帅功德及人神,中外攸属,宜主社稷。"乃与群臣请于太后而让位焉。于是大元帅即皇帝位,是为太宗。

> 太宗既立,见疑,以东平为南京,徙倍居之,尽迁其民。又置卫士阴伺动静。倍既归国,命王继远撰《建南京碑》,起书楼于西宫,作《乐田园诗》。唐明宗闻之,遣人跨海持书密召倍。倍因畋海上。使再至,倍谓左右曰:"我以天下让主上,今反见疑;不如适他国,以成吴太伯之名。"立木海上,刻诗曰:"小山压大山,大山全无力。羞见故乡

---

① [宋]叶隆礼撰,贾敬颜、林荣贵点校:《契丹国志》,中华书局2014年版,第171~172页。

人，从此投外国。"携高美人，载书浮海而去。①

在这两种文献中都记载了一个事实：耶律倍在与耶律德光的皇位争夺战中，因为述律皇太后的倾向，明显地处在了劣势，最后彻底失败。而两种文献在陈述事件的过程时有明显的不同。《契丹国志》比较粗略，记载了皇太后用公卿大臣执马辔的方式选择了耶律德光，耶律倍当众失败，怒而出走。这一记载中耶律倍败得很不体面。

在《辽史》中，耶律倍明白了皇太后的意思，主动在公卿大臣中散布自己想要退让的意思，最后与群臣一起请于太后，让耶律德光顺利地登上了皇位。耶律倍自己虽然失败，但很体面地退出了败局，同时也遂了皇太后之愿。

二、是否存在"让国"行为

《辽史》中有"让国"行为的记载，而《契丹国志》却是执马辔的记载，在历史上究竟有没有"让国"事件的发生呢？在史料缺乏的情况下，《辽史》中的一些记载也可以间接给出答案。

（一）耶律倍之子、辽世宗耶律阮在天禄元年（947）"追谥皇考曰让国皇帝"②。如果事实是耶律倍在执马辔选皇帝的事件中很不体面地失败，而根本没有主动退让的行为，那么在事情发生20年之后，在当年相关人员还活着的情况下，辽世宗封耶律倍为"让国皇帝"就毫无根据，让人耻笑。他完全可以封别的谥号，为什么要用"让国皇帝"这一谥号授人话柄呢？如果根本不存在"让国"的行为，那么《辽史》的记载中就有许多杜撰的成分。"倍谓左右曰：'我以天下让主上，今反见疑；不如适他国，以成吴太伯之名。'"这句话必须是在有"让国"行为的基础上说出的，如果没有退让的行为，那

---

① ［元］脱脱等撰：《辽史》卷72，中华书局1974年版，第1210页。
② 《辽史》卷5，第64页。

么这一句话就成杜撰了。史家可以对史料进行选择，但杜撰是不符合史家的道德要求的。所以从这一角度来说，"让国"行为应该是存在的。

（二）辽太宗在天显三年（928）十二月升东平为南京，迁人皇王耶律倍居之。"倍既归国，命王继远撰《建南京碑》，起书楼于西宫，作《乐田园诗》。"这则记载说明耶律倍在刚刚丧失继承权后，心态比较平和，希望过一种逍遥自在的生活。这首诗歌（或者是一组诗歌），我们今天已经看不到了，但从诗歌的题目上完全可以判断，这是一首学习陶渊明诗歌的作品，诗歌的内容是表现对田园生活的喜爱或追求，诗歌中表现的是一种平和宁静的心境，或者是对这种心境的追求。在争夺皇位的斗争失败后，如果耶律倍像《契丹国志》中所记述的那样气急败坏，那么他在短时间内是难以有如此平和的心境的。只有在高调"让国"的情况下，他的心情才可能如此平静。也许耶律倍的诗歌是故意给耶律德光看的，以此来证明他的猜疑是多余的，如果皇位是经过激烈的争夺后确定的，那他的这种做法还有什么意义呢？

（三）耶律德光登基之后的一系列表现，也可以证明耶律倍曾经有过"让国"的行为。

> （天显三年九月）乙丑，幸人皇王倍第。……辛卯，再幸人皇王第。①
>
> （天显四年夏四月）辛酉，人皇王倍来朝。……（八月）癸卯，幸人皇王第。……冬十月壬寅，幸人皇王第，宴群臣。②
>
> （天显五年二月）丙辰，上与人皇王朝皇太后。……（三月）乙酉，宴人皇王僚属便殿。……夏四月乙未，诏人皇王先赴祖陵谒太祖庙。丙辰，会祖陵。人皇王归国。③

---

① 《辽史》卷3，第29页。
② 同上注，第30页。
③ 同上注，第31页。

（天显五年）九月乙卯，诏舍利普宁抚慰人皇王。庚辰，诏置人皇王仪卫。……（冬十月）甲辰，人皇王进玉笛。[①]

耶律德光在登上皇位之后，与人皇王倍的关系还是比较密切的，皇上经常驾临耶律倍的府邸，他们一起宴饮，互赠礼物，他们一起拜谒太祖陵墓，一起去朝拜皇太后。从皇帝的这些行为中可以知道，争夺帝位时，他们之间并没有发生激烈的争斗，他们的兄弟之情并没有受到严重伤害。发生"让国"事件后，兄弟之间的感情更加深厚。如果不是辽太宗对兄长的"让国"行为心存感激，他就不会在百忙之中时时记着关爱耶律倍。有人说他多次驾临是在监督人皇王。如果皇帝要监督耶律倍，只需要派人"阴伺动静"就可以，何必亲自出马呢？

皇权斗争是激烈而复杂的，辽太宗虽然对自己的兄长心存感激，但作为皇上他又不得不对这位当年的太子存有戒心，他采用各种办法削弱他的势力，监视他的行动。对于他的戒心，耶律倍觉得非常委屈，于是远赴海外。在耶律倍远走他乡之后，他们之间还有书信往来。"（天显七年）夏四月甲戌，唐遣使来聘，致人皇王倍书。"[②]"（天显八年）十一月辛丑，太皇太后崩，遣使告哀于唐及人皇王倍。"[③]耶律德光也经常回忆兄弟在一起时的情景。"（天显十年）冬十一月丙午，幸弘福寺为皇后饭僧，见观音画像，乃大圣皇帝、应天皇后及人皇王所施，顾左右曰：'昔与父母兄弟聚观于此，岁时未几，今我独来！'悲叹不已，乃自制文题于壁，以极追感之意。读者悲之。"[④]辽太宗此时的感慨是触景而发，情感真实，表现出了浓浓的手足之情。

在耶律倍远赴海外之后，辽太宗尽力照顾他的妃子和子女，保护着他的利益。

---

① 《辽史》卷3，第32页。
② 同上注，第33页。
③ 同上注，第35页。
④ 同上注，第37页。

（天显六年三月）丁亥，人皇王倍妃萧氏率其国僚属来见。①

（会同三年秋七月），丙子，从皇太后视人皇王妃疾。戊寅，人皇王妃萧氏薨。……丙午，徙人皇王行官于其妃薨所……八月己亥，诏东丹吏民为其王倍妃萧氏服。②

帝（辽世宗耶律阮）仪观丰伟，内宽外严，善骑射，乐施予，人望归之。太宗爱之如子。会同九年，从伐晋。大同元年二月，封永康王。夏四月丁丑，太宗崩于栾城。戊寅，梓官次镇阳，即皇帝位于柩前。③

耶律倍的长子耶律阮得到了耶律德光的关爱，形成了自己的势力，在耶律德光驾崩之后，顺利地登上了皇帝的宝座。如果耶律德光对耶律阮有戒心，就会早早剪除他的势力，耶律阮也就没有机会登上皇位了。耶律德光的表现间接地证明，耶律倍曾经有过"让国"行为，他让耶律德光顺利登上皇位，耶律德光永远是心存感激的。正因为有一种感激的心理，他才会把耶律倍的儿子带在身边，视同己出。

（四）耶律倍与母亲的关系也可以说明这一问题。"（天显五年二月）丙辰，上与人皇王朝皇太后。太后以皆工书，命书于前以观之。"④在发生了帝位争夺战之后，述律皇太后与她的长子之间的关系并没有明显恶化。兄弟二人一起来看望母亲，母亲赞赏两个儿子的书法，命二人当堂书写。在这里这位具有铁石心肠，果断而又残忍的断腕太后也表现出了母亲的慈祥。母子之间，其乐融融。从这里可见，耶律倍在帝位争夺战中的表现让母亲很满意。

在《契丹国志》中没有"让国"行为的记载，但在《辽史》中的记载形成了证据链。从上面的分析中我们可以肯定，耶律倍在帝位争夺战中失败已

---

① 《辽史》卷3，第32页。
② 《辽史》卷4，第48页。
③ 《辽史》卷5，第63页。
④ 《辽史》卷3，第31页。

经成定局的情况下，主动提出让位耶律德光。

三、"让国"事件中儒家文化与草原文化的直接碰撞

耶律倍很早就接受了中原文化。《契丹国志》记载：耶律倍"性好读书，不喜射猎。初在东丹时，令人赍金宝私入幽州市书，载以自随，凡数万卷，置书堂于医巫闾山上，扁曰：望海堂"①。他喜欢读书，不喜射猎，大量搜集中原书籍，对儒家学说也理解颇深。"时太祖问侍臣曰：'受命之君，当事天敬神。有大功德者，朕欲祀之。何先？'皆以佛对。太祖曰：'佛非中国教。'倍曰：'孔子大圣，万世所尊，宜先。'太祖大悦，即建孔子庙，诏皇太子春秋释奠。"②在这段记载中我们可以明显地看到耶律倍对孔子非常敬仰，对儒家理论也有比较深入的理解，他知道儒家理论在国家统治中可以发挥巨大作用，所以提议辽太祖祭祀孔子，希望用孔子的理论统治国家，教化百姓。同时说明，当时辽太祖刚刚建国，国家的思想文化建设处于起步阶段，耶律倍的提议让辽代的统治阶层开始认识孔子和儒学。虽然儒家文化在契丹民族中会受到抵触，但耶律倍的提议为儒学在辽代的传播奠定了基础。

耶律倍喜欢读书，大量地阅读中原书籍，在他身上具有中原读书人的一些特点。他不喜射猎，说明他身上已经丢失或者正在丢失草原游牧民族的本质特色，他已经不符合草原民族对君王的要求了。他的行为引起了父母，特别是母亲述律皇后的不满。"初，太祖尝谓太宗必兴我家，后欲令皇太子避之，太祖册倍为东丹王。"③《辽史》的这一记载说明，辽太祖对耶律德光率军征战及治理国家的才能很赞赏，认为他是皇位的理想继承人。在《辽史·太祖本纪》中也可以看到耶律德光（尧骨）的征战才能。在耶律德光浴血奋战，功绩卓著的同时，皇太子耶律倍的主要任务是留守。辽当时还处在

---

① 《契丹国志》卷14，第172页。
② 《辽史》卷72，第1209页。
③ 《辽史》卷71，第1200页。

武力征伐、拓宽疆土的阶段，当然需要能征善战的皇帝。而崇尚儒家理论的耶律倍已经被封为皇太子，是皇位的继承人。此时中原儒家文化与契丹草原文化发生激烈碰撞，这集中表现在皇位继承权的争夺战中。述律皇后和众大臣都选择了以外在的强悍和能征善战为主要特色的契丹文化的代表人物耶律德光。耶律倍因为他身上的某些儒家文化的特色而失败。可以说，在中原儒家文化与草原文化的第一次大碰撞中，儒家文化因它儒雅的特质败退下来。

母亲的倾向表现使得耶律倍明显处在了劣势，但是，耶律倍并没有因此而彻底退下，他与群臣一起请求"让国"，可以说是他向耶律德光发起的一次主动冲击，也可以说是儒家文化向草原文化发起的一次冲击。他没有用草原民族固有的争夺权力的方式——战争，而是用儒家文化中的孝悌和仁让。他在群臣面前赞美兄弟的功绩，认为他适合继承大统，又主动与群臣向母亲请示立耶律德光为帝，解除了母亲心中的难题。他的这一行为，表现出了对母亲的孝，对兄弟的悌，也表现出了他自己的宽厚和仁爱。耶律倍的这一行为可以说是两种文化碰撞中，儒家文化的一次胜利。首先，他的行为使得他的母亲和兄弟颇受感动。在上面我们所列出的资料中，充分地表现出了他母亲和兄弟的这种心理，母亲表现出了慈祥，兄弟作为受益者，不断地驾临他的府邸，表现出了对兄长的关爱之情。其次，在契丹贵族中形成了不小的震动，因为他们看惯了兄弟之间为争夺皇位的厮杀，耶律倍的行为打破了他们以前的心理定式，使他们看到了另外一种母子兄弟情。他们一方面对耶律倍的行为表示赞赏，一方面又给了这位"让国"者一种特别的同情。

耶律倍"让国"之后受到母亲与弟弟的防范，他觉得这是对他"让国"行为的侮辱，于是他要再深入儒家文化。他告诉侍从将要远赴海外，并说明是要成就"吴太伯"之名。周大王的长子太伯与次子仲雍知道父王想要立贤能的少弟季历，为了避贤让能，他们逃到了荆蛮之地。耶律倍声称自己要学习吴太伯，彻底避让贤能的耶律德光。他又一次用儒家的道德规范冲击了草原文明。在这一文化大碰撞中，儒家文化取得了巨大的胜利，耶律倍也作为儒家文化的代表受到益处。他的退让虽然使得他与辽代皇位无缘，但却使得他在失败成为定局的情况下，赢得了他所能赢得的一切。首先他得到了"让国皇帝"的美誉，成了草原民族中的"吴太伯"，受到了广泛的赞美，完全实现了他远赴海外时的期望。其次，他赢得了辽国上下的广泛同情，为他的子孙登上辽国的皇位打下了基础，在辽太宗之后，他的子孙相继登上皇位。辽代总共经历了9位皇帝，其中有6位都是耶律倍的子孙。所以在这场皇权的争夺战中，当时的赢家是耶律德光，最后的赢家是耶律倍。

四、"让国"行为的夸张与儒家道德的强化

（一）《辽史》对"让国"行为的强调

在元人所编的《辽史》中明显对"让国"行为进行了美化，是在用资料极力强调他"让国"行为的高尚性，同时在弱化他性格中残忍的一面。《契丹国志》中执马辔择新主之事在《辽史》中并没有提到，这件事符合草原民族的习惯，极有可能是事实，但现在没有更强有力的证据证明它的存在。如果真的发生了，那么与"让国"之事似有冲突，可能的情况是：述律皇后当时是在进行一次大臣倾向性的测验，她想更清楚地知道哪位皇子更得众意，也就是在这样的测验之后，人皇王明显感觉到了自己争夺帝位有可能失败，于是发生了请求"让国"之事。在记载辽太宗登上皇位的具体细节中，《辽史》与《契丹国志》出现了明显的不同，《辽史》强调的是"让国"，《契丹国志》强调的是执马辔择新主。两种记载，人皇王耶律倍的形象就迥然两异，《辽史》中耶律倍身上具有中原儒家文化所倡导的孝悌仁爱的美德，他的行为与草原文化背景有些背离。《契丹国志》中记载的耶律倍完全是一个草原民族贵族子弟形象。两种记载都有不准确的成分。

耶律倍赴唐之前在海边立碑刻诗曰："小山压大山，大山全无力。羞见故乡人，从此投外国。"这是当时情况的真实反映，也是耶律倍心情的真实记录。诗中表现的是他受到压抑之后的无奈，受到猜疑的羞愧，只能离开让他烦心的地方。《契丹国志》说他失败后怒而出走，被阻止后，自认为失职，再次出走,是不准确的,他远赴海外的原因是"让国"之后受到压抑,感到无奈与羞愧,而不是失败之后的愤怒和失职之后的畏罪。在《辽史》中记载:"倍谓左右曰:'我以天下让主上,今反见疑;不如适他国,以成吴太伯之名。'"这里表现出了耶律倍在"让国"之后,受到猜疑的事实,也有他要成就吴太伯之名的渴望,他要把"让国"的行为做得更彻底。这是一种主动的行为,是他"让国"行为的继续。完全没有诗歌中的羞愤和无奈。《辽史》中也突出了耶律倍的孝行,"倍虽在异国,常思其亲,问安之使不绝"①。纵观《辽史》对耶律倍相关情况的记载,充分突显耶律倍的"让国"行为,而"让国"之前争夺帝位的形势,作者却没有提及,所以《辽史》虽然是在记载史实,但其中已经有明显的溢美倾向。

(二)"让国"事件与儒家文化在辽代的传播

《辽史》是元代写成的历史,已经有了辽人的演绎,也渗透了金元人对事件的理解,所以我们看到的是一个自觉地追求儒家道德标准的人皇王。

在这件事中,首先是辽人的演绎。辽世宗封"让国皇帝"就是对他行为的一种强调。"让国"事件之后,皇帝多是耶律倍的子孙,他们的思想意识成了辽代社会的主流意识,他们对耶律倍宣传时不断强化他行为中高尚的东西,使得耶律倍得到了比较高的社会评价。他身上所表现出的儒家思想和道德标准,也在契丹人的思想中不断地传播并强化,所以说耶律倍的"让国"行为与辽代儒学的传播与发展是密切相关的。

先看后代皇帝对他的态度。"太宗改葬于医巫闾山,谥曰'文武元皇王'。世宗即位,谥'让国皇帝',陵曰'显陵'。统和中,更谥'文献'。重熙二十年,增谥'文献钦义皇帝',庙号'义宗'。"②辽代皇帝对耶律倍多次追谥,由"让国"到"文献",再到"钦义"。"让国"是在展现孝悌与让贤的美德,"文献"是在表现他的渊博学识和他的君子风范,"钦义"是在表现

---

① 《辽史》卷72,第1211页。

② 同上。

他的仁义道德，这些都是在儒家的道德范畴中给予他高度的评价。辽代皇帝对他们的这位祖先在儒家道德范畴中不断地给予高度评价，与他们对自己皇位正统性的强调分不开，而他们对耶律倍"让国"行为的宣传又与儒家的道德观分不开。于是儒家的道德观就融进了他们所引导的社会主流意识。所以说从耶律倍开始，儒家文化就与辽代的草原文化不断地碰撞融合，成了辽代文化的重要因素。辽代早年就开科取士，考试的内容就是"四书""五经"。虽然辽代禁止契丹子弟参加科考，但科考的设立说明儒家学说在辽代社会已经占有了重要地位，科考制度本身对辽代社会儒学的传播也有巨大的推进作用。我们可以说，正是耶律倍的"让国"行为推动了儒学在辽代的传播，而后代皇帝对耶律倍的不断追谥和祭祀也是儒学在辽代社会传播的一种反映。

后代资料在介绍耶律倍的子孙时，不提辽太祖耶律阿保机，而是东丹几世孙，例如我们翻开史籍，介绍耶律楚材时大都提到他是"东丹王八世孙""托云八世孙"等。这其实是辽代耶律倍地位的一种反映，正因为在辽代耶律倍受到推崇，他的地位已经高过了辽太祖，他的后代才以他为荣。耶律楚材的诗歌《过云中和张伯坚韵》有"自怜西域十年客，谁识东丹八叶孙"，《为子铸作诗三十韵》有"赫赫东丹王，让位如夷伯"，《子铸生朝润之以诗为寿予因继其韵以遗之》有"我祖东丹王，施仁能善积"等，这些诗句表现了耶律楚材作为耶律倍的八世孙的骄傲心理。耶律倍能够成为耶律楚材的骄傲，是由当时社会对耶律倍的评价决定的。对耶律倍比较高的社会评价是由辽代社会承继而来的，不可能在金代突然出现，因为金代社会没有必要去发掘辽代初期的耶律倍作为道德典范。所以说耶律楚材的骄傲心理只可能来源于辽代社会对耶律倍的高度评价。

耶律倍在辽代的地位并没有随着辽代的灭亡而降低。金统治者对中原文化也非常景仰，儒学在金代也颇为盛行。在耶律倍身上所表现出来的孝悌美德正是他们所倡导的内容，所以对耶律倍的评价很高。耶律德元及耶律履等都因为是"让国皇帝"的后裔而受到金统治者的关注。在元代初期，虽然儒学的地位不是很高，但对耶律倍的态度直承辽金。耶律楚材引起成吉思汗的注意，其中就有耶律倍的因素，而耶律楚材的功绩也使得元代社会对耶律倍的评价进一步提高。《辽史》在相关资料的处理中所表现的溢美倾向，反映了元人对耶律倍行为的赞美。在耶律倍本传结束时的编者之论，也可以说明元人对耶律倍的评价之高："自古新造之国，一传而太子让，岂易得哉？辽之义宗，可谓盛矣！然让而见疑，岂不兆于建元称制之际乎？斯则一时君臣昧于礼制之过也。束书浮海，寄迹他国，思亲不忘，问安不绝，其心甚有足谅者焉。观其始慕泰伯之贤而为远适之谋，终疾陈恒之恶而有请讨之举，志趣之卓，盖已见于早岁先祀孔子之言欤。善不令终，天道难谌，得非性卞嗜杀之所致也！虽然，终辽一代，贤圣继统，皆其子孙。至德之报，昭然在兹矣。"[①] 这里对耶律倍的行为以"至德"来评价，还有什么评价比这更高呢？

　　契丹族是一个对中原文化十分仰慕的北方草原民族，在建国 100 余年的时间内，积极接受中原思想文化，学习中原的政治制度，在文化建设方面跨越式地发展。在中原文化中占有主导地位的儒家文化也在辽代迅速传播。但任何外来文化的传播都会遭到本民族文化的抵制，必然会形成文化的碰撞，儒家文化在契丹族的传播也遭受了同样的命运。当时代表儒家文化的耶律倍在儒家文化与草原文化的碰撞中受到了伤害，失去了自己的利益，随着儒家文化在契丹民族的深入传播，耶律倍获得了"让国皇帝"、草原"吴太伯"的美誉，他的子孙相继登上皇位，他们在宣传耶律倍的同时又推进了儒家文化在辽国的传播。所以说耶律倍"让国"和远赴海外的事件是两种文化碰撞的反映，而这一事件与皇权的结合就形成了儒家文化在辽代传播的一种推力。

---

① 《辽史》卷 72，第 1212 页。

第三章　赵秉文弘扬儒学的决心

赵秉文（1159—1232），字周臣，自号闲闲，磁州滏阳（今河北磁县）人。是金代章宗时代士大夫的代表，也是章宗时期的文坛盟主。

赵秉文出生于正隆四年（1159），他完整经历了金世宗和金章宗时期金代的繁荣期，也经历了金代由盛转衰的败亡期，在金代即将灭亡的1232年，他走完了他的人生。在经济、文化繁荣的大定年间，他完成了他的学习生涯，于大定二十五年（1185）应试及第，大定二十八年（1188），32岁时任邯郸令。赵秉文的青少年时期是在金世宗统治时期度过的，这一时期他完成了各种知识的积累，在金世宗末期开始了他的仕宦生涯。金章宗时期是他人生的壮年期，也是他仕宦生涯的发展期。这一时期，他在文坛的影响不断扩大，得到文人士大夫的认可，渐渐走向文坛盟主的地位。卫绍王之后，他在文坛的影响不断扩大，在官场的位置也越来越高。但是，金代已经走到了末期，赵秉文作为金代杰出的文士，他也在时代的哀叹中走到了自己生命的尽头。

赵秉文一生好学，潜心理论探讨，著述颇多。元好问在《闲闲公墓铭》中认为，赵秉文是金代潜心研究"道德仁义性命祸福之学"的人，他深入研究儒家理论，同时，对道家、佛家理论都有涉猎。这一点在本人著作《辽金诗歌与诗人的心灵世界》中已有论述：

正是在不同理论的对比中，对儒家理论有了自己的认识，在他的论文中，我们可以看到他重建儒学理论体系的决心。他的儒学理论在他的著作中应该是自成体系的，但由于他著作的大量散佚，我们无法看到全貌。据元好问《闲闲公墓铭》记载："所著《易丛说》十卷、《中庸说》一卷、《扬子发微》一卷、《太玄笺赞》六卷、《文中子类说》一卷、《南华略释》一卷、《列子补注》一卷、删集《论语》《孟子》解各一十卷,生平文章号《滏水集》者,前后三十卷,《资暇录》十五卷。"[1] 除《滏水集》留存二十卷外,这些著作现在都已经散佚,赵秉文的儒学理论我们难见全貌。《滏水集》是赵秉文在世时编辑出版的著作,杨云翼元光二年(1223)作序,著作应该出版于此年。对于可能传世的诗文集著作,赵秉文会精心编选的。在《滏水集》中关于儒学理论的文章主要有《原教》《性道教说》《中说》《诚说》《庸说》《和说》等篇,这些文章应该表现了赵秉文的主要儒学观点。

第一节 艰难探索

赵秉文是金代文坛盟主,他的著作颇丰。从作品中可见,他把自己的精力放在了理论建树方面,一心要为新朝建立文化体系。金代是草原民族建立的政权,与汉人建立的政权相比,它需要全新的思想文化体系。在这样的朝代,文人没有思想禁锢,文化体系也不需要受传统约束。面对社会上的种种不良风气,他在探寻一种匡正习俗的理论体系。这种理论体系主要以适合社会需要为前提。当时儒、释、道理论对金国影响都比较大,究竟哪一种理论可以匡正世俗,引导金国走向文明盛世呢?在对几种理论体系的思考中,赵秉文进行了艰难的抉择。首先,他对几种理论体系都进行了研究和探讨。在《攦蓬赋》中我们可以看到他对几种理论的接受与思考。

---

[1] 《元好问全集》卷17,第403页。

释世累而远游兮，聊逍遥以徜徉。行乎莽渺之野兮，历榛芜之苍苍。攓髑髅以睨视兮，嗟游魂之何方？贵贱荣辱杳莫讯兮，奚氏族之能详？岂结缨齿剑以身殉难兮，将婴疾之适当。宁正身守道性宫庭兮，抑贪生狗欲以自戕。以天地为衾枕兮，岂必厚蝼蚁而薄豺狼？上无君长下无臣仆兮，岂必贱奴隶而尊侯王？将虫臂鼠肝无不可兮，抑一气顿尽死灰之不扬。万物皆出入于机兮，其孰为之主张？闻风仙之高论兮，曰死生之未尝。

噫！造化之无穷兮，何大块之茫茫？千变万化未始有极兮，如宿债之须偿。老栽松而祖忍兮，李探环而姓羊。指后期于源泽兮，悞前生于邢房。曾易世而不知兮，矧亿劫之能量。历万世而一遇大圣兮，然后知大梦之何伤。

黄帝孔子不可问兮，将质之于玉皇。溘埃风予上征兮，觐金阙而朝蓼阳。红云蓊其婴音兮，闻天语之琅琅。曰道非有物兮，物物以彰。其上无始兮，其大无旁。无泊而真兮，道将汝昌。吾以为道兮，寄浩劫于延康。闻至言而遂徂兮，塞予将造乎中黄。仍羽人于丹邱兮，留不死之异乡。聆古先王之高风兮，屹法海之津梁。促千劫于一念兮，统万有于毫芒，涉流沙而径西极兮，寻白毫之相光。

曰五蕴非汝宅兮，四大非汝床。毋弃溟渤兮，认一浮囊。观恒河之不变兮，知见性之不亡。逮皮肤之脱落兮，露法身之堂堂。尘根尽而性空兮，泯知见而无体常。悟形骸之非我兮，中有不化其存者长。惟至人之达观兮，超宇宙而高骧。以阴阳为昼夜兮，以死生为康庄。知身外之有身兮，亦忙中之不忙。混墙壁与瓦砾兮，遍法界而不藏。于是体妙心玄，辞丧虑忘。充以法喜之食，熏以知见之香。散以象外之说，畅以声前之章。逍遥乎无为之业，游戏乎寂灭之场。普天壤以遐观，吾又安知大小之与彭殇也！

乱曰：是身虚空以为量兮，坚固不坏如金刚兮。孰为夭寿孰否臧兮，翠竹真如非青黄兮。枯木龙吟非宫商兮，眼如鼻口道乃将兮。①

虽然赵秉文晚年对自己的作品进行了选择，去除了论述、宣扬佛老思想的作品，但一些作品中还存在关于佛老思想的内容，在《攫蓬赋》中，我们很明显可以看到，佛老思想对赵秉文影响很深，他对佛家和道家思想的研究也比较深入。赋作中，作者借助攫蓬的形象，抒发了他对逍遥状态的倾慕，也表现了"齐物论"思想对他的影响。作者在探讨玄妙之道的过程中，表现了佛家"五蕴皆空""四大皆空"的思想。"惟至人之达观兮，超宇宙而高骧。以阴阳为昼夜兮，以死生为康庄。知身外之有身兮，亦忙中之不忙。混墙壁与瓦砾兮，遍法界而不藏。于是体妙心玄，辞丧虑忘。充以法喜之食，熏以知见之香。散以象外之说，畅以声前之章。逍遥乎无为之业，游戏乎寂灭之场。普天壤以遐观，吾又安知大小之与彭殇也！"作者赞美的"至人"的境界，不仅有道家的最高境界，也有佛家的理想境界，从中可见佛道思想对赵秉文影响很深，对佛道理论的研究和体悟，是他探索中庸思想中"大中"之境的基础，他所推崇的"大中"之境与佛老思想有着千丝万缕的联系。所以，被后人称为"佞佛之人"。

赵秉文是密切关注现实的人，而金代本身就是追求实用的时代，赵秉文对儒、释、道思想的研究，主要是解决现实问题，为新的朝代寻找一种理论作为统治思想。在对儒、释、道理论的深入探讨中，他最关注的是哪种理论可以匡正世俗，教化百姓，创造文明有序的社会秩序。作者的探讨过程可以在一些文章中看到。

学道斋记

余七岁知读书，十有七举进士，二十有七与吾姬伯正父同登大定二十五年进士第。厥后余调安塞主簿，迁邯郸唐山令。是时年少气锐，

---

① 《赵秉文集》卷2，第24～25页。

急簿书，称宾客。舞智以自私，攘名以自尊，盖无非为利之学，使其乾没不已。将遂君子之弃而小人之归矣。而吾伯正父，心平气和，以拊循其下，养孤兄弟之子，如其所生。年四十余丧其配，遂不复娶，若将终身焉。及任监察御史，危言谠议，濒死而不顾，是其果有大过人者。泰和二年春，相会于京师，观其状，义而不朋。穷其心，淡然而无所求；察其私，盖耻一物之不得其职，是岂真有道者耶！

　　他日余问道于伯正父，伯正父曰："余何知道！余但日食二升米，终岁制一缊袍，日旦入局，了吾职，不敢欺。宾客庆吊之外，课子孙读书而已。余何知道！"在他人乃寻常日用事，而伯正父行之，乃有超然不可及者，何哉？吾侪小人，于日用事外，所为营营矻矻，计较于得失毁誉之间，不过为身及妻子计而已。而人情之所甚好者，伯正父无之；酒色人所甚好也，伯正父无之；绮绣珠玉，玩好之物，伯正父无之；怒气之待人，恃才以陵物，伯正父无之，非有道者能之乎？①

　　这篇文章是赵秉文赞美姬伯正的文章，在《姬平叔墓表》《祭姬平叔文》中，也有相似的赞美之辞。这篇文章虽然是在赞美姬伯正的修养，但是也可以看到赵秉文对匡正世俗理论的探寻。作者看到姬伯正的行为与世俗之人迥异，"而吾伯正父，心平气和，以拊循其下，养孤兄弟之子，如其所生。年四十余丧其配，遂不复娶，若将终身焉。及任监察御史，危言谠议，濒死而不顾，是其果有大过人者"。赵秉文想到，自己作为当时的有志之士，行为颇有不妥之处，"是时年少气锐，急簿书，称宾客。舞智以自私，攘名以自尊，盖无非为利之学，使其乾没不已。将遂君子之弃而小人之归矣"。自己的行为与姬伯正相比，高下立见。姬伯正行为高尚，精神状态平静淡泊，这引起了赵秉文的思考，天下人如果都能达到姬伯正的境界，那社会就可以秩序井然。姬伯正能够有这样高尚的行为和淡泊的精神状态，那说明他是有道

---

① 《赵秉文集》卷13，第313页。

之人。他所遵循的是什么道呢？这是赵秉文非常关切的问题。"泰和二年春，相会于京师，观其状，义而不朋。穷其心，淡然而无所求；察其私，盖耻一物之不得其职，是岂真有道者耶！""在他人乃寻常日用事，而伯正父行之，乃有超然不可及者，何哉？吾侪小人，于日用事外，所为营营矻矻，计较于得失毁誉之间，不过为身及妻子计而已。而人情之所甚好者，伯正父无之；酒色人所甚好也，伯正父无之；绮绣珠玉，玩好之物，伯正父无之；怒气之待人，恃才以陵物，伯正父无之，非有道者能之乎？"赵秉文深信姬伯正是有道之人，虽然姬伯正没有回答他的问题，但他仍然会思考什么样的"道"可以使得姬伯正有如此的修养。在姬伯正身上所表现出的仁爱和忠信，当然不是佛道理论所能呈现出来的，与佛道相比，最能匡正习俗的道当然非儒道莫属。

金代思想上是比较复杂的时代，各种理论都有传播，而文人精英对各种理论的社会功能还没有整合与引导，所以文人的思想是复杂混乱的。表现在现实中，文人就出现了各种不良的行为，社会风气也很浮躁。而儒道在当时社会上也遭到一些文人的冷落和歪曲。

在《商水县学记》中写到了当时的文人风气：

> 今之学者，则亦异于古之所谓学者矣。为士者，钩章棘句，骈四俪六，以圣道为甚高而不可学，敝精神于蹇浅之习，其功反有倍于道学而无用；入官者急功利，趋期会，以圣道为背时而不足学，其劳反有病于夏畦，而未免为俗儒，尽弃其平日之学，此道之所以不明也。至于甚者，苟势利于奔竞之途，驰嗜欲于纷华之境。间有恃才傲物，以招讥评，刺口论事，以取中伤，高谈雄辩，率常屈其座人。以佞为才而致憎，浮薄嘲谑，反希市人，以狂为达而贾怨，岂先圣所以教人，老师宿儒所以望于后生也哉！非特学者之罪，上之人未有以道之也。[①]

---

① 《赵秉文集》卷13，第322～323页。

在《裕州学记》中作者同样写到了儒道在当时受冷落的状态。"《礼》：天子祭天地百神，诸侯祀其境内山川，否则有禁。世远道丧，淫妖之祀遍天下，而孔子之祀虽以时举，吏堕不虔，备故事而已，非所以妥圣灵、致崇极之意也。"[①] 赵秉文认识到儒道在匡正世俗、构建社会秩序方面具有不可替代的作用，而社会上儒道受到冷落，文人的道德滑坡，这就需要正本清源、振兴儒道，这也成为赵秉文后期的奋斗目标。

在文人精神的外化表现中寻找儒道内在的根本特征。在对儒、释、道三家理论的学习体悟中，文人的体悟往往外化为他们日常生活的行为，这些行为具有相似的特征。那么可以匡正世俗的儒家理论有哪些根本特征呢？这是赵秉文孜孜探求的问题。在他的《适安堂记》中可以看到他的思考。

适安堂记

许昌任君子山作草堂于私第，榜之曰"适安"。

客过而问所以名堂之意，曰："子将无适而不安乎？抑适意而安之乎？"

子山："今夫水适则流，火适则燥，鱼鸟之适则翔泳，草木之适则条达，腰适则忘带，足适则忘履。今吾名不隶于仕版，身不涉于行伍，足不迹于是非之场，口不涉于是非之境。未酉而寝，过卯而起。每兴极意会，则登临山水，啸咏风月。玩泉石，悦松竹。手执《周易》一卷，与佛、老养性之书数册，以适吾性而已。吾安焉！子其为何如？"

客曰："先生之为适则一，其所以为适则异。子以嵇康之适于锻，阮籍之适于酒，与夫圣贤之适于道，有以异乎？苟以适性为事，则斥鷃无羡于天池之乐，桀、跖无羡于颜、冉之德，其于适性一也。而静躁殊途，善恶异趣，此向、郭之失，晋、宋之流，所以荡而忘返者也。且夫礼以检情，乐以导和，仁之胜不仁，义之胜不义，皆非以适性为事。苟

---

① 《赵秉文集》卷13，第324页。

以采山钓水为适，则忘其君；声色嗜欲为适，则忘其亲。忘亲则不仁，忘君则不义，不仁不义子安之乎？而且奚适哉？"

子山曰："请无以形适，而以心适，其可乎？"

客曰："心迹一也。自心迹之判，于是有清狂，有白痴，皆名教之罪人，而非君子之正也。《记》曰：'君子素其位，而行不愿乎其外。素富贵，行乎富贵；素贫贱，行乎贫贱；素患难，行乎患难，君子无入而不自得焉。'古之君子，不以外伤内，视贫富、贵贱、死生、祸福，皆外物也，随所遇而安之，无私焉。譬之水，升之则为雨露霜雪，下之则为江河井泉，激之斯为波，潴之斯为渊，千变万化，因物以赋形。及其至也，推而放诸东海而准，推而放诸南西北海而准，故君子有取焉，斯不亦无适而不安乎？"

子山曰："是吾心也，请归而刊之石。"客为谁？滏阳赵某也。①

这是赵秉文为任子山的适安堂写的记文，关于适安堂本身，作者并没有过多介绍，而是在阐释一个问题：如何达到真正的"适而安"？任子山建成"适安堂"，他认为自己过着"适而安"的生活，"今夫水适则流，火适则燥，鱼鸟之适则翔泳，草木之适则条达，腰适则忘带，足适则忘履。今吾名不隶于仕版，身不涉于行伍，足不迹于是非之场，口不涉于是非之境。未酉而寝，过卯而起。每兴极意会，则登临山水，啸咏风月。玩泉石，悦松竹。手执《周易》一卷，与佛、老养性之书数册，以适吾性而已。吾安焉！子其为何如？"任子山追求的生活是随性的生活，其中既蕴含着道家清净无为的思想，又具有佛家的随缘任性的主张，也具有儒家君子处世的哲学。任子山是一个对三家理论都有涉猎的文人，他阅读《周易》，也探讨佛老养性著作。所以说，三家理论都可以外化为追求"适而安"的生活方式。

对于任子山的"适而安"的生活，赵秉文敏锐地提出了问题："先生之

---

① 《赵秉文集》卷13，第309~310页。

为适则一，其所以为适则异。子以嵇康之适于锻，阮籍之适于酒，与夫圣贤之适于道，有以异乎？"赵秉文认为，佛老所说的"适性"与儒家的"适道"是不同的，接着提出，如果单独谈"适性"，因为善恶异趣，就可能陷入不仁不义之境，也不可能达到真正的"适而安"。"苟以适性为事，则斥鷃无羡于天池之乐，桀、跖无羡于颜、冉之德，其于适性一也。而静躁殊途，善恶异趣，此向、郭之失，晋、宋之流，所以荡而忘返者也。且夫礼以检情，乐以导和，仁之胜不仁，义之胜不义，皆非以适性为事。苟以采山钓水为适，则忘其君；声色嗜欲为适，则忘其亲。忘亲则不仁，忘君则不义，不仁不义子安之乎？而且奚适哉？"

儒家所说的"适而安"的根本是"适道"，在道德修养达到一定境界时，就会外化为"适而安"，就如《礼记·中庸》中所言"君子素其位而行，不愿乎其外。素富贵，行乎富贵；素贫贱，行乎贫贱；素患难，行乎患难，君子无入而不自得焉"。所以，赵秉文认为，虽然儒、释、道理论都可以影响文人的生活，使得他们追求"适而安"的生活方式，但是真正能够引领文人达到"适而安"境界的是儒家的理论主张。而儒家理论的根本特征就是仁义道德的修养，达到了一定的修养境界，自然就会进入自适自得之境，所以，"古之君子，不以外伤内，视贫富、贵贱、死生、祸福，皆外物也，随所遇而安之，无私焉"。作者用水的因物赋形说明了这个道理。"譬之水，升之则为雨露霜雪，下之则为江河井泉，激之斯为波，潴之斯为渊，千变万化，因物以赋形。及其至也，推而放诸东海而准，推而放诸南西北海而准，故君子有取焉，斯不亦无适而不安乎？"至此，赵秉文充分说明了儒学理论区别于佛老理论的根本特征。

从这篇记文可见，赵秉文在寻找儒学的本质特征，寻找儒学能够匡正世俗、教化百姓的根本原因。从这里还可以看到，赵秉文在努力把儒学从与佛老之学的混杂中区别开来，还原儒学清纯的本源。

赵秉文在自己的儒学理论中也留下了佛老思想的痕迹。例如《种德堂记》：

《传》曰："十年之计，树之以木；百年之计，种之以德。"窃尝以古验今，为善于家，而责报于幽。如持印券钥合，取所寄物，不在其身，则在其子孙，又何待百年而已哉！今夫日月之明在乎天，而所明在乎地；宝玉之精在乎山，而光被乎草木；贤人君子，其德在乎身，而其荣及其子孙，理固然也。其或司命所不识，圣哲所难言，若管仲之后无闻，而皋陶、庭坚之祀忽诸？议者犹以为专鱼盐之利，而掌法理之官也。善乎东坡先生之论天也，曰："天可必乎？仁者不必寿，贤者不必富。天不可必乎？贤者必有后。"天地之大以无心也，何尝择善人而赏之，恶人而罚之？譬如一气之所春，一雨之所滋，甘苦美恶，蕃然并育。至其华者实，条者干，霜降木落，万物皆虚，而松柏杰然于岁寒之后，其不变者可必也。

噫！天地一圃也，万物一果蓏也。无德而富贵，此天地间一巨蠹也。物既蛊坏，身亦随之，故有钟鸣鼎食之家，鸣玉曳组之后，朝为荣华，夕为憔悴，此种木而不种德者也。而间阎修身之士，牛医马走之子，身都卿相，庆流后代。譬犹芝兰茝蕙，自托于深林幽谷，微风时过，见别于萧艾之中，而得登于君子之堂矣，此种德而不种木者也。今使世之人种德如种木，望报如望秋，少忍而待善恶之定，其责报也，亦可必矣。

然天地之气，钟于物也不一，其蓄之也至精，则其发之也必尽，故花之魁异、木之秀杰者不常有。相如、子云、李白、杜陵，皆天地精英之气也，故能秀而不能实，能蕃而不能续也。其遂也或阏之，其涸也或接之。故木之再荣，水之洄洑也者，亦时有之。栾厣之汰，而至盈方及者，书之力也。张汤之酷，而张氏复大者，安世之力也。至于梗楠橡樟，其蟠根也既深，其流荫也必大，故有七登三事，四世五公，再世而为司徒，八叶而为宰相者，有自来矣，岂不然哉！①

---

① 《赵秉文集》卷13，第314页。

《种德堂记》是劝导世人修德养性的文章，但作者在论述"种德"的重要性时，却融入了佛家理论中的"因果报应"思想。赵秉文早期沉迷于佛老之说，虽然他努力与佛老思想进行切割，但是，这些理论还是渗透到了他的儒学思想中。在论述儒家的道德修养的结果时，他引用了苏轼的观点："天可必乎？仁者不必寿，贤者不必富。天不可必乎？贤者必有后。"这是苏轼《三槐堂铭》中的句子，苏轼也说明了贤德之人后代会很繁盛。苏轼在此赞美魏公的贤德及其后代的福报，他的文章中表现了善恶有报的思想，并说明了这种报应虽然不是很及时，但是报应是必然的结果，具有佛家思想的特征。在《三槐堂铭》中苏轼写道：

天可必乎？贤者不必贵，仁者不必寿。天不可必乎？仁者必有后。二者将安取衷哉？吾闻之申包胥曰："人定者胜天，天定亦能胜人。"世之论天者，皆不待其定而求之，故以天为茫茫。善者以怠，恶者以肆。盗跖之寿，孔、颜之厄，此皆天之未定者也。松柏生于山林，其始也，困于蓬蒿，厄于牛羊；而其终也，贯四时、阅千岁而不改者，其天定也。善恶之报，至于子孙，则其定也久矣。吾以所见所闻所传闻考之，而其可必也审矣。

国之将兴，必有世德之臣，厚施而不食其报，然后其子孙能与守文太平之主共天下之福。故兵部侍郎晋国王公，显于汉、周之际，历事太祖、太宗，文武忠孝，天下望以为相，而公卒以直道不容于时。盖尝手植三槐于庭，曰："吾子孙必有为三公者。"已而其子魏国文正公相真宗皇帝于景德、祥符之间，朝廷清明，天下无事之时，享其福禄荣名者十有八年。今夫寓物于人，明日而取之，有得有否；而晋公修德于身，责报于天，取必于数十年之后，如持左券，交手相付。吾是以知天之果可必也。①

---

① 《苏轼全集校注》卷19，第2167～2168页。

在赵秉文的文章中，他强化了苏轼善恶有报的思想，把这一观点阐述为普遍的规律，说明子孙的繁盛是祖上修养心性的回报，并把子孙的高官厚禄与父辈的心性修养直接联系起来，构成了因果关系。"天地一圃也，万物一果蓏也。无德而富贵，此天地间一巨蠹也。物既蛊坏，身亦随之，故有钟鸣鼎食之家，鸣玉曳组之后，朝为荣华，夕为憔悴，此种木而不种德者也。而闾阎修身之士，牛医马走之子，身都卿相，庆流后代。譬犹芝兰茝蕙，自托于深林幽谷，微风时过，见别于萧艾之中，而得登于君子之堂矣，此种德而不种木者。"在这段论述中，很明显他把"种德"与家族的繁盛直接联系起来，说明有因才有果，把佛家的因果报应思想融进了儒家思想中。赵秉文探讨儒家理论是以匡正世俗为目的的，带有明显的现实性，因果报应思想是世人最容易接受的思想，在此，赵秉文以佛家理论为载体，宣传儒家道德修养的理论，不能不说是很具有创新性的。在记文的最后，他明确得出结论："至于梗楠橡樟，其蟠根也既深，其流荫也必大，故有七登三事，四世五公，再世而为司徒，八叶而为宰相者，有自来矣，岂不然哉！"所以说，赵秉文的儒学思想中还是留下了佛老思想的痕迹。

第二节 黄河悟道

在赵秉文的文集中共有十六篇赋作，在第一卷中收录两篇，在第二卷中收录十四篇。从赋作内容看，第二卷赋作内容比较庞杂，而第一卷收录的两篇赋作都是与他的儒学思想相关联的，是他对儒学的认识和他献身儒学的决心。赵秉文文集的第一卷是他关于儒学的论文，这些论文具体阐述了他的儒学观点。在这些论文之后，作者收录了两篇与儒学相关联的赋作，可见，作者是把这两篇赋作与他的儒学论文同列的。从这两篇赋作的内容中，不仅可以看到作者对儒学的看法，同时可以看到他所追求的"游心圣门"的境界。

黄河九昭

发源　洑流　化道　通塞　匡俗　避碍　钟粹　入海　通天

发源

古帝赋予以正命兮，湛清白之纯源。水溷泥而变浊兮，火欝烟而滋昏。盍虚己以求复兮，究大中之所存。曰道有象兮无其形，其下无尾兮其上无根。塞汝兑兮闲汝门，天而不人兮见其本原。惟德人之天游兮，捷六凿而不浑。迄反流而全一兮，契妙本于昆仑。

洑流

鸷鸟将击兮形必匿，雾豹养斑兮毛以泽。龙蛇起陆兮伸其屈，草木黄落兮根自复。水不积兮遭吾舟，风不厚兮塌吾翼。气何溽兮将雨，明何长兮出日。莳吾兰兮九畹，椟吾玉兮十袭。寿颜夭兮天地，饱夷清兮冰雪。飫道德之源流兮，导此心之积石。虽不周于今之人兮，吾将付万世兮潮汐。

化道

霜降兮水归，渊潜兮天飞。朝鳞兮水次，夕翚兮云逵。风为翼兮雷为椎，驾天吴兮从冯夷。睎吾发兮弱水，濯予翼兮咸池。东风飘兮神灵雨，水增波兮龙门暮。谓鹍运兮何迟，谓螭腾兮何怒？速莫速兮蜕骨余，乐莫乐兮纵壑初。涂人兮服儒，曾行兮闵趋。洁芬馨兮为佩，御中直兮为车。澡身兮德渊，竦辔兮云衢。登圣门而化道兮，吾将从沂泗之所居。

通塞

日有光，有云翳之，决之则明；川有源，有石碍之，抉之则通。噫！圣道之芜塞兮，孰开明而别聪？嬴鳖兮刘麋，晋蒙兮魏聋。求蛟螭兮木末，求蚌鳞兮云中。有先觉兮，吾谁适从？麾韩、庄之倚门兮，排释、老之尚宫。回狂澜于既倒兮，障百川而朝东。侯况侯愈，曰轲曰雄。同闻异窦，失之相攻。鸣乎！圣如天王兮，彼诸子者亦各诸侯与附庸。无阋墙而外御兮，是亦为大正与至公。

匡俗

悲世俗之侧僻兮，偭规矩而诡驰。摘荒途以冥行兮，失大中之所宜。谓荆棘兮可履，谓酖毒兮可饴。曰先圣闳奥，我将竟之；世俗诡隘，我将证之。颓波委靡，回而正之。吸清露以为餐兮，缉云霞以为衣。御六气以为驾兮，搴兰杜以为帏。道莫正于仁义兮，教莫先于孝慈。矫末世之颓风兮，还中古之治时。屹中流之砥柱兮，渟万派而东之。

避碍

世变万殊兮，不一其时。道有时中兮，圆方异施。或溯而通兮，或直而抵。尺有所不足兮，寸有所宜。牦牛捕鼠兮，不如狌狸。太阿补履兮，不如两钱之锥。申生以孝毙兮，苌宏以忠而诛夷。尾生信而溺兮，仲子廉而饥。言不必信兮，行不必果。权轻重以适道兮，固无可而不可。有孺子歌曰："桃花浪兮春月暮，竹箭流兮三山渡。雷阗阗兮风冥冥，舟楫摧兮蛟龙怒。划大坯之当前兮，汩滔滔而东骛。"又歌曰："深则厉兮，浅则揭兮。冬日羔裘，夏葛制兮。遇坎则止，乘流逝兮。先师有言，叹棠棣兮。"

钟粹

春兰兮紫茎，秋菊兮金英。折江梅兮赠所思，睇荷花兮思目成。襟风兮佩月，饫冰兮饱雪。骖鸾兮跨鹤，将以朝兮紫阙。吸沆瀣兮餐朝霞，茹芝英兮服瑶芽。练玉颜兮不老，洁龟肠兮无邪。钟天地之粹美兮，萃日月之光华。游道德之苑囿兮，驰仁义之园林。及年岁之未暮兮，庶无愧于周任。

入海

登蓬莱兮，归鳌背些。明珠为宫，阙紫贝些。丛珍叠怪，璆琳琲些。松乔偓佺，戏浮彩些。日月出没，归墟会些。鹏鹍运化，天地大些。井蛙自困,河伯隘些。九川涤源,入圣海些。

通天

猗圣道之通天兮,与河汉以同流。浮灵槎以问津兮,夕予次夫牵牛。前羲和使弭节兮,后望舒以为御。左列缺之扬鞭,右丰隆以持斧。飞廉为先驱兮,屏翳告余以未具。斡北斗以斟精兮,招摇以为糈,历钩陈而入紫宫兮,闻琅琅之天语。曰夫人之正心兮,若北辰之居所。寂然不动,即此心之太极兮,以游乎万物之祖。盍求复于性初兮,执大中以为矩。究性命之所极兮,沂濬源于天渚。

乱曰:河行九区,通天渊兮。九畴八卦,源于天兮。一身动静,一坤乾兮。湛然无为,守太玄兮。[①]

《黄河九昭》是作者出守宁边时,在河道高岸纵观黄河时的感悟。作者望着黄河所呈现出来的种种形态,想到了儒道的种种状态。他认为这就是圣道给自己的昭示,从而在赋作中抒写了自己感悟的内容,抒发了自己追求儒道的决心。《黄河九昭》虽然是以赋作的形式抒发情感,但在抒情的过程中说明了自己对儒学的看法。"大安元年,余出守宁边,下临大河,登高望远,超然有怀。夫昆仑道之,圣源也;积石迤之,沠圣流也;龙门跂之,贤化道也;仙掌踦之,智通塞也;屹以砥柱,匡失俗也;障以大坏,避诸碍也;汇以大陆,钟道粹也;播以九河,入圣海也;授以马图,道通天也。窃以为有合吾圣人之道,因作《九昭》,思圣道之昭也,非敢拟诸作者,姑以纾情云耳。"这是作者站在黄河岸边,看到浩荡宽广、奔腾不息、直入东海的黄河,突然有所感悟,气势浩大的黄河就像儒道一样广阔浩大,任何阻塞在这样的洪流中都显得不堪一击,任何力量都影响不了它奔腾入海的趋势,任何污秽杂物都会被荡涤干净。赵秉文站在黄河岸边的感悟,给他带来的是极度的兴奋,他无法平抑自己激动的情绪,也不能用平实的文字来表现他此时的

[①] 《赵秉文集》卷1,第9~13页。

情感，只有赋作是他此时记载感悟的最佳文体。虽然我们无法判断赵秉文是否在这次感悟中，放弃了佛道，选择了儒学，但我们可以肯定的是，在这次感悟中他对儒学有了新的认识。赋作中有"水不积兮遭吾舟，风不厚兮塌吾翼"，说明赵秉文认为自己对儒道的认识不够深入，自己的道德修养也没有达到很高的境界，所以才出现了疑惑、困顿。所以说，这次感悟，对赵秉文来说非常重要，我们可以称他这次感悟为"黄河悟道"。而《黄河九昭》是作者这次悟道情况的真实记录，要研究赵秉文的儒学思想必须先对这篇赋作深入研究。

《黄河九昭》虽然是抒情性的赋作，但是作者对儒道体悟的内容是非常清晰的。首先，作者看到了黄河源头的清澈和纯净，他有所感悟。虽然黄河在奔涌的过程中会变得浑浊，变得泥沙俱下，但它的源头是清澈的。由此，作者悟到，儒道的发展过程与此相似。"古帝赋予以正命兮，湛清白之纯源。水溷泥而变浊兮，火爇烟而滋昏。"虽然当时在社会上出现了各家对儒家理论的不同理解，带来了儒学的浑浊状态，但是儒学本源是纯正的，应该探究儒道本源，回归儒学本真。"盍虚己以求复兮，究大中之所存"，这里赵秉文看到了自己探究儒道本源的使命。同时他体悟了圣道的本质，"曰道有象兮无其形，其下无尾兮其上无根"，儒道巨大无比、无处不在，但它又没有具体的形状。

赵秉文也体悟到，儒道在发展过程中会遇到阻力，也会出现回旋不前的状况，但是经过力量的集聚，最后会浩荡向前的。在"洑流"这一部分，作者说明儒道遇到了阻力，回旋不前，但它像黄河中的洑流一样，必会冲破阻力向前流动。"鸷鸟将击兮形必匿，雾豹养斑兮毛以泽。龙蛇起陆兮伸其屈，草木黄落兮根自复。水不积兮遭吾舟，风不厚兮塌吾翼。气何潒兮将雨，明何长兮出日。"在这一部分，作者说明了儒道在金代受到各种阻碍的现实情况，作者坚信，儒道遇到的阻力是暂时的，它具有强大的生命力，必将冲破种种阻力，蓬勃发展。"莳吾兰兮九畹，椟吾玉兮十袭。寿颜夭兮天地，饱夷清兮冰雪。饫道德之源流兮，导此心之积石。虽不周于今之人兮，吾将付万世兮潮汐。"在得到"洑流"的昭示之后,作者决心保持自己纯洁的本心,修养自己的道德,用道德的源流,来冲刷自己心中的积石,为儒道的发展尽自己的全力。

赵秉文也认识到,"化道"的过程就像跳跃龙门一样,对圣道的彻悟,是自己向往的美妙境界。在"化道"中,"龙门跂之,贤化道也"。"跂之"为"跂而望之",遥望龙门,鱼跃入龙门,完成了鱼龙之化,由此作者想到了儒道,贤而化道,是人生的一次大的飞跃。作者在"化道"这一部分用多种形象的变化说明了化道的过程:"霜降兮水归,渊潜兮天飞。朝鳞兮水次,夕鬐兮云逵。风为翼兮雷为椎,驾天吴兮从冯夷。晞吾发兮弱水,濯予翼兮咸池。东风飘兮神灵雨,水增波兮龙门暮。谓鹍运兮何迟,谓螭腾兮何怒?"同时,在这一部分作者也说明了自己追求儒道的决心:"速莫速兮蜕骨余,乐莫乐兮纵壑初。涂人兮服儒,曾行兮闵趋。洁芬馨兮为佩,御中直兮为车。澡身兮德渊,竦鬐兮云衢。登圣门而化道兮,吾将从沂泗之所居。"赵秉文用脱胎换骨、精神升华来形容自己追求儒道的境界,心灵纯净,道德高洁,与圣道同在。

如果说化道是作者个体"游心圣门"的境界升华,那么,在接下来的部分,作者主要讨论的是儒道在金代社会遇到的阻力和作者悟到的排除阻力、追寻通途的方法。在"通塞"部分,作者首先指出圣道遇到阻塞的现实"日有光,有云翳之,决之则明;川有源,有石碍之,抉之则通。噫!圣道之芜塞兮,孰开明而别聪?嬴蹩兮刘蹙,晋蒙兮魏聋。求蛟螭兮木末,求蚌鳞兮云中"。圣道的光芒被阴云遮蔽,圣道传播的路径被杂草所阻塞。要想改变现状,作者跟许多士大夫们在寻觅路径。首先,赵秉文认为造成圣道不能正本清源的原因是两方面,一方面是其他理论的干扰,在金代思想文化环境比较宽松,各种理论、学说都有存在发展的自由。法家思想、道家思想、佛教思想等都有信奉传播者,各种理论在士大夫的思想中出现了混杂的情况,这样,儒学思想就不能不受到其他理论、学说的影响,所以,赵秉文认为要想弘扬清纯的圣道,必须排除其他理论、学说的影响。"有先觉兮,吾谁适从?

麾韩、庄之倚门兮，排释、老之峭宫。回狂澜于既倒兮，障百川而朝东。"赵秉文认为造成圣道荒芜的另一方面原因是对圣道的阐释形成的学派，互相攻击，出现了混乱的状况。"侯况侯愈，曰轲曰雄。同阃异窦，失之相攻。"对于这种情况，赵秉文认为，圣道是天王，各个学派是诸侯与附庸，各个学派之间不应该互相争斗，而应该一致对外，保护圣道的高尚与纯正。"呜乎！圣如天王兮，彼诸子者亦各诸侯与附庸。无阋墙而外御兮，是亦为大正与至公。"这一部分是赵秉文针对当时社会上儒学的处境而提出的保护圣道的方略。

与保护圣道纯正相关联的问题是如何发展圣道。在"避碍"中，赵秉文提出了自己发展圣道的思路。"世变万殊兮，不一其时。道有时中兮，圆方异施。或溯而通兮，或直而坻。尺有所不足兮，寸有所宜。牦牛捕鼠兮，不如狌狸。太阿补履兮，不如两钱之锥。申生以孝毙兮，苌宏以忠而诛夷。尾生信而溺兮，仲子廉而饥。言不必信兮，行不必果。权轻重以适道兮，固无可而不可。"在这一部分，赵秉文明确提出了"因时而变""因势而变""因事而变"的思想，认为不必死守圣道的教条，要根据时势的变化而改变圣道理论。如果死守圣道的理论教条，就会出现"申生以孝毙兮，苌宏以忠而诛夷。尾生信而溺兮，仲子廉而饥"的情况，他接着提出了自己发展圣道理论的观点，"言不必信兮，行不必果。权轻重以适道兮，固无可而不可"。赵秉文认为，权衡利弊，根据具体情况而变通圣道的具体规定，这才是弘扬圣道的路径。

对于自己提出的弘扬圣道的观点，赵秉文在赋作中用划船的孺子之歌说明这个道理是普遍的。"有孺子歌曰：'桃花浪兮春月暮，竹箭流兮三山渡。雷阗阗兮风冥冥，舟楫摧兮蛟龙怒。划大坯之当前兮，汩滔滔而东骛。'又歌曰：'深则厉兮，浅则揭兮。冬日羔裘，夏葛制兮。遇坎则止，乘流逝兮。先师有言，叹棠棣兮。'"

"深则厉兮，浅则揭兮"出自《诗经·邶风·匏有苦叶》，其诗云："匏有苦叶，济有深涉。深则厉，浅则揭。"《论语·宪问篇》："子击磬于卫，有荷蒉而过孔氏之门者，曰：'有心哉，击磬乎！'既而曰：'鄙哉，硁硁乎，莫己知也，斯己而已矣。深则厉，浅则揭。'子曰：'果哉！末之难矣。'"这句要说明的是，如果水深就垂着衣服缓缓过河，如果水浅就提起衣服快快过河，需要看情况选择自己的行为。"冬日羔裘，夏葛制兮"是人们生活中的基本常识，冬天穿羔裘，夏天穿葛衣，根据时令的变化选择不同的衣服。"遇坎则止，乘流逝兮"，在遇到阻碍的时候，就停下来；遇到顺畅的水流时，就乘流而下。人们也是根据具体情况决定自己的行动。在这段歌谣中还说明，因情况而定行为是先师之言。

赵秉文也认识到，当时社会上有各种问题，只有圣道才可以匡正世俗。在《匡俗》一章中，作者首先描绘了当时的世俗现状："悲世俗之侧僻兮，偭规矩而诡驰。摘荒途以冥行兮，失大中之所宜。谓荆棘兮可履，谓酖毒兮可饴。"赵秉文认为，当时的社会走向了斜僻的路径，没有规矩可循，人们在荒芜的路途上茫然而行，以为荆棘丛生的地方就是大道，以为毒品就是美食。整个社会已经没有了正确的方向，也没有了真伪对错。这种世俗状况如何改变呢？赵秉文在赋作中提出了自己的决心："曰先圣阃奥，我将竟之；世俗诡隘，我将证之。颓波委靡，回而正之。"他决心用圣道挽救世俗，使得整个社会再次回到阳光大道上。

赵秉文认为圣道的学习与弘扬是令人神往的美丽境界："吸清露以为餐兮，缉云霞以为衣。御六气以为驾兮，搴兰杜以为帏。"他用自己的热情讴歌、赞美着他心中的圣道，他要弘扬圣道，重新构筑他理想的社会："道莫正于仁义兮，教莫先于孝慈。矫末世之颓风兮，还中古之治时。屹中流之砥柱兮，淳万派而东之。"以仁义为世俗正道，用孝慈来教化百姓，构筑理想的中古治世，这就是赵秉文的社会理想。

赵秉文体悟到了追寻圣道的不同境界。在《钟粹》《入海》《通天》三章中，作者对圣道热情讴歌赞美，也说明了追寻圣道过程中要经历不同的阶段。首先是自身道德境界的升华："春兰兮紫茎，秋菊兮金英。折江梅兮赠所思，睇荷花兮思目成。襟风兮佩月，饫冰兮饱雪。骖鸾兮跨鹤，将以朝兮紫阙。吸沆瀣兮餐朝霞，茹芝英兮服璚芽。练玉颜兮不老，洁龟肠兮无邪。

钟天地之粹美兮，萃日月之光华。游道德之苑囿兮，驰仁义之园林。及年岁之未暮兮，庶无愧于周任。"在这一段文字中作者用了"春兰""秋菊""荷花""清风""明月""冰雪"等意象比喻自己对纯净美好境界的追求，接着对精神境界进一步描绘，"骖鸾""跨鹤""朝紫阙""吸沆瀣兮餐朝霞，茹芝英兮服璚芽""钟天地之粹美兮，萃日月之光华"，在自身精神境界升华之后，才能在道德仁义的苑囿驰骋。作者决心在自己的人生暮年，完成伟大的理想：匡正世俗。

在《入海》一章中，作者描绘了追求圣道的过程中到达新的境界，在道德仁义的苑囿驰骋。作者对这一境界进行了抒情描写："登蓬莱兮，归鳌背些。明珠为宫，阙紫贝些。丛珍叠怪，璆琳琲些。松乔偓佺，戏浮彩些。日月出没，归墟会些。鹏鹍运化，天地大些。井蛙自困，河伯隘些。九川涤源，入圣海些。"这一境界是完全超越自我的境界，是一个更大的世界，作者用"井蛙""河伯"相对照，说明到达了一个全新的广阔的境界。他在这里完成了鹏鹍运化，到达了圣道之海。

《通天》是作者对圣道最高境界的描写。作者到达天宫，与神仙相伴而游。"猗圣道之通天兮，与河汉以同流。浮灵槎以问津兮，夕予次夫牵牛。前羲和使弭节兮，后望舒以为御。左列缺之扬鞭，右丰隆以持斧。飞廉为先驱兮，屏翳告余以未具。斡北斗以斟精兮，招摇以为楢，历钩陈而入紫宫兮，闻琅琅之天语。曰夫人之正心兮，若北辰之居所。寂然不动，即此心之太极兮，以游乎万物之祖。盍求复于性初兮，执大中以为矩。究性命之所极兮，沂溯源于天渚。"作者用天宫比喻自己对圣道学习体悟的最高境界。"执大中以为矩""究性命之所极兮"，参透中庸之道，探索性命之道。

"赋作的最后，作者有一段总结'乱曰：河行九区，通天渊兮。九畴八卦，源于天兮。一身动静，一坤乾兮。湛然无为，守太玄兮'。在此，作者虽然用了'湛然无为'这样的道家境界，在他的赋作中这种境界与'大中'之境合而为一，达到了交融状态。但是他主要还是站在儒家圣道的立场来描绘这一境界的。当然，我们也不能否认，赵秉文受到道家理论的影响，他在对圣道的理解与解释中已经融进了道家理论的内容,例如,在《入海》一节,大量用《庄子》中的寓言故事,说明自己对圣道的感悟从狭隘的状态进入阔大状态。"①

《黄河九昭》是体悟圣道的赋作,作者站在黄河岸边,看到黄河的清澈源头,看到奔涌东去的黄河水,对儒道有了新的认识和体悟,作者用抒情特色明显的赋的形式说明了自己体悟的内容:第一,圣道的本源是清纯的,圣道的本质无象无形、无所不在;第二,圣道不行的原因及推行圣道的路径;第三,自己弘扬圣道、匡正世俗的决心;第四,追寻圣道的理想境界。这是作者对儒道的新认识。这篇赋作是记录赵秉文由崇尚佛老,转向推崇儒学的思想转变过程的重要作品。作者之所以选择赋作的形式记录自己的体悟,是因为赋作更能够体现他体悟圣道后的激动情绪和美妙感受,我们不能因为它是赋作的形式而忽略它的价值。

在赵秉文文集第一卷中,还有一篇赋作是《咏归辞》。这篇赋作与《黄河九昭》同列于第一卷,将它与论述儒学思想的文章列于一起,说明作者认为这篇赋作与儒学论文的内容相关联,所以打破了文体分卷的体例,把它也列于第一卷。

这篇赋作没有小序,写作时间不能像《黄河九昭》一样精准确定,但我们还是可以大致确定赋作的写作时间。从排列顺序来看,此赋作应该写于《黄河九昭》之后,即大安元年(1209)之后。从写作的心态来看,作者心态平和,对现实问题虽然没有涉及,但从赋作中可以感到作者所处的现实环境是比较平和的,国家没有出现大的危难,由此可知,赋作不是写于金代末期。从赋作内容来看,赋作应该写于作者仕途受阻之时,在大安元年(1209)之后,作者的仕途两次受阻,一次是"贞祐初",一次是"兴定二年(1218)",赵秉文在五六年的时间内两次获罪,仕途受阻,《咏归辞》很明显写于由朝堂回归故里之时,所以说,这篇赋作写于"贞祐初"或者"兴定二

---

① 参见拙著《辽金诗歌与诗人的心灵世界》,山西人民出版社2015年版,第161~162页。

年（1218）"①，"贞祐初"作者大约55岁，"兴定二年（1218）"作者60岁。此时，赵秉文已经走到了他人生的后期，他经历了仕途上的坎坷，也走到了汉族文人仕途的巅峰——礼部尚书，虽然获罪致仕，但皇帝对他依然关爱有加，他已经很满足了。从思想上看，赵秉文经历了对佛家思想的探索，对道家思想的体悟，对儒家思想的反思，最后他选择了自己人生后期的道路。

咏归辞

归去来兮，风乎舞雩咏而归。既勿忘而勿助，抑何喜而何怒。时未来而莫预，事既往而焉追？化新新而不停，习念念而觉非。譬已饥而方食，孰既寒而忘衣？无一毫之私意，信天理之精微。

我思古人，瞠乎若奔。仰骛前轨，游心圣门。习矣而察，操之斯存。坐见于舆，饮见于罍。利何为兮桀、跖，善何为兮孔、颜。匪义路兮焉由，匪仁宅兮孰安？严三省以日儆，防六欲而常关。戒屋漏以慎独，尚衣绅而中观。存夜气之牿亡，收放心而知还。渐云开而雾廓，俄鸢飞而鲵桓。

归去来兮，请从沂上之游，娱曾点之鼓瑟，终不慕兮由、求。既尽心而不贰，亦乐天而何忧？天地均仁于万物，播一气乎郊畴。陆有下泽，水有芳舟。野阳浮兮薮泽，光风泛兮林丘。草渐渐而茁长，水源源而交流。观物态之熙熙，廓予怀之休休。

已矣乎！力天力兮时天时，我初无将亦无留。舍圣道兮将安之？存心以养性，守死以为期。虑道学之荒芜，遂日耘而日耔。廓七篇之孟训，咏二南之周诗。会天人而一贯，穷理尽性吾何疑！②

在这篇赋作中作者对圣道的追求由"兼济天下"转向了"独善其身"。

---

① 《辽金诗歌与诗人的心灵世界》，第177～180页。
② 《赵秉文文集》卷1，第13～14页。

"在这篇赋作中，作者表达了两层意思，一层是顺应时势，不强求于外物，'时未来而莫预，事既往而爲追。'第二层意思是，'游心圣门'，坚持儒家所倡导的道德修养，不断追求圣贤的境界。"① 整篇赋作都是作者追求圣贤境界的决心。

在整篇赋作中，应该注意两个问题：第一，赵秉文强调的"力天力"与"时天时"，这是赵秉文的人生总结与感悟。赵秉文的一生是追求宏伟理想的一生，他致力于构建金代的思想文化体系，为金代政治制度的完善和统治思想的重建做出了巨大贡献。在被迫致仕之后，赵秉文已经没有机会在金代政坛发挥作用了，此时，他没有悲愤不平，而是平静坦然，很清醒地对自己奋斗的人生进行了总结，"既尽心而不贰，亦乐天而何忧？""力天力兮时天时，我初无将亦无留"。借助"天力"，遵循"天时"，他做到了自己能够做的事情，所以他无怨无悔，高调咏归。第二，"游心圣门"，追求儒家最高的精神境界。"严三省"，"防六欲"，求"慎独"，在自然美景中追寻纯洁的道德境界。

这两篇赋作是赵秉文"兼济天下"和"独善其身"人生阶段的形象写照。

第三节 《中庸》在赵秉文儒学思想中的地位

赵秉文早年热衷于佛家理论的研究，但在他人生的中后期，致力于儒学理论的探讨，他有多部儒学理论著作，但《中庸》思想在他的理论体系中占着非常重要的地位。现存《闲闲老人滏水集》是赵秉文在自己人生后期对自己的诗文进行选择之后结集的，从杨云翼的《滏水文集引》一文中，我们可以知道这部文集的结集时间。"近日择其所为文章，厘为二十卷，过以见示。""元光二年岁次癸未冬十有一月庚戌日，前翰林学士、中奉大夫、知制

---

① 《辽金诗歌与诗人的心灵世界》，第176页。

诰皋落杨云翼引。"[①] 从中可知，赵秉文大约于金元光二年（1233）对自己的诗文进行了选择、整理，结集付印。他在对自己文集的整理过程中，必然有着一种体系。赵秉文的儒学理论文章都收录在文集的第一卷，包括《原教》《性道教说》《中说》《诚说》《庸说》《和说》《黄河九昭》《咏归辞》等。在赵秉文的文集中只收录了阐释中庸理论的文章，而且放在文集的第一卷，可见他对中庸理论的重视。在这里有两个问题：第一，"四书""五经"是儒家理论的核心经典，赵秉文对《周易》《论语》《孟子》等儒家经典多有研究，为什么在自己的文集中只收录阐释《中庸》的文章？

《中庸》是西汉人戴圣辑录的《礼记》中的一篇，是阐释礼经的文章，从属于礼学体系。在赵秉文看来，中庸理论是唯一可以放在自己文集卷首的理论，这有两方面原因，第一，他认为中庸理论是儒学中最重要的理论；第二，他认为自己在对中庸理论的研究中有很好的领悟，这些文章阐发了中庸理论中前人没有发掘的东西，是非常有建树的理论文章。

赵秉文认为中庸理论是儒学最重要的理论，这与唐宋以来，中庸理论地位的变化密切相关。朱汉民在其论文《宋儒〈中庸〉学的学术渊源与思想发展》中论述了《中庸》学的发展过程，清晰地呈现了中庸理论在汉代与唐宋的不同地位。在经学史上，《中庸》的地位曾经发生了巨大变化，这与佛家理论在中国的传播有着密切的关系。朱汉民先生的总结是比较准确的：

> 在唐宋以后的经学史上，《中庸》的地位逐渐发生变化。外在的礼仪制度建设完成后，必然面临内在精神文化建设问题，加之两晋隋唐以来佛老之学的挑战，《中庸》开始受到一些思想敏锐的儒家学者的密切关注，成为他们回应佛老之学挑战的思想武器和文化资源。值得注意的是，《中庸》最早受到关注并不是礼与中的思想，而是其中与佛学相对

---

① 《赵秉文集》卷1，第1页。

应的心性之学与修身论。①

正是因为佛家理论中关于心性的论述，使得儒者看到了儒学理论在心性论方面出现了欠缺，而这样的缺失并不是儒家经典本身的缺失，而是儒家理论阐释方面的缺失。儒家的有识之士敏锐地发现，在《中庸》中就蕴含着这样的理论，对《中庸》中的心性论的发挥就是儒士们的奋斗目标。"所以，到了宋代，《中庸》很快就受到特别关注。许多儒家学者除了继续发挥《中庸》的思想之外，同时让《中庸》一书能够逐渐从《礼记》独立出来，提升为独立的经典。"②

从《礼记》中独立出来的《中庸》篇的使命已经不仅仅是礼学体系的部分内容，而是与佛家理论相抗衡的心性论的核心。"《中庸》一书成型并列入《礼记》，最初只是以礼为本的《六经》体系的组成部分。《中庸》一书独立出来，体现出宋儒建构性与天道合一的思想追求。可见，《中庸》学在两汉经学体系和两宋理学体系中，分别承担不同的学术使命，故而体现出汉宋学术的不同学术旨趣和思想演变。"③"《五经》体系的《中庸》以人的性情之'中和'作为礼之本，目的是确定礼的人性人心之依据。而宋儒诠释的《中庸》，却是要进一步从人的内在心性探寻形而上的天理依据。宋儒对《中庸》学的推动，最重要的工作就是将中庸之道理学化，最终使《中庸》成为建构理学思想体系的核心经典。"④《中庸》理论的发挥、阐释中，宋儒建构了以"天理"论为核心的理学体系，天理理论的建构是《中庸》思想的新发展。

从朱汉民的论述中可见，唐宋以来，《中庸》思想在儒学体系中的地位发生了巨大的变化，已经由从属于"礼学"体系的著述，转变为建构理学思

---

① 朱汉民：《宋儒〈中庸〉学的学术渊源与思想发展》，《北京大学学报》，2019年第4期。
② 同上。
③ 同上。
④ 同上。

想体系的核心经典。在宋代理学发展的大思潮中，赵秉文的儒学思想明显受到程朱理学的影响，而他把中庸理论奉为儒学理论的最高经典，对中庸理论的领悟和阐释也成为他儒学思想的核心，所以，赵秉文把自己对中庸理论的阐释文章放在了《闲闲老人滏水集》的第一卷。

第四章　赵秉文儒学思想分析

赵秉文作为金代的大儒，对儒学也有比较深入的研究，据元好问《闲闲公墓铭》记载，他著有"《易丛说》十卷、《中庸说》一卷、《扬子发微》一卷、《太玄笺赞》六卷、《文中子类说》一卷、《南华略释》一卷、《列子补注》一卷、删集《论语》《孟子》解各一十卷，生平文章号《滏水集》者，前后三十卷，《资暇录》十五卷"。他的著作颇丰，关于儒学研究的著作也不少，但是都已经散佚，这确实是中国思想史上的重大损失。唯一庆幸的是他的《滏水集》留存了下来。《滏水集》是赵秉文晚年自己整理的文集，在文集的第一章他收录了自己的儒学研究文章。既然是赵秉文自己的选择，说明这些文章代表了他的主要儒学观点，对这些文章的解读就显得非常重要。

第一节　赵秉文儒学作品分析

赵秉文文集卷一中有他对儒家理论的思考，在这些文章中我们可以看到他的主要儒学思想。

原教

夫道何谓者也？总妙体而为言者也。教者何？所以示道也。传道之谓教，教有方内，有方外。道不可以内外言之也，言内外者，人情之私也。

圣人有以明夫道之体，穷理尽性，语夫形而上者也；圣人有以明夫道之用，开物成务，语夫形而下者也。是故语夫道也，无彼无此，无小无大，备万物，通百氏，圣人不私道，道私圣人乎哉？语夫教也，有正有偏，有大有小，开百圣，通万世，圣人不外乎大中，大中外圣人乎哉？

吾圣人之所独也，仁者，人此者也；义者，宜此者也；礼者，体此者也；智者，知此者也；信者，诚此者也。天下之通道，五此之谓也。五常之目，何谓也？是非孔子之言也。孟子言四端而不及信，虽兼言五者之实，主仁义而言之，于时未有五常之目也。汉儒以天下之通道莫大于五者，天下从而是之。扬子以身系诸道、德、仁、义、礼，辟老氏而言也；韩子以仁义为定名，道德为虚位，辟佛老而言也，言各有当而已矣。

然自韩子言仁义而不及道德，王氏所以有道德性命之说也。然学韩而不至，不失为儒者；学王而不至，其蔽必至于佛老，流而为申、韩，何则？道德性命之说，固圣人罕言之也，求其说而不得，失之缓而不切，则督责之术行矣，此老庄之后所以为申、韩也与？过于仁，佛老之教也；过于义，申、韩之术也；仁义合而为孔子。孟子法先王，荀卿法后王，荀孟合而为孔子。①

在这篇文章中，赵秉文阐释"教"的本质特征，首先说明了"道"与"教"的区别。"夫道何谓者也？总妙体而为言者也。教者何？所以示道也。传道之谓教，教有方内，有方外。道不可以内外言之也，言内外者，人情之私也。"在论述中，作者首先把"道"与"教"进行了对比，在他看来，"道"是对事物的总体看法，"道"的内容是客观的。而"教"就是对"道"的阐释。在对"道"的阐释过程中就掺杂了一些主观的成分。

赵秉文认为，圣人对"道"的阐释最接近"道"的本质。"是故语夫道

---

① 《赵秉文集》卷1，第1页。

也,无彼无此,无小无大,备万物,通百氏,圣人不私道,道私圣人乎哉?语夫教也,有正有偏,有大有小,开百圣,通万世,圣人不外乎大中,大中外圣人乎哉?"圣人能够遵从大中之道,所以对"道"的阐释保持了"道"的客观性。圣人对"道"的阐释是分为形而上与形而下两个层面的,在形而上的层面是"穷理尽性",能够清楚地阐释性理,而在形而下的层面是"明夫道之用","开物成务",能够把"道"的实用性阐释得很清楚。

而正是在"教"的阐释中,"道"呈现出的状态是不断发展变化的。"吾圣人之所独也,仁者,人此者也;义者,宜此者也;礼者,体此者也;智者,知此者也;信者,诚此者也。天下之通道,五此之谓也。五常之目,何谓也?是非孔子之言也。孟子言四端而不及信,虽兼言五者之实,主仁义而言之,于时未有五常之目也。汉儒以天下之通道莫大于五者,天下从而是之。扬子以身系诸道、德、仁、义、礼,辟老氏而言也;韩子以仁义为定名,道德为虚位,辟佛老而言也,言各有当而已矣。"在这里,赵秉文说明了五常的发展变化过程。五常是"道"所呈现出来的状态。正是在圣人和汉儒的阐释中,"道"所呈现出的状态在不断变化。

在"教"对道的阐释中,难以摆脱"人情之私",个体对"道"的理解和体悟,直接影响着他对"道"的阐释。在对道德性命的阐释中,会出现不同的偏差,这是难以解决的问题,所以圣人也没有充分论述。"然自韩子言仁义而不及道德,王氏所以有道德性命之说也。然学韩而不至,不失为儒者;学王而不至,其蔽必至于佛老,流而为申、韩,何则?道德性命之说,固圣人罕言之也。"赵秉文已经认识到了道德性命之说是一个难以厘清的问题,在阐释中往往会陷入与其他学说混同的泥潭。在这里,赵秉文也没有必须厘清的决心,他只是以这个问题说明,"教"对"道"的阐释中所掺杂的"人情之私"。在《原教》中,赵秉文论述了"教"与"道"的本质区别,在对这个问题的论述中,强调了"教"受到的各种"人情之私"的影响,出现各种偏离"道"的阐释,容易与其他学说混杂,从而失去了"道"的本来面目。

性道教说

性之说，难言也。何以明之？上焉者，杂佛老而言；下焉者，兼情与才而言之也。佛则灭情以归性，老氏则归根以复命，非吾所谓性之中也。荀卿曰"人性恶"，扬子曰"人性善恶混"，言其情也。韩子曰"性有上中下"，言其才也，非性之本也。《记》曰："人生而静，天之性也。"又曰："中者天下之大本也。"此指性之本体也。

方其喜怒哀乐未发之际，无一毫人欲之私，纯是天理而已，故曰天命之谓性。孟子又于中形出性善之说，曰恻隐也、羞恶也、辞让也、是非也。孟子学于子思者也，其亦异于曾子、子思之所传乎？曰："否。不然也。"此四端，含藏而未发者也，发则见矣。譬之草木萌芽，其茁然而出者必直，间有不直，物碍之耳。惟大人为能不失其赤子之心，此率性而行之者也，故谓之道。人欲之胜久矣，一旦求复其天理之真，不亦难乎？固当务学以致其知，以先明乎义利之辨，使一事一物了然吾胸中。习察既久，天理日明，人伪日消，庶几可以造圣贤之域，故圣人修道以教天下，使之遏人欲、存天理，此修道之谓教也。

孟子之后不得其传，独周、程二夫子绍千古之绝学，发前圣之秘奥，教人于喜怒未发之前求之，以戒慎恐惧于不见不闻，为入道之要，此前贤之所未至其最优乎？其徒遂以韩、欧诸儒为不知道，此好大之言也。后儒之扶教，得圣贤之一体者多矣。使董子、扬子、文中子之徒，游于圣人之门，则游、夏矣。使诸儒不见传注之学，岂能邃先毛郑哉！闻道有浅深，乘时有先后耳。

或曰："欧阳之学失之浅，苏氏之学失之杂，如其不纯何？"曰："欧苏长于经济之变，如其常，自当归周、程。"或曰："中庸之学，孔子传之曾子，曾子传之子思，而后成书，不以明告群弟子，何也？"曰："《诗》《书》、执礼皆雅言也，雅之犹言'素所言'耳，至于天道性命，圣人所难言。且《易》之一经，夫子晚而喜之，盖慎言之也。"孟子不言《易》，荀卿曰："始乎为士，终乎读《礼》。"于时未尝言《易》，后世犹曰孟子不言《易》，所以深言之也。圣人于寻常日用之中，所语无非性与天道，故曰"吾无隐乎尔"，但门弟子有不知者。迨子贡曰："夫子之言性与天道，不可得而闻也。"子贡闻一贯之后，盖知之矣，然亦未尝以穷高极远为得也。自王氏之学兴，士大夫非道德性命不谈，而不知笃厚力行之。实其蔽至于以世教为俗学，而道学之蔽亦有以中为正位，仁为种性，流为佛老而不自知，其蔽反有甚于传注之学，此又不可不知也，且中庸之道何道也？天道也，大中至正之道也。典、礼、德、刑，非人为之私也，且子以为外是别有所谓性与天道乎？吾恐贪高慕远，空谈无得也。虽圣学如天，亦必自近始，然则何自而入哉？曰"慎独"。①

在这篇文章中，赵秉文阐述了"性""道""教"之间的关系。首先赵秉文阐述了对性理的看法，他认为这是一个非常难以阐述清楚的问题。在学者的阐释中，往往会出现两种倾向，一种走向了玄妙，最后与佛理和道家理论相混杂；一种走向了具体的才情判断。这些观点都偏离了性理之本体。赵秉文对《中庸》中"天命之谓性"的理论进行了进一步的阐释，认为只有圣人，才能率性而为，却不失赤子之心，才能坚持道。人欲在增长的过程中，已经蒙蔽了赤子之心，一般人难以达到保持赤子之心的境界。因为人欲长时间不断地膨胀，所以要想恢复人的性命之真纯，就必须有大人修道来教授天下人。因为是人欲遏制了天性的纯真，所以，提出了存天理、灭人欲的观点。

在这里，赵秉文对《中庸》理论中"性""道""教"的关系进行了阐发，基本上遵循了《中庸》的理论观点。《中庸》认为："天命之谓性，率性之谓道，修道之谓教。道也者，不可须臾离也；可离，非道也。是故君子戒慎乎其所不睹，恐惧乎其所不闻。莫见乎隐，莫显乎微。故君子慎其

---

① 《赵秉文集》卷1，第2～3页。

独也。喜怒哀乐之未发谓之中，发而皆中节，谓之和。中也者，天下之大本也。和也者，天下之达道也。致中和，天地位焉，万物育焉。"赵秉文认为，"方其喜怒哀乐未发之际，无一毫人欲之私，纯是天理而已，故曰天命之谓性。孟子又于中形出性善之说，曰恻隐也、羞恶也、辞让也、是非也。孟子学于子思者也，其亦异于曾子、子思之所传乎？曰：'否。不然也。'此四端，含藏而未发者也，发则见矣。譬之草木萌芽，其苗然而出者必直，间有不直，物碍之耳。惟大人为能不失其赤子之心，此率性而行之者也，故谓之道。人欲之胜久矣，一旦求复其天理之真，不亦难乎？固当务学以致其知，以先明乎义利之辨，使一事一物了然吾胸中。习察既久，天理日明，人伪日消，庶几可以造圣贤之域，故圣人修道以教天下，使之遏人欲、存天理，此修道之谓教也。"从这段文字可见，赵秉文对"性""道""教"的看法直接来源于《中庸》，同时他又对《中庸》的观点进行了阐释。

赵秉文充分肯定了周、程二夫子在性命之学发展过程中的作用，认为二夫子是中庸理论的真正继承者。同时，他也批评了周、程后学者对韩、欧之学的不恰当指责，他认为，董仲舒、扬雄、王通等后儒都对儒学理论的发展做出了巨大贡献，虽然他们对儒道的阐发深浅不同，但他们在不同的层面发展了儒家理论，也在不同的时代使得儒家理论在社会思想方面得到了重要地位。"孟子之后不得其传，独周、程二夫子绍千古之绝学，发前圣之秘奥，教人于喜怒未发之前求之，以戒慎恐惧于不见不闻，为入道之要，此前贤之所未至其最优乎？其徒遂以韩、欧诸儒为不知道，此好大之言也。后儒之扶教，得圣贤之一体者多矣。使董子、扬子、文中子之徒，游于圣人之门，则游、夏矣。使诸儒不见传注之学，岂能遽先毛郑哉！闻道有浅深，乘时有先后耳。"从这里可以看到，赵秉文对儒家思想不同发展阶段的成果都持肯定的态度，他认为不同角度、不同层面对儒学的发展都是很重要的，认为儒学理论与时代是密切相关的，在不同的时代，儒学可以有不同的侧重点，也可以具有不同的特征。

接着，赵秉文阐述了几个问题：第一，提出了如何对待欧阳修的儒学理论和苏氏父子理论的问题，这个问题是对上面观点的具体论述，对于儒学理论的浅和杂的问题，他认为这并不影响儒学道统的问题，只是个体特征而已，总体来说，欧阳修的儒学理论和苏氏理论都是可以归入周、程理论体系的，也就是说，都是儒学发展的正脉。"或曰：'欧阳之学失之浅，苏氏之学失之杂，如其不纯何？'曰：'欧苏长于经济之变，如其常，自当归周、程。'"第二，说明了性命之学是难言之学，虽然圣人所言皆为性命之学，这是穷高极远的理论，并不是所有人都能够体悟的。王氏之学兴起之后，士大夫们热衷于谈论性命道德之学，使得儒家性命之学与佛老之学混为一谈，这是很大的弊端。第三，赵秉文认为，中庸之道就是大中至正之道，但中庸之道并不是远离日常生活的，典、礼、德、刑，并非人为之私，所以这就是性命之学，就是天道。虽然圣学高远，但都是与眼前事物相关的。所以，一般人没有必要去空谈高远的天道，只需要从眼前做起，做到"慎独"。

从这篇文章可见，赵秉文对儒学的《中庸》理论是非常推崇的，但是他对中庸理论中的"性""道""教"的问题有自己的体悟，形成了自己的观点。他认为性命道德之学是圣人才能够体悟阐发的理论，后儒们在儒学的发展过程中根据自己的体悟，在不同的时代对儒学的某个方面进行阐释，从而形成了深浅不一的理论，这都是对儒学的弘扬和发展，都是修道传教的行为。而普通的士大夫们热衷于谈论性命道德之学，反而是对儒学的性命道德之说的歪曲。对于普通士大夫而言，不应该空谈道德性命之学，而应该从日常生活做起，慢慢学习体悟，最后终会有所得。

其实，在这里，赵秉文对儒者进行了分层：第一层次是圣人，他们是儒学理论的提出者，他们是在对世界万物的观察和体悟中提出了理论观点。第二层次是后儒们，也是儒家理论的真正传承者，他们对圣人提出的理论有自己的理解，从不同的角度对儒学理论进行了深浅不一的解释、阐发，他们是儒学理论的发展、弘扬者。第三个层次是普通的士大夫，他们是儒学理论的学习者，他们应该在生活中学习体悟，理解儒学理论的真正内涵，从而在日常生活中践行。

在这里，赵秉文批评了社会上儒士们的一些不良风气，提出了普通儒士的责任不在于讨论研究道德性命之学的深奥内涵，而在于领悟和践行。普通的儒士在儒士中所占的比例是很高的，这些人如果能够在生活中践行儒学理论，而不是空谈玄妙问题，一方面有利于儒学理论朝着正确的方向发展，一方面使得儒学理论与当时的社会现实密切结合，真正服务社会。这里充分表现了赵秉文的实用性观点。

中说

苏黄门云："喜怒哀乐之未发谓之中。"即六祖所谓不思善恶之谓也。发而皆中节谓之和，即六度万行是也。蓝田吕氏曰："寂然不动，中也；赤子之心，中也。"伊川又云："性与天道，中也。"若如所论，和，固可位天地，育万物矣。只如不思善、不思恶、寂然不动，赤子之心谓之中，果可以位天地，育万物乎？又言性与天道，中也。何不言喜怒哀乐未发，谓之性与道耶？或者谓物物皆中，且不可溟涬其说，请指眼前一物明之何者谓中？只如权衡亦中之类，如何得杂佛、老之说而言之，而明圣人所谓中也？或云无过无不及之谓中，此四者已发而中节者也。言中庸之道则可，言大本则未可。若然，则寂然不动、赤子之心皆中正也，非耶？

试论之曰：不偏之谓中，不倚之谓中。中者，天下之正理。

夫不偏不倚之正理，似涉于喜怒哀乐已发而中节者也，然未发之前，亦岂外是哉？学者固不可求之于气形质未分之前，胞胎未具之际。只于寻常日用中，试体夫喜怒哀乐未发之际，果是何物耶？此心未形，不可谓有；必有事焉，不可谓无。果喜与？果怒与？喜怒且不可得，尚何过与不及之有邪？亭亭当当，至公至正，无一毫之私意，不偏倚于一物。当是时不谓之中，将何以形容此理哉？及其发之于人伦事物之间，喜无过喜，喜所当喜；怒无过怒，怒所当怒，只是循其性固有之中也。其间不中节者，人欲杂之也。

然则中者和之未发，和者中之已发。中者和之体，和者中之用。非有二物也，纯是天理而已矣。故曰天命之谓性，中之谓也。率性之谓道，和之谓也。所以不谓之性与道者，盖中者因无过与不及而立名，所言中以形道与性也，言各有当云耳。何以知其为天理？今夫天地之化，日月之运，阴阳寒暑之变，四时不相贷，五行不相让，无适而非中也。大夏极暑，至于铄金，而夏至一阴已生；隆冬祈寒，至于冻海，而冬至一阳已萌，庸非中乎？后以裁成天地之道，辅相天地之宜，经纶君臣、父子、兄弟、夫妇、朋友之大经，不亦和乎？由是而天地可位，万物可育，此圣人致中和之道也。

曰然则中固天道，和固人道与？曰天人交有之。乾道变化，各正性命，中也；保合太和，乃利贞，和也。民受天地之中以生，中也；能者养之以福，和也。然则寂然不动、赤子之心非中与？曰皆是也。方喜怒哀乐未发之时，不偏不倚，非寂然不动而何？纯一无伪，非赤子之心而何？直所从言之异耳。但苏黄门言不思善，不思恶，与夫李习之灭情以归性，近乎寒灰槁木，杂佛而言也。佛老之说皆非与？曰非此之谓也。天下殊途而同归，一致而百虑。殊途同归，世皆知之；一致百虑，未之思也。

夫道，一而已，而教有别焉。有虚无之道，有大中之道。不断不常不有不无，释氏之所谓中也。彼是莫得其偶谓之道枢，枢始得乎环中，以应无穷，老庄之所谓中也，非吾圣人所谓大中之道也。其所谓大中之道者，何也？天道也，即尧、舜、禹、汤、文、武、周、孔之道也。《书》曰："执厥中。"《易传》曰："《易》有太极。"极，中也，非向所谓佛老之中也。且虽圣人，喜怒哀乐亦有所不免，中节而已，非灭情之谓也。位天地，育万物，非外化育、离人伦之谓也。然则圣人所谓中者，将以有为言也。以言乎体，则谓之不动；以言纯一，则谓之赤子；以言禀受，则谓之性；以言共由，则谓之道；以言其修，则谓之教；以言不易,则谓之庸;以言无妄,则谓之诚。中则和也,和则中也,其究一而已矣。①

《中说》是在批驳他人的观点的基础上展开论述的。文章一开头,就列出了对于"中"的几种认识。第一种是苏轼的观点,苏轼在解释"喜怒哀乐之未发谓之中"时,认为"即六祖所谓不思善恶之谓也。发而皆中节谓之和,即六度万行是也"。这里完全是用佛家的理论来解释"中"。接着又提出了蓝田吕氏的观点"寂然不动,中也;赤子之心,中也",伊川的观点"性与天道,中也"。赵秉文对这几种关于"中"的阐释都提出了质疑,他认为这些阐释都是不准确的,同时明确提出,不能用佛老理论解释"中"。

在批驳他人观点的基础上,赵秉文提出了自己的观点:"不偏之谓中,不倚之谓中。中者,天下之正理。"赵秉文认为:不偏不倚就是"中","中"是天下的正理。他的这一观点,其实是对《中庸》之说的阐释,在论述自己关于"中"的观点时,他引用了《中庸》原文,重点论述的是喜怒哀乐已发之后的状态。在喜怒哀乐已发之后,按照人的本性,应该继续遵循至公至正的本性,喜怒都适合节度。但是,人欲掺杂其中,就出现了不中不正的状态。

很明显,赵秉文在阐述"中"的概念的同时,也对《中庸》中"中"的定义提出了质疑,《中庸》:"喜怒哀乐之未发谓之中,发而皆中节,谓之和。中也者,天下之大本也。和也者,天下之达道也。致中和,天地位焉,万物育焉。"赵秉文把"中"分为两种状态阐释,对于"喜怒哀乐已发而中节"的状态,他是认同的,但对于"喜怒哀乐未发"的状态,他提出了质疑。赵秉文认为:"夫不偏不倚之正理,似涉于喜怒哀乐已发而中节者也,然未发之前,亦岂外是哉?学者固不可求之于气形质未分之前,胞胎未具之际。只于寻常日用中,试体夫喜怒哀乐未发之际,果是何物耶?此心未形,不可谓

---

① 《赵秉文集》卷1,第4~6页。

有；必有事焉，不可谓无。果喜与？果怒与？喜怒且不可得，尚何过与不及之有邪？"赵秉文认为，在喜怒哀乐未发之前，胞胎未具之际，没有人能够体会到这种状态，人们对这种状态的认知，其实就是喜怒哀乐已发之后的一种体验。在喜怒哀乐未发之前，喜怒都没有，当然无所谓过与不过了。

接着，赵秉文论述了"致中和"的问题，"然则中者和之未发，和者中之已发。中者和之体，和者中之用"，即"中"就是"和"在喜怒哀乐未发之前的状态，"和"就是"中"在喜怒哀乐已发之后的状态；"中"就是"和"的本体，"和"就是"中"的一种运行状态。

在这里，赵秉文认为，"中"与"和"的状态是可以互相转化的，"中"与"和"的关系是辩证统一的关系。接着他举出了自然界和人类社会中"中"与"和"的呈现状态，充分论述了自己的观点。在阐述"中"与"和"的关系时，他也解释了自己在文章开头的质疑，最后的结论是：寂然不动、赤子之心、性与天道，都是"中"。从这段论述中可见，他认为前面苏氏、伊川、蓝田吕氏等人对"中"的认识与阐释都是有自己的道理的。在论述"中"与"和"的关系时，他还论述了儒学与佛老的关系问题，认为儒家理论与佛老理论都在阐释性命道德问题，只是通过不同的视角解释同一问题。"佛老之说皆非与？曰非此之谓也。天下殊途而同归，一致而百虑。殊途同归，世皆知之；一致百虑，未之思也。"同一个道理，可以有不同的思考，用不同的理论来解释。

在前面论述的基础上，赵秉文得出了他的结论：第一，"中"是关于人情的道，是与人类社会及人的情欲相关联的道。"其所谓大中之道者，何也？天道也，即尧、舜、禹、汤、文、武、周、孔之道也。""且虽圣人，喜怒哀乐亦有所不免，中节而已，非灭情之谓也。位天地，育万物，非外化育、离人伦之谓也。"

第二，对"中"可以从不同的层面、不同的角度来阐释，但对"中"要有全面的理解，如果只看到自己所阐释的角度，对"中"的理解就会是片面的，就必然会遭到质疑。"然则圣人所谓中者，将以有为言也。以言乎体，则谓之不动；以言纯一，则谓之赤子；以言禀受，则谓之性；以言共由，则谓之道；以言其修，则谓之教；以言不易，则谓之庸；以言无妄，则谓之诚。中则和也，和则中也，其究一而已矣。"从这一结论来看，赵秉文认为前面所提到的关于"中"的阐释，虽然都有道理，但都是只看到了"中"的一个侧面，都是片面的理解。

在这篇文章中可见，赵秉文对"大中之道"的阐释是在遵循儒家"中庸"理论的基础上阐释的，一方面对儒家经典进行了解释，另一方面又提出了自己的独到见解。

诚说

夫道何为者也？非太高难行之道也。今夫清虚寂灭之道，绝世离俗，非切于日用，或行焉，或否焉，自若也。至于君臣、父子、夫妇、兄弟、朋友之大经，可一日离乎？故曰：可离非道也，其所以行之者一，曰诚也。

诚自不欺人，固当戒慎恐惧于不见不闻之际，所以养夫诚也。而诚由学始，博学、审问、慎思、明辨、力行五者，所以学夫诚也。故曰不明乎善，不诚乎身矣。圣人又惧夫贪高慕远，空谈无得也。指而示之，近曰不欺自妻子始，身不行道，不行于妻子。使自身刑家，自家刑国，由近以及远，由浅以至深，无骇于高，无眩于奇，无精粗小大之殊，一于不欺而已，所以致夫诚也。

不欺尽诚乎？曰未也。无妄之谓诚，不欺其次矣。今夫雷始发声也，蛰者奋，萌者达，譬犹啐啄相感，无有先后。及乎十月而雷，物不与之矣。故曰"天下雷行，物与无妄"。使伏羲垂唐虞之衣裳，文王制周公之礼乐，亦妄矣。

无妄尽诚乎？曰亦未也。无息之谓诚，天一日一夜运周三百六十五度，自古及今，未尝少息也。天未尝一岁愆万物，圣人未尝一息非天道，若颜子三月不违仁，其与文王，纯亦不已，则有间断矣。

天其有间乎？无息尽诚乎？曰亦未也。赞化育之谓诚，圣人尽其心以知性，尽性以尽人物之性，德至乎天，则"鸢飞戾天"；德至乎地，则"鱼跃于渊"。上际下蟠，无一物不得其所，此成己成物。合内外之道也，可以尽诚乎？曰至矣，未尽也。抑见而敬，言而信，动而变，行而成，犹有言动之迹在。至于不动而变，不行而成，不怒而威，神也；不言而信，天也。上天之载，无声无臭，此文王之德，孔子之所以为大也。[①]

《诚说》是对《中庸》中的"诚"的阐释。在《中庸》中，"诚"是重点论述的一个概念，相关的论述有："诚者，天之道也。诚之者，人之道也。诚者，不勉而中，不思而得：从容中道，圣人也。诚之者，择善而固执之者也。""博学之，审问之，慎思之，明辨之，笃行之。""有弗学，学之弗能，弗措也。有弗问，问之弗知，弗措也。有弗思，思之弗得，弗措也。有弗辨，辨之弗明，弗措也。有弗行，行之弗笃，弗措也。人一能之，己百之。人十能之，己千之。""唯天下至诚为能尽其性。能尽其性，则能尽人之性。能尽人之性，则能尽物之性。能尽物之性，则可以赞天地之化育。可以赞天地之化育，则可以与天地参矣。""至诚之道可以前知。国家将兴，必有祯祥；国家将亡，必有妖孽。见乎蓍龟，动乎四体。祸福将至，善，必先知之；不善，必先知之。故至诚如神。"

在对"诚"的论述中可见，赵秉文对《中庸》中关于"诚"的理论进行了认真的思考，他继承了"诚"的主要理论观点，并对这些理论观点的内在关系进行了深入的体悟，从而形成了自己关于"诚"的阐释理论。在这篇文章中，他首先对"诚"进行了理论定位，认为"诚"是"道"的一种运行状态。"至于君臣、父子、夫妇、兄弟、朋友之大经，可一日离乎？故曰：可离非道也，其所以行之者一，曰诚也。"接着对《中庸》中关于"诚"的理论进行了分层次论述，强化了《中庸》中相关理论的逻辑关系。文章依次论

---

① 《赵秉文集》卷1，第6～7页。

述了"诚自不欺人""无妄之谓诚,不欺其次矣""无息之谓诚""赞化育之谓诚"的观点。

"诚自不欺人"这一观点是作者重点论述的内容,这是对普通人最基本的要求,也是跟我们的生活关联最紧密的问题。赵秉文把这一观点作为"诚"的第一个层面,如何培养"诚"的品性,是由学习开始的,而学习的过程就是"而诚由学始,博学、审问、慎思、明辨、力行五者,所以学夫诚也"。学习是"诚"的品性形成的必然路径,但不能在学习中使得"诚"成了空谈的理论,还必须与现实生活结合起来理解、践行,这种行为要从眼前开始,从自身开始,由近及远,由浅及深,最后达到"诚"的境界。

"不欺尽诚乎?曰未也。无妄之谓诚,不欺其次矣。"接着论述了"诚"的上一层面的内涵,即"无妄",就是不能出现错乱。作者以自然界运行秩序为例,说明这样的秩序是不能出现错乱的,接着以人类社会的历史发展为例,也说明了前后的顺序是不能错乱的,所以说"无妄之谓诚"。在此基础上,作者提出了再上一层面的内涵,即"无妄尽诚乎?曰亦未也。无息之谓诚"。"无息"就是不间断,就是一种持续,也是一种坚持。首先作者以天道运行为例,"天一日一夜运周三百六十五度,自古及今,未尝少息也",自然界一直在运行,自古至今,从没有间断,这就是"诚"。接着以圣人为例,说明什么是"诚","天未尝一岁惵万物,圣人未尝一息非天道,若颜子三月不违仁,其与文王,纯亦不已,则有间断矣"。圣人能够遵循天道而没有间断,一般贤人都难以达到这个境界。

在论述了"无息"境界之后,作者进一步论述再上一层次的内涵,"天其有间乎?无息尽诚乎?曰亦未也。赞化育之谓诚"。圣人尽心知性,能够化育万物,使得自然万物和社会百姓都处在有序的运行中,这才是"诚"。"圣人尽其心以知性,尽性以尽人物之性,德至乎天,则'鸢飞戾天';德至乎地,则'鱼跃于渊'。上际下蟠,无一物不得其所,此成已成物。"圣人用自己的赤子之心感悟固有本性,体悟着人与物的本性,自身道德与天道相契合,"鸢飞戾天""鱼跃于渊",所有事物都各得其所。所以说,圣人的至诚之境是可以化育万物的。

圣人的至诚之境仍然不是"诚"的最高境界。接着，文章论述了"诚"的最高境界，也就是"神"的境界。"合内外之道也，可以尽诚乎？曰至矣，未尽也。抑见而敬，言而信，动而变，行而成，犹有言动之迹在。至于不动而变，不行而成，不怒而威，神也；不言而信，天也。上天之载，无声无臭，此文王之德，孔子之所以为大也。"至诚之境与神的境界的区别是："至诚"之境是有"言""动"的痕迹的，而神的境界没有行动的痕迹就可以化育万物。上天的这种境界，正是文王的德行，它达到了神的境界，所以孔子也以文王为学习的榜样。

从上面的分析可见，赵秉文对《中庸》关于"诚"的论述有自己的体悟和理解，他对"诚"的内涵的分层次论述，使得"诚"的理论成为一个完整的体系。赵秉文对"诚"的阐释既遵循了《中庸》理论，其中又有自己的理解和领悟，所以说，这篇文章是对《中庸》中"诚"的理论的继承，也是对"诚"的理论的发展。

庸说

《易》称"天尊地卑"，《书》称"天秩""天叙"，《春秋》书"天王"，《诗》称"天生蒸民，有物有则"，明此道出于天，皆《中庸》所谓庸也。《孟子》言"经正则庶民兴"，此孟子所传于子思子者也。"经"即"庸"也，百世常行之道也。

亲亲、长长、尊贤、贵贵而已。而有亲亲之等，尊贤之差，又在夫时中而已。此权所以应时变也，吕氏论之详矣。譬犹五谷必可以疗饥，药石必可以治病，今夫玉山之禾，八琼之丹，美则美矣，果可以疗饥乎？果可以治病乎？则太高难行之论，其不可经世也亦明矣。其不及者，犹食糠糟而不美五谷之味也。故夫接舆之狂，沮溺之狷，仲子之廉，师、商之过、不及，高柴之过哀，宰我之短丧，管仲之奢，晏婴之俭，与夫非礼之礼，非义之义，隘与不恭，皆非庸也。然则夷齐非耶？

圣人有时乎？清清而至于隘，非庸也。有时乎和，和而至于不恭，非庸也。果何者为庸乎？其要不出乎中而已。①

在论述"庸"时，赵秉文提出的主要观点是："庸"就是"经"，就是百世不变的"道"。"中庸"就是"大中之道"。在这篇文章中，赵秉文提出了几个观点：第一，"中庸"虽然是百世运行的"道"，但是也是可以根据不同情况有所权变的。第二，中庸之道不可以走向高深玄妙，而应该是经世致用的，是与现实社会密切相关的。"譬犹五谷必可以疗饥，药石必可以治病，今夫玉山之禾，八琼之丹，美则美矣，果可以疗饥乎？果可以治病乎？则太高难行之论，其不可经世也亦明矣。其不及者，犹食糠糟而不美五谷之味也。"作者以食物作比，生动形象地说明了自己的观点。第三，"庸"就是"中"，所有超越"中"，走向极端的行为都不是"庸"。在这里，作者举出了各类事例，说明什么不是"庸"。"故夫接舆之狂，沮溺之狷，仲子之廉，师、商之过、不及，高柴之过哀，宰我之短丧，管仲之奢，晏婴之俭，与夫非礼之礼，非义之义，隘与不恭，皆非庸也。"而对一些特殊现象，也举出了例子。首先举出了伯夷、叔齐的事例。春秋时期，孤竹国国君想要传位给小儿子叔齐，但叔齐认为应该让兄长伯夷即位，兄弟二人互相推让，最后伯夷偷偷离开孤竹国，叔齐随后跟随离开。他们到了文王的领地，但文王刚死，武王正帅师讨伐纣王，他们极力劝阻，认为这样的讨伐不孝不仁，结果差点被武王斩杀。二人羞愤难当，不食周粟，隐居首阳山采薇而食，最后饿死于首阳山。"然则夷齐非耶？圣人有时乎？清清而至于隘，非庸也。有时乎和，和而至于不恭，非庸也。"对于伯夷、叔齐的情况如何看待呢？虽然是圣人，但也会有不符合"庸"的行为，伯夷、叔齐追求仁义，走向了极端，这也不是"庸"。为了追求"和"，走向了"不恭"，也就是说，为了"和"，突破了礼仪规范，也不是"庸"。在对一些事例的否定中，赵秉文说明了"庸"就

---

① 《赵秉文集》卷1，第7~8页。

是"中","中庸"就是"大中之道"。

和说

圣人未尝无喜,天命有德,五服五章是也;未尝无怒,天讨有罪,五刑五用是也;未尝无哀,哀而不伤是也;未尝无乐,乐而不淫是也。孰知夫至喜无喜,"天地变化草木蕃",圣人之至喜也;至怒无怒,"鼓之以雷霆",圣人之至怒也;至哀无哀,"寒暑不时则疾,风雨不节则饥",圣人之至哀也;至乐无乐,鸢飞鱼跃,圣人之至乐也。又孰知夫乐天知命,哀之大者也;穷理尽性,乐之极者也。然则举八元非喜也,诛四凶非怒也,号泣于旻天非哀也,被袗衣鼓琴非乐也,当理而已,当理则常也。

何以谓之和?盖和者,因喜怒哀乐中节而名之也,譬如阳并于阴则喜,阴毗于阳则怒,则亦二气之失和也。圣人之心无私如天地,喜怒哀乐通四时,和气冲融于上下之间,则天地安得不位,万物安得不育,四时安得不正?若此者,皆和之致也。[1]

圣人的喜怒哀乐是与天地自然的变化相呼应的,同时,也与人类社会的和谐秩序相呼应,已经超越了具体的可喜可悲之事,与自然界、人类社会的整体系统相呼应。

喜怒哀乐中节适度就是和。在对和的阐释中,赵秉文首先在天地万物和人类社会的现象中解释什么是圣人的喜怒哀乐。"孰知夫至喜无喜,'天地变化草木蕃',圣人之至喜也;至怒无怒,'鼓之以雷霆',圣人之至怒也;至哀无哀,'寒暑不时则疾,风雨不节则饥',圣人之至哀也;至乐无乐,鸢飞鱼跃,圣人之至乐也。"在这里,他把自然的变化与圣人的喜怒哀乐相联系,认为圣人的喜怒哀乐是主宰自然界与人类社会的一种神秘力量。接着,他举

---

[1] 《赵秉文集》卷1,第8～9页。

出了舜帝的几种具体的行为，认为这些行为都不是喜怒哀乐，"然则举八元非喜也，诛四凶非怒也，号泣于旻天非哀也，被袗衣鼓琴非乐也，当理而已，当理则常也。"

在这里，赵秉文把圣人的喜怒哀乐推向了形而上的境界，是一种抽象的表象，而不是具体个体日常的喜怒哀乐。所以，虽然赵秉文承袭了《中庸》中对人类感情的论述，但是，在阐释的过程中，他明显把《中庸》中强调的人类情感抽象化、神圣化，他所说的喜怒哀乐已经完全超越了《中庸》中所强调的人类修养的层面，而上升到了一个形而上的"理"的层面。

赵秉文完全是从抽象的角度立论，在此基础上再进一步阐释什么是"和"，在对"和"的具体论述中，更是走向了抽象化、神秘化，其中也融入了天人感应的理念。"何以谓之和？盖和者，因喜怒哀乐中节而名之也，譬如阳并于阴则喜，阴毗于阳则怒，则亦二气之失和也。圣人之心无私如天地，喜怒哀乐通四时，和气冲融于上下之间，则天地安得不位，万物安得不育，四时安得不正？若此者，皆和之致也。"这段论述中，虽然是紧紧围绕《中庸》原文论述，但是论述中已经滤去了人情的喜怒哀乐的一面，完全走向了抽象化、神圣化。

赵秉文虽然从抽象的、超越常人情感的角度论述"和"，但是在论述中也插入了对常人情感的看法，"又孰知夫乐天知命，哀之大者也；穷理尽性，乐之极者也"。虽然这一句在前后文中显得突兀，但是在这样的慨叹中，可见赵秉文积极进取的人生态度，也可见他对儒学理论研究的极大兴趣。

第二节　赵秉文儒学思想的主要特征

赵秉文认为中庸之道是至大至正的大中之道，是可以生育万物的，人居其一，这就是天理。这是赵秉文儒学思想的基础。"太虚寥廓，一气浑沦，日而月之，星而辰之。噫以雷风，窍以山川，动静合散，消息盈虚。独阳不生，独阴不成。一则神，二则化，所谓一太极也。极，中也。"①

"自唐、舜、禹相授以精一大中之道，历六七圣人，至孔子而大备。其精则道德性命之说，其粗则礼乐刑政。经纶君臣、父子、兄弟、夫妇、朋友之大经，立天下之大本，赞天地之化育。"②很明显，赵秉文把大中之道分为"精"与"粗"两个层面，在"精"的层面，就是道德性命之说，是比较高深的理论，普通人是无法理解的。在"粗"的层面，就发展为礼、乐、刑、政，可以具体规范社会秩序，教化百姓。

他提出了圣人教化的必要性，"人受天地之中以生，天地能生之，不能成之，父母能育之，不能教之。有圣人者出，范以中正仁义，中天地而立，其功与天地并，人极立焉"③。大中之道可以"位天地，化万物"，生育万物，也孕育了人类，但是大中之道，却不能教化百姓，百姓被人欲不断地蒙蔽，这就需要圣人教之。存天理，灭人欲，是赵秉文理学思想的主要主张。

一、赵秉文把推行儒道的人分为三类：圣人、贤人、百姓

赵秉文在具体论述过程中，又把百姓分为儒士与普通百姓。他在《性道教说》中就提出了分类问题，在《叶县学记》中，他的分类更加明确。"其教人始于戒慎恐惧于不见不闻之间，其极至于配天地高明博厚，其学始于致知格物，正心诚意，至于治国平天下。下至道、术、阴阳、名、法、兵、农，一本于儒。裁其偏而救其失，要其归而会之中。本末具备，粗精一致。无太高极行之论，无荒虚怪诞之说。圣人得其全，贤者得其偏。百姓日用而不知，天地以此位，日月以此明，江河以此流，万物以此育，故称夫子与太极

---

① 《赵秉文集》卷13，第321页。
② 同上。
③ 同上。

合德，岂不然耶？"① 赵秉文认为，第一类是圣人，他们"范以中正仁义，中天地而立"，深得道德性命理论之精髓，阐述儒家的理论观点，在"精"的层面，全面阐述大中理论，在"粗"的层面，把大中理论运用于现实社会，规范社会秩序，教化士人百姓，达到治国平天下之目的。第二类人是贤人，他们对圣人的理论有深入的理解，但他们的理解都有着个体的特征，在阐释圣人的理论时，带有个体理解的偏差，难免会出现一些有偏颇的观点。第三类人就是百姓，他们的生活中蕴含着大中之道。他们根本不会理解，只能在圣人、贤人的教化中遵守社会秩序。赵秉文的这一观点，在其他文章中也有论述。例如《性道教说》中，赵秉文对不同层次的儒士学习领悟性命道德之说的情况进行了分析，提出了自己的理论主张。

二、"性善论"是赵秉文儒学教化思想的基础

赵秉文推崇孟子的性善论，赞同孟子"人皆可以为尧舜"的观点。同时赵秉文承认众人个体的差异性，所以他认为不同的人达到尧舜境界所要付出的努力是不一样的。在《商水县学记》中他对这个问题有着清晰的论述。

> 孟子曰："人皆可以为舜。"孙卿子曰："涂之人可以为禹。"扬子曰："希颜者亦颜之徒。"舜、禹圣人也，颜子大贤也，而三子者以为众人可企，不亦夸乎！夫责马者，必曰一日千里则不可，苟十驾不辍，斯亦千里而已矣。责人必曰闻一知十则不可，苟服膺不辍，斯亦为颜子而已矣。虽然，颜子何寡也！譬之水之性本清，泥汩之则浑，少焉澄之，其清自若也；火之性本明，烟郁之则昏，迨其烟熄，则其明自若也。人之性无不善，其所以陷溺其心者，利欲蔽之耳。使吾一旦加澄治之功，如水斯清，如火斯明，不为难矣。然则如之何学以精之，使自明之；力以

---

① 《赵秉文集》卷 13，第 321 页。

行之，使自诚之，其去古人也不远矣。①

在这里，赵秉文首先明确提出"人皆可以为舜"，"涂之人可以为禹"，"希颜者亦颜之徒"，但马上提出了众人的质疑："舜、禹圣人也，颜子大贤也，而三子者以为众人可企，不亦夸乎"，这是站在众人的角度提出的质疑。在后面的论述中，用千里马做比喻，说明纵然不是千里马，"苟十驾不辍"，也可以达到千里；以闻一知十的智者做比喻，说明纵然愚钝，不断地学习，也可以达到颜子的境界。人的本性是善的，但利欲蒙蔽了心智，如果不断地学习和践行，也会离古人的境界越来越近。

赵秉文的性善论直接来源于孟子，而对学习过程的论述，与《中庸》中的观点一致。"博学之，审问之，慎思之，明辨之，笃行之。有弗学，思之弗得，弗措也；有弗辨，辨之弗明，弗措也；有弗行，行之弗笃，弗措也。人一能之，己百之；人十能之，己千之。果能此道矣，虽愚必明，虽柔必强。"

三、主张存天理、灭人欲，认为灭人欲的路径是治心养性

赵秉文在多处谈到"存天理，灭人欲"的观点，可见他受程朱理学的影响很深。他认为大中之道就是天理，这是化育万物的本源，也是人的纯净心性的本源。当利欲蒙蔽了心性，就要消灭人欲，恢复本来的心性。如何才能扫灭人欲？赵秉文提出要"治心养性"。他在《叶县学记》中写道：

尝谓人皆有良知良能，第未有以启之耳！颇有以叶公好龙之说告之者乎？凡士以种学积文为进退之计，而不知治心养性之术。入官者以谨簿书，急功利，而不知爱民行道之实，皆好假龙者也，若亦知夫真龙乎？凡天之所以付授我者与圣贤同，而未免为乡人者，利欲蔽之耳。人

---

① 《赵秉文集》卷13，第322页。

欲日消，天理日明。而吾之心乃天地之心也，仁远乎哉？勉之而已。昔叶公问孔子于子路，子告之以"发愤忘食，乐以忘忧"，圣人尚尔，况夫吾侪也乎！①

很明显，"治心养性"是针对儒士们提出来的。首先指出儒士的不良表现，"入官者以谨簿书，急功利，而不知爱民行道之实"，以"叶公好龙"说明这些人追求圣道的虚假性。天理授予我们的本心与圣贤是相同的，为什么圣人贤人能够成为圣贤，而我们却只能成为乡人呢？主要是因为利欲蒙蔽心性，所以需要治心养性，人之心性与天地之天理是同一的，人欲渐渐消退，天理也就渐渐重现。圣人也是不断治心养性的，他们"发愤忘食，乐以忘忧"，才能不断阻止人欲的侵袭，保持自己的天性。圣人尚且如此，普通人更应该不断治心养性。

四、强调儒学的教化功能

赵秉文的儒学思想具有鲜明的实用性，他特别强调儒道的教化功能，希望用儒道匡正世俗，创建良好的社会秩序。所以，对于儒学的发展，他强调了形而上的理论探讨，也强调了形而下的社会运用。在《性道教说》中，他对王氏之学提出了批评，"自王氏之学兴，士大夫非道德性命不谈，而不知笃厚力行之"。可以看到赵秉文对儒学社会功能的重视。在《道学发源引》中，集中表现了他对儒道社会功能的看法。

> 天地间有大顺至和之气，自然之理，根于心，成于性，虽圣人教人，不能与之以其所无。有疾苦必呼父母，此爱之见于性者也；有悖逆愧生于心，此敬之见于性者也。然愚者知爱而不知敬，贤者知之，而不能扩而充之以及天下，非孝之尽也。故夫爱亲者仁之源，敬亲者义

---

① 《赵秉文集》卷13，第321页。

之源，文斯二者礼之源。无所不体之谓诚，无所不尽之谓忠，贯之之谓一，会之之谓恕。及其至也，蟠天地，溥万物，推而放诸四海而准，其源皆发于此。此吾先圣所以垂教万世，吾先师子曾子之所传百世之后，门弟子张氏名九成者所解。

九成之解，足以启发人之善心，由之足以见圣人之蕴。今同省诸生傅起等，将以讲明九成之解，传一而千，传千而亿，圣人之意，庶几其有传乎？某闻之喜而不寐。抑闻之致知力行，犹车之二轮，鸟之双翼，阙一不可。学者苟曰："吾求所谓知而已。"而于力行则阙焉，非所望于士君子也。间有穷深极远为异学高论者曰："此家人语耳。"非惟不足以知圣人之道，是犹诧九层之台，未覆一篑，欺人与自欺也，其可乎？愚谓虽圆顶黄冠，村夫野妇，犹宜家置一书，渠独非人子乎？至于载之东、西《铭》，子翚之《圣传论》，譬之户有南北东西，由之皆可以至于堂奥。

总而类之，名曰《道学发源》，其诸异乎同源而有异流者欤？①

这篇文章是《道学发源》的引文，《道学发源》这部著作现在已经散佚，但从他的引文中可知，这是一部由张九成讲解孔孟思想中关于心性的著作，"此吾先圣所以垂教万世，吾先师子曾子之所传百世之后，门弟子张氏名九成者所解"。可知这是把孔孟著作中阐述基本观点的论述集结成册，进行讲解。"九成之解，足以启发人之善心，由之足以见圣人之蕴。今同省诸生傅起等，将以讲明九成之解"，说明是傅起等人对张九成的讲解做了进一步的阐释。由此可知，这部书应该比较明白易懂。赵秉文对这部书的内容是这样介绍的："天地间有大顺至和之气，自然之理，根于心，成于性，虽圣人教人，不能与之以其所无。有疾苦必呼父母，此爱之见于性者也；有悖逆愧生于心，此敬之见于性者也。然愚者知爱而不知敬，贤者知之，而不能扩而充之以及天下，非孝之尽也。故夫爱亲者仁之源，敬亲者义之源，文斯二者礼

---

① 《赵秉文集》卷15，第346～347页。

之源。无所不体之谓诚，无所不尽之谓忠，贯之之谓一，会之之谓恕。及其至也，蟠天地，溥万物，推而放诸四海而准，其源皆发于此。"很明显，这部书把圣道之源头归为人的天性，在阐释过程中，与人的天性紧密结合，是把高深的理论通俗化、生活化的著作。

通过赵秉文的引文还可以知道，这部著作是非常实用的教化教材。"抑闻之致知力行，犹车之二轮，鸟之双翼，阙一不可。学者苟曰：'吾求所谓知而已。'而于力行则阙焉，非所望于士君子也。间有穷深极远为异学高论者曰：'此家人语耳。'非惟不足以知圣人之道，是犹诧九层之台，未覆一篑，欺人与自欺也，其可乎？愚谓虽圆顶黄冠，村夫野妇，犹宜家置一书，渠独非人子乎？"赵秉文认为，"致知""力行"是儒道传播的两个重要方面，就像鸟的两个翅膀，也像车子的两个轮子，缺一不可。接着，赵秉文引出了两种论调，一种观点认为，探讨儒学只是追求学习理解，赵秉文认为这不是君子所应该具有的态度，只学习而没有践行，对儒道是有缺憾的。另一种论点认为，这是说给普通百姓的话。赵秉文认为，这种观点不能真正理解圣人之道，就像筑台一样，最关键的一篑是缺失的。赵秉文很赞赏这部著作，认为"虽圆顶黄冠，村夫野妇，犹宜家置一书"。可见，这部书通俗易懂，与现实密切结合，是教化百姓的教材，适合所有百姓阅读理解，适合匡正世俗的现实需要，所以赵秉文看到此书后，喜不自禁，大力推荐。

从上面可见，赵秉文的儒学思想受到北宋程朱理学的影响，但他的理学思想有自己的思考和创新，在他的理论中，渗入了一些佛老思想。他把理学思想与现实密切结合，并形成了自己的分层理论。他非常明确地提出，不同层面的人对心性道德之学有不同的领悟能力，这是他的理论现实性的重要表现。

赵秉文的分层理论也解决了儒学学派之间的纷争问题，后代学者的不同理论主张只是对圣道的片面理解和阐释，只有圣人才可以对圣道进行全面的论述。既然学者的观点都是一些偏颇的理解，那么追寻圣道的源头就是非常重要的。

赵秉文的理论表现出鲜明的现实性特征，他极力地强调儒学的社会教化功能，认为儒学本身就有两个层面：一个层面是探讨性命道德理论，这是非常高深的理论，研究这一理论的学者往往走入不同的歧途；另一个层面就是圣道的阐释和运用，儒士们是实现圣道教化功能的重要群体，他们一方面阐释圣道理论，使得圣道理论与现实生活结合起来，另一方面推进圣道的应用，赵秉文把儒士们的使命比喻为车之两轮、鸟之两翼。

赵秉文的儒学思想表现出鲜明的特征：灵活性、创新性、现实性，这些特征与金代的社会现实密切相关。赵秉文需要为金代社会寻找一种加强统治、维护社会秩序的理论，从而构建金代的文化体系，他在对各种理论的学习探讨中，选择了儒家理论。他要用儒家理论为金代的社会服务，没有时间致力于儒学理论的深入研究，这就决定了他不可能构建自己的理论体系，而是将主要关注点放在儒学理论的运用上。所以，在他的思想中，清楚地把儒学理论分为两个层面，对于形而上的天理，他认为"圣人罕言之矣"，他没有再次深入探讨。对于儒学理论形而下的层面，他有更多自己的思考，提出了自己践行儒道的观点，这也是赵秉文对儒学的重要贡献。

第五章　赵秉文史论中的儒学观

赵秉文是金代文坛巨擘，也是金代中后期重要的思想家。金代是儒、释、道并行的时代，文人士大夫的思想是比较复杂的。赵秉文早期受佛教思想的影响比较深，后期他认为儒家思想才是治国治世的理论，于是大力宣传儒学。随着地位的提高，他也积极向统治者进言，用儒学理论影响当时的统治思想。对于赵秉文儒学思想的纯粹性，当时人有不同的看法。

杨云翼于金宣宗元光二年（1223）十一月为赵秉文《滏水集》作序，认为赵秉文儒学思想的源头是孔孟之学，是纯粹的儒家理论，不掺杂异端学说。杨云翼高度评价了赵秉文的儒学思想，认为他探究儒学正脉，以仁义为核心，坚守儒学学说的纯粹性，是当时金代儒学思想的旗帜。在杨云翼高度评价赵秉文儒学思想的纯粹和正统的同时，刘祁认为，赵秉文的思想掺杂佛家思想成分，不是纯粹的儒学。而全祖望对赵秉文儒学思想的纯正性也提出了质疑。

究竟应该如何看待赵秉文的儒学思想？当然应该看他文章中所呈现出的儒学思想的特征。赵秉文写作的一组史论文章，是他对历史兴亡原因的分析和思考，目的是为当时的统治者提供借鉴。著名的"史论十篇"包括：《总论》《西汉论》《东汉论》《魏晋正名论》《蜀汉正名论》《唐论》《知人论》《迁都论》《侯守论》《直论》等，这些史论完全以儒家理论为视角，分析历史的兴亡变换。我们分析这些文章，可以看到他儒学思想的特征。

第一节　对儒家理论的坚持和固守

赵秉文的史论文章在评价历史人物、评判历史事件时，多用儒家理论作为标准，在这些评判中，可以看到他对儒家理论的坚持和固守。

一、对仁义诚信的坚守

在史论《总论》中，赵秉文一开始就强调仁义是治理天下的根本。"尽天下之道，曰仁而已矣。仁不足，继之以义。世治之汙隆，系乎义之小大；而其世数之久近，则系乎其仁所积之有厚薄。纪纲刑政，皆由义出者也。天下有道，则大纲小纪一出于正。""仁者，天之道也，义者人之事也，人定者胜天，天定亦能胜人。孟子曰：'不仁而得天下者，未之有也。'余独曰：'不仁而得天下者，亦有之矣。不仁而世数长久者，未之闻也。'"① 在史论十篇的《总论》中，开篇首先强调仁义是国家兴亡的根本。一个国家延续时间的长短，决定于仁义的厚薄，如果国家的"纪纲行政"都以仁义为基础，那么国家的一切都是出于正，可以长治久安。

接着作者在国家兴亡中把仁义放在了核心地位进行论述。"或曰：'前辈之论英雄曰曹操、刘裕、苻坚，其取天下，或得或失，子曾无一言及之，何耶？'曰：'所贵乎中天地而应帝王者，谓其为生灵之主也。苟争地以战，杀人盈野；争城以战，杀人盈城。不顾逆顺，是生人之雠也。予尚忍言之哉！'"② 从上面具体事例的评判中可见，赵秉文对历史英雄人物的评判，首先必须是以仁义为本，滥杀生灵，已经没有了仁人之心，还谈什么英雄？所

---

① 《赵秉文集》卷 14，第 326 页。
② 同上注，第 327 页。

以，赵秉文的历史评判是以仁义为核心标准的。"辽东之役未已，而武氏已殱其宫中矣。唐之子孙，杀戮殆尽，虽致治之美，有以开三百年之业，然犹不能赎乐杀人之祸也。"① 对于武则天的功绩，赵秉文没有否认，但是他认为武则天的功绩无法救赎她的好杀所带来的灾祸。所以在评价君王的功绩时，他是把仁义放在第一位的。他认为，再英明的君主，如果好杀而失去了仁义之心，将会给国家带来巨大的灾难。"然开元之末，一日杀三庶人，则天理灭矣。罢张九龄，相牛、李，则狗冠庙堂矣。内则妖姬蛊惑，外则国忠啸凶，则狐穴城社矣。向不任蕃将讨奚、契丹，屠石堡城，诛南诏使，生灵之血，涂于边草，虽有末年之祸，不如是之酷也。以至骨肉流夷，妃嫔戮辱。以其所不爱及其所爱，向无李、郭之将，社稷墟矣。"② 对于李隆基在开元之末大开杀戒，征讨异域，屠灭生灵的行为，赵秉文认为，这时已经仁义丧失，天理不存，所以导致了安史之乱的惨烈后果。

在强调仁义的同时，赵秉文也强调诚信在国家治理中的重要地位。君臣之间以诚意正心为契合的基础，这样才可能使得国家安宁，君位正常交接，杜绝谋篡之事的发生。

  书汉主命丞相亮辅太子禅者何？古之所谓诚其意者，毋自欺也。三代而上，正心诚意，以之治天下国家，无余事矣。观先主所以付托孔明之意，三代而下，公天下之心者，至此复见。伊、汤之德，不足进焉。或曰："诚固天德，其如人伪何？曹氏父子所以付托司马懿者，亦已至矣，而卒以篡夺，果在推诚哉！"曰："曹氏欺孤问鼎，何尝一事而出于诚？使有孔明，不为用也。至于托孤曰：'尔无负我。'庸愚知笑之，岂与先主、武侯同哉！夫仁人者，正其义不谋其利，往以义者来以义，往以利者来以利，义利之判，久矣。"曰："然则先主借荆州，逐刘璋，果

---

① 《赵秉文集》卷14，第336页。

② 同上。

皆出于诚乎？"曰："使先主一出于扶汉，此亦兼弱侮亡之道，惟其不忍须臾，以即尊位，使人不能无恨。"噫！安得王者之佐，与之共言至公哉？①

赵秉文高度赞美了诸葛亮的正心诚意，认为他的公天下之心在三代之后重现，是可以与伊尹、商汤之德相媲美的。诸葛亮用公天下之心治理国家，社会安宁，国家稳定。同时期的曹操没有诚意正心，欺孤问鼎，他托孤司马氏，必然得到负义的回报。赵秉文对先主刘备与诸葛亮君臣的诚意正心的契合是赞赏的态度，但对于刘备为了扶持汉室，借荆州、逐刘璋之事持否定的态度，认为这些行为不符合诚信的要求。

从对历史事件和人物的评判中可以看到赵秉文对仁义诚信的固守。仁义诚信是儒家理论的根基，在《论语》中孔子对"仁"进行了多方面、多层次的界定，在"仁"的基础上建构了儒学体系。孟子对"仁"进行了发挥，提出了他的"仁义"主张，强调了以仁、义、礼、智、信为核心的道德基础，发展了儒学理论。赵秉文以仁义诚信为基础的儒学思想正是对孔孟儒学思想的坚持和固守。

二、对《春秋》的推崇

《春秋》相传为孔子所作，运用的是字字褒贬的写作手法，其中对历史事件、历史人物的褒贬是以儒家礼仪规范和道德标准来评判的，所以被后代奉为经典。后代"春秋笔法"成为对史家书史的道德要求和责任要求。赵秉文对《春秋》在历史上的地位高度肯定，他认为正是因为史家没有秉承《春秋》的精神血脉，才使得乱臣贼子肆意横行，才有魏晋时期的秩序混乱，他赞同欧阳修的观点，"魏晋而下，佐命之臣，皆可贬绝"，因为他们都二心于自己的朝代，投靠了奸臣贼子。"迁、固而下，作史者何其荡而无法也！《春

---

① 《赵秉文集》卷14，第334页。

秋》书齐、豹、盗三叛人名，恶之也。陈寿既以与陈群之徒，列于《魏》传之中，《晋史》遂以贾充弑君之贼，列于《晋》传之首，何以史为哉？若以《春秋》之法绳之，陈群、贾充之徒当附于《汉》《魏》'贼臣传'，且书曰'汉群臣以帝禅于魏'。庶几乱臣贼子知所惧矣。"①赵秉文认为，司马迁和班固之后，史家不能遵守《春秋》中所树立的规范，陈寿把汉朝之叛贼列于《魏》传之首，《晋史》把魏国的叛臣贾充列为《晋》传之首。按照《春秋》的规范，这二人应该列于《汉》《魏》的"贼臣传"，他们是叛臣，却成了魏晋的开国功臣，他们的行为在史传中不能受到谴责，使得与他们一样的乱臣贼子无所畏惧，所以魏晋之后叛臣频出，朝代更替不断上演。

史家书史不尊"春秋笔法"之规范，谥号称谓出现乱象，使得史书出现错乱，也为朝代的乱象推波助澜。

> 《春秋》之法，诸侯即位未踰年称子，踰年则称公。废、弑二帝皆即位踰年，而史称邵陵厉公、高贵乡公，此何理也？正使贼臣不加尊谥，犹当以废帝及正元、正始之号加之。至于元皇帝为司马炎篡夺，托名禅让，加之谥号，炎之篡，魏之雠也，使帝有灵，其受仇雠之伪谥乎？孔子曰："必也，正名。"名岂正而言岂顺乎？当书曰："司马师废正始皇帝，昭弑正元皇帝，炎篡景元皇帝。"是后，宋夺之晋，齐夺之宋，梁夺之齐，皆托禅让为名，虽由天道好还，亦其风俗有自来，然则名节之士，由此观之，可不重与！可不重与！②

赵秉文列举了一系列史书上名不正，言不顺的事例，最后呼唤"可不重与！可不重与！"，赵秉文的焦急呼唤，期待着《春秋》中所蕴含的儒家道德规范的重现。由此可见，他对儒家传统道德标准的期盼和儒学思想阵地的坚守。

---

① 《赵秉文集》卷14，第332页。
② 同上注，第332～333页。

三、对君王之德的强调

儒家主张"内圣外王",对君王的道德修养有着比较高的要求。赵秉文也认为君王必须注重修养。《论语》重点强调了君王的修德问题,君王有了好的道德修养,才能够治理国家,安定天下,其中多处记录了这样的观点。例如"为政以德,譬如北辰,居其所而众星拱之"(《论语·为政》);"政者正也,子帅以正,孰敢不正?"(《论语·颜渊》);"上好礼,则民莫敢不敬;上好义,则民莫敢不服;上好信,则民莫敢不用情"(《子路》);"其身正,不令而行;其身不正,虽令不从""苟正其身矣,于从政乎何有?不能正其身,如正人何?"(《子路》)《论语》中反复强调君王的道德修养,君王有好的修养,正直好礼,成为百姓的表率,治理百姓就会成为非常容易的事情。

赵秉文继承了儒家关于君王修养的观点,认为君王的品德是国家社稷长治久安的根本。

> 孟子曰:"民为贵,社稷次之。"而使生灵涂炭,社稷贴危,托于人上安之乎?在昔殷周之贤王,超然如山林学道之士,视声色富贵不足以概其心,故能长保其富贵尊安,六七百岁而不绝。后世之君,贪一饷之乐,遗百年之患,以彼目此,谁得谁失?然犹覆辙相寻,岂不哀哉！①

他直接引用孟子民贵君轻的观点,三代之贤王注重身心修养,超然如学道之人,没有沉迷富贵与声色,才使自己富贵尊安,国家也长治久安。而后世的君主贪图声色,留下百年之恨,他们之后还有君主重蹈覆辙。他接着分析了唐明皇后期国家祸患的原因,"或者以为祸始于妃后,成于宦竖,终于藩镇。向使明皇无侈大之心,则妃匹宦竖之祸不作。禄山一牧羯奴耳,藩镇之

---

① 《赵秉文集》卷14,第336页。

祸何由而兴？"赵秉文直接说明，安史之乱并非完全由妃后、宦竖造成，如果皇上没有奢侈之心，藩镇之祸怎么能产生呢？这里从反面说明了君王的德行对国家命运、百姓生活的决定性影响。

四、对教化之功的强调

在史论中赵秉文不仅强调了君王的德行修养的必要性，同时也论述了治理国家之时教化的重要功能。教化愚顽一直是儒家治理国家的重要手段，赵秉文也坚持了儒家重视教化的治国之策，他在论述诸葛亮的功绩时，强调了他"七擒七纵孟获"之事。

> 书汉丞相亮讨孟获，七擒纵者何？昔舜"舞干羽于两阶，七旬，有苗格"，学者或疑焉，此古帝王正义明道之事，固非浅浅者所能议也。有苗虽为逆命，又非冥顽无知者，其意曰以位则彼君也，我臣也；以力则彼以天下，我以一方也，而且退让修德，其待我也亦至矣。且孔明所以不杀孟获者，服其心也。孔明而一天下，其待孟获也，又必有道矣。惜乎！出师中道而殁，不得见帝者之佐之行事，故功业止此龊龊也。①

赵秉文把诸葛亮收服孟获的过程与舜帝收服有苗氏的事情相提并论，引用《尚书》中记载的舜修文德教化有苗氏的事迹说明君王的德行可以达到武力无法达到的目的，可以使异族心悦诚服。诸葛亮对孟获七擒七纵，是在武力谋略完全可以控制孟获的情况下，一次次地放纵他，目的就是要通过文德教化，使得他彻底心服。可见，赵秉文对教化的功能高度赞赏。

---

① 《赵秉文集》卷14，第334~335页。

第二节　赵秉文儒家思想的灵活性

一、儒学理论的灵活阐释

赵秉文在对儒家经典的解释中表现出了强烈的自主意识，他不为传统所束缚，表达了自己的见解。在对儒学思想坚守的同时，也表现出了灵活性。在《东汉论》中，作者在对比了东汉与西汉大臣的智谋、德行、气节之后，发出感慨："图回天下者，岂浅浅丈夫之所为哉！"[①]在国家危难之时，要想力挽狂澜、转危为安、重新振兴，这不是一般士大夫能够做到的，需要具有智谋、德行、气节的大臣们来承担重任。对于国家大事，他提出了自己的看法。

> 在《易》之《蛊》曰："先甲三日，后甲三日。"说者曰："甲为春，仁也；庚为秋，义也。蛊者，物坏而有事之时，治蛊之道，不可以亟也。于卦，一阳生为复，二为临，三为泰，四为大壮，五为夬。夬，决也，以五阳而决一阴。犹戒之曰健而说，决而和，柔乘五刚也。然则圣人之意，亦可见矣。"或曰："然则仲尼隳三桓城也非耶？"曰："史失其传多矣，《家语》杂出于后世王肃之学，是非圣人之谋也。圣人之谋，不如是之亟也。哀公问社于宰我，说者以为有行诛之意。鲁自宣公失国政，逮于三桓久矣。仲尼止之曰：'成事不说，遂事不谏，既往不咎。'谁谓仲尼为政期月，而遽隳三都乎？易曰：'顺而止之，观象也。'"[②]

[①]　《赵秉文集》卷14，第330页。
[②]　同上。

赵秉文首先引用了《易》中蛊卦的卦辞，说明了解决祸乱的基本方略，之后用复卦、临卦、泰卦、大壮卦、夬卦这些卦象的变化，说明了解决祸乱的渐进过程为"物坏而有事之时，治蛊之道，不可以亟也"。《易经》是探讨天地人事的变化过程的经典，其中蕴含着事物所处的状态及发展趋势。赵秉文灵活地运用它说明国家事务中的治理之道，从中可知，赵秉文的思想具有灵活性，他对儒家理论的理解与阐释也充满着辩证思想。正是这样的灵活性与独立性，使得他对儒家的一些理论有着自己的看法。上面引文中，作者对孔子毁三桓的说法，提出了自己的看法，孔子毁三桓城与孔子"成事不说，遂事不谏，既往不咎"的主张相悖，所以说孔子不可能毁三桓城。孔子的言行是符合《易经》中的观点的，即"顺而止之，观象也"。在上面的文字中，我们不仅可以看到赵秉文思想的灵活性、辩证性，同时还可以看到他不唯古人是从，对自己的儒学观点勇敢坚持。

二、建侯置守问题上的辩证观点

在建侯与置守的问题上，赵秉文也提出了灵活辩证的观点：

> 或问："建侯、置守孰为得？"曰："皆是也，抑皆非也。""何以言之？"曰："三代封建，则守在四夷，而其敝也，有尾大不掉之患。秦罢侯置守，则制在一人，而其衰也，有天下土崩之势，此天下之所睹闻也。或者惩尾大之咎，谓郡县不必稽于古；鉴土崩之失，谓封建可复行于今，二者皆一偏之弊，未知所以救之之术也。且法不能无弊，弊不能无变。三代之法弊，而郡县之，郡县之法弊，而不思所以复之之术，为得乎？夫立国必有一家之制度，制度必有所法。列郡县，隳名城，销锋镝，非秦之法耶？秦之法弊而不以三代之法救之，亦不为善变矣。①

---

① 《赵秉文集》卷14，第340页。

唐虞三代是儒家推崇的时代，三代实行的是封建制，赵秉文承认儒家所推崇的三代是理想的时代，但指出了这一时代封建制的弊端，认为有尾大不掉的问题。对于秦代的郡守制，他也客观地说明了"其衰也，天下土崩之势"，两种制度各有利弊，在运用中，应该根据国家形势的变化而进行变化。赵秉文没有拘泥于现行的郡守制，也没有迷信儒家理想"三代"的封建制，而是客观地认识问题，辩证地提出了自己的观点。

三、君子之德表现形态的多样化阐述

在谈到君子的修养问题时，赵秉文首先强调君子必须有德。关于什么是"德"的问题，他坚持了儒家传统的看法。"《传》曰：'正直为德。'《诗》曰：'靖恭尔位，好是正直。神之听之，介尔景福。'则直之为德且祥也，明矣。"①

"正直为德"，这是"德"的本义，赵秉文接着引用《诗经》中的句子，进一步说明，德就是正直，正直则神灵庇佑，祥瑞得福。所以说，在"德"的内涵方面，赵秉文坚持了儒家的传统解释。在君子的德行问题上，赵秉文也坚持了儒家的传统观点："或曰：'君子而有不直焉者，其可乎？'曰：'未可也。食其仕，任其责，君子杀身以直焉可也。吾非众之首，众非吾必从，在君子亦完其力而已矣，夫君子者，动静语嘿，不离其道者也。'"②君子必须固守自己的德行，为了坚持自己的德行，可以"杀身以直"，他把君子的德行置于生命之上。古代贤人君子重德而轻生命的事例很多，赵秉文对品德的强调，正是古代君子品德追求的坚持和固守。但是，如何达到"直"，从而坚守自己的德行呢？在这个问题上，赵秉文表现出了他儒学思想的灵活性。

---

① 《赵秉文集》卷14，第342页。

② 同上注，第343页。

直之名一，而其别有四：有直而陷于曲者，有曲以全其直者，有直而过于直者，有直以遂其直者。其父攘羊而子证之，此直而陷于曲者也；鲁昭公娶于吴，孔子以为知礼，此曲以全其直者也；国武子以尽言见杀，洩冶以谏死，此直而过于直者也；齐鲁之会，孔子历阶而进，齐梁之见，孟子不肯枉尺而直寻，此直以遂其直者也。此亦可以辨是非，在君子而必知有所择矣。①

　　赵秉文把"直"的具体表现形式分为四种，这几种情况都是"直"，不同的人可能有不同的理解和选择。对于不同的"直"的形式，赵秉文都举出了例证。对于君子来说，理解理论上的"直"是比较容易的，但生活中往往会有各种特殊情况，如何选择，如何坚持"直"，往往是难以抉择的。例如"其父攘羊而子证之"，这是直而陷于曲者，如果"其父攘羊而子知而不证"，这是曲还是"曲以全其直者"？这就是一个难以选择的情况，现实生活中难以选择的情况很多，在各种情况下的抉择就是一个人修养程度的表现。所以赵秉文认为"在君子而必知有所择矣"。赵秉文在这里表现出了他儒家思想的灵活性，他没有直接说明哪种做法是正确的选择，而是列出了几种形式，认为这些都是"直"，君子的德行修养到一定程度，就必然会知道如何选择。

　　赵秉文儒学思想的灵活性主要来源于儒学本身，是对儒学本身潜在灵活性的发挥。例如，在史论中，赵秉文多次引用《易经》，其中的辩证性和灵活性也是赵秉文儒学思想的源泉。《论语》中也有许多潜在的灵活因素需要阐发，而赵秉文正是对这些潜在的灵活性进行了自己的阐释和发挥。例如《论语》中有："言必信，行必果，硁硁然小人哉。""言必信，行必果"，小人才是这样做的，而君子就不一定要做到"言必信，行必果"，因为现实中的情况纷繁复杂，特殊情况出现时，只有君子知道如何选择取舍。君子之所以能够做到这一点，是因为君子的道德修养达到了比较高的程度，他就有了

---

① 《赵秉文集》卷14，第343页。

面对复杂情况选择取舍的能力。从这个例子可见，儒家理论本身就有潜在的灵活性和机动性，这也是赵秉文能够灵活阐释儒家理论的重要原因。

第三节 赵秉文儒学思想的实用性

一、对"三代"的阐释

或曰："前人王令、曾巩《论过唐》曰'不法三代'，子何论之卑也？"曰："此书生好大之言也。贞观、开元以仁义治天下，亦三代之遗意也。子以不封建不足以为三代乎？藩镇之召乱，不得已也。况得已而封建乎？子以不井田不足以为三代乎？宇文融括隐田而天下怨，况夺富以资贫乎？"曰："非此之谓也，谓礼乐法度阙如也。"曰："礼乐法度，亦各随时之制。子以为必如周公之制而后可，是后世无复三代矣。房、杜、姚、宋不能知制作之本，而谓王令、曾巩必能知之乎？是又一王安石也。"曰："然则先王之制治，其终不可见乎？"曰："以仁、义、刑、政治天下，略法唐、虞、三代，参以后王之制，其可矣。如其礼乐，以俟明哲。"①

唐虞三代是儒家理想的时代，后来的时代没有可以与之相提并论的，唐虞三代是笼罩着光环的理想盛世，只出现在君王的理想中。萧观音作为辽国皇后，曾经为辽国规划蓝图，其中就出现了盛世景象，萧观音《君臣同志华夷同风应制》诗曰："虞廷开盛轨，王会合奇琛。到处承天意，皆同捧日心。文章通谷蠡，声教薄鸡林。大宇看交泰，应知无古今。"萧观音以她北方民

---

① 《赵秉文集》卷14，第336～337页。

族的豪迈气概和政治家的魄力为辽代绘制了政治蓝图：与唐虞三代相提并论。但是，在这里唐虞三代仍然是最高的理想社会。

在赵秉文的史论中，他把理想盛世拉到了现实中，认为贞观、开元年间以仁义治天下，王令、曾巩的"不法三代"之说是"书生好大之言"，"礼乐法度，亦各随时之制。子以为必如周公之制而后可，是后世无复三代矣"，认为时代已经发生了变化，各个时代应该有不同的制度，如果完全按照周代的制度来对比衡量，那么后世就不可能出现三代一样的社会。先王之治真的不会再现吗？赵秉文认为，三代盛世还是可以重现的，"以仁、义、刑、政治天下，略法唐、虞、三代，参以后王之制，其可矣"。也就是说，不能把三代永远罩上理想的光环，三代也是实实在在的社会状态，后世是可以再现的，只要能够坚持仁、义、刑、政治天下，根据实际情况灵活效法先王之道，就可以再现盛世。

从赵秉文对三代的看法可知，他在理解阐释儒家的理论时，是以现实为基础的，所以在他的儒学思想中，增加了现实的思考，使得儒家思想更具有现实性。

二、对礼乐的看法

礼乐是儒家理论的核心内容，礼乐教化是儒家教化思想的主要内容。《礼记·乐记》说："礼以道其志，乐以和其声，政以一其行，刑以防其奸。礼、乐、刑、政，其极一也，所以同民心而出治道也。"《礼记·乐记》："乐者，天地之和也。礼者，天地之序也。和，故百物皆化；序，故群物皆别。乐由天作，礼以地制。"从上面《乐记》的定义和阐释可知，礼是对人们行为的外在规范，乐是对人们性情的内在修养，乐使得万物百姓和谐相处，礼使社会等级分明，秩序井然。正如《礼记·文王世子》所记载："凡三王教世子，必以礼乐。乐所以修内也，礼所以修外也。礼乐交错于中，发形于外，是故其成也怿，恭敬而温文。"礼乐对个人的修养是内外交错的，成就了理想的君子风范。

礼乐教化是对百姓性情行为的重造过程，这必然是一个漫长的渐进的过程，是不可能快速见效的。礼乐教化的重任也是贤人君子才能够胜任的。孔子的学生冉有在谈到他的理想时说："方六七十，如五六十，求也为之，比及三年，可使足民。如其礼乐，以俟君子。"在儒家理论中，礼乐教化是国家治理高层次的要求，百姓相处和谐、社会秩序井然，这是理想的社会状态。所以冉有的理想是使一个小国百姓富足，而礼乐教化问题他不能完成，需要等待贤人君子。"子路率尔而对曰：'千乘之国，摄乎大国之间，加之以师旅，因之以饥馑。由也为之，比及三年，可使有勇，且知方也。'夫子哂之。"在这里，子路的理想招来孔子的哂笑，孔子说自己哂笑的原因是："为国以礼，其言不让，是故哂之"。孔子认为子路自己的行为还没有达到符合礼仪规范的程度，如何能使百姓"可使有勇，且知方也"？孔子认为礼乐教化不是数年的时间可以实现的，也不是子路目前的能力所能达到的，所以哂笑之。这一记载也可以说明，儒家所说的礼乐教化不是短期可以实现的，也不是一般能力的人可以施行的。

对于礼乐教化问题，赵秉文并没有特别地强调。赵秉文在史论中，两次谈到"礼乐"问题。从所论述的礼乐问题可知，他并没有把礼乐看作是国家治理中必须的迫切的事情，同时没有把礼乐教化看得那么神圣和理想化，而是把礼乐放在现实的层面来考虑。

首先，赵秉文没有把礼乐教化当作理想社会的重要指标，"以仁、义、刑、政治天下，略法唐、虞、三代，参以后王之制，其可矣。如其礼乐，以俟明哲"[1]。从中可见，赵秉文认为现实社会中，能够以仁、义、刑、政治天下，就可以了，至于礼乐教化问题，并不是必须地、迫切地要去做的事情。他所说的"以俟明哲"，与冉有的"以俟君子"是不同的，冉有认为自己能力有限，不能完成高层次的礼乐教化，赵秉文认为，礼乐教化并不是现实社会必须的和迫切的事情。

---

[1] 《赵秉文集》卷14，第337页。

其次，赵秉文并没有把礼乐教化看作国家治理中最重要的事情。赵秉文对礼乐的态度和看法，在下面的文字中也可以看到："善乎！文中子曰：'诸葛亮而无死，礼乐其有兴乎？'仆固不足以知礼乐之本，若安上治民，移风易俗之实，孔明任之有余矣。不然，周旋铿锵之末，区区叔孙通、大乐令夔之事，何待于亮哉！"[①] 他并未把礼乐看得多么神圣，虽然直言自己"不足以知礼乐之本"，却认为"周旋铿锵之末，区区叔孙通、大乐令夔之事，何待于亮哉"，在他看来，礼乐之事并不是非常神圣和重要的事情，也不需要诸葛亮这样的贤人来施行，这只是叔孙通、大乐令夔这类人的事情。

在金代后期，国家内忧外患，寻找解决眼前问题的治国良策是当务之急，而礼乐教化是一个漫长的过程，不能很快得到实际效果。所以面对当时的现实，赵秉文没有把礼乐教化作为治国之策，他一方面承认礼乐教化的重要性，一方面又把礼乐教化的问题搁置和淡化，这里可见赵秉文儒学思想的现实性。

赵秉文的儒学思想对当时的文人产生了重要影响。元好问是赵秉文之后的文坛盟主，他走向文坛并逐渐受到重视的过程中，得到了赵秉文的引导和提携，他的思想也受到了赵秉文的影响。

元好问在赵秉文的墓志铭中也高度赞扬了赵秉文在儒学思想方面的探索和坚守。"盖自宋以后百年，辽以来三百年，若党承旨世杰、王内翰子端、周三司德卿、杨礼部之美、王延州从之、李右司之纯、雷御史希颜，不可不谓之豪杰之士。若夫不溺于时俗，不汩于利禄，慨然以道德仁义、性命祸福之学自任，沉潜乎'六经'，从容乎百家，幼而壮，壮而老，怡然涣然，之死而后已者，惟我闲闲公一人。"[②] 元好问把赵秉文放在"宋以后百年，辽以来三百年"的历史长河中来评价，认为他是这一时段中潜心研究"六经"的第一人。元好问在铭文中写道："道统中绝，力任权御。一判藩篱，倒置冠

---

① 《赵秉文集》卷14，第335页。
② 《元好问全集》卷17，第400~401页。

屦。公起河朔，天以经付。挺身颓波，为世砥柱。"元好问认为当时天下"道统中绝"，秩序混乱，天降大任于赵秉文，所以他挺身而出，接续道统，成为思想狂澜中的砥柱，是接续中原道统的重要人物。

从前面的论述可以看到，赵秉文一方面坚持儒学的传统思想，另一方面把传统的理论与现实的需要相结合，用儒家思想影响当时的思想和政治，从而扩大了儒家思想的影响力。元好问的儒学思想与赵秉文如出一辙。在评价赵秉文时，他强调赵秉文潜心六经，在儒学地位受到冲击，倒置冠屦之时，他承继道统，发挥儒学。我们看元好问在金亡之际的所作所为，可以知道他是以赵秉文为榜样的。在汴梁城被围数月，面临屠城之时，他冒昧给从未谋面的耶律楚材写信，请求保护中原54人，希望中原文化可以延续。在元初，为了儒道能够得到蒙古统治集团的重视，他尊忽必烈为"儒教大宗师"。可见元好问以曲求直，灵活对待现实问题，期望达到重振儒学的目的。在他的诗歌中也明确地表明自己以曲求直的策略。从这些可以知道，元好问对赵秉文的儒学思想是极力推崇的，在现实中他也吸收了赵秉文儒学思想的精髓，既坚持儒学思想的核心，又对儒学进行灵活的阐释和运用，结合当时的社会现实，争取儒学在思想和政治上的统治地位，为中原道统的承继和儒学的发展做出了重大贡献。

赵秉文是金代儒学思想的代表人物，他一方面坚持儒学的理论基础，承继儒学的精神血脉；另一方面，他又希望用儒学为当时的政治服务，发挥儒学的治国治世功能。金国当时的现实是内忧外患，情况复杂，为了适合当时的现实情况，必须对儒学灵活运用。赵秉文以他对儒家理论的潜心研究，深刻地领悟了儒家理论的精神实质，根据当时的社会形势，对儒家理论进行了适合当时形势的新阐释。作为当时儒学思想的旗帜，他对儒学理论的理解与阐释直接影响了整个金代后期儒学思想的发展，所以说，金代的儒学既有儒学理论的纯粹性，又有服务现实的灵活性。杨云翼、元好问看到的是赵秉文对儒家道统的承继，而刘祁看到的是赵秉文对儒学的灵活运用。

第四节　极力赞美赵秉文的杨云翼

赵秉文的儒学思想得到杨云翼的高度评价,在《滏水文集引》中杨云翼写道:"学以儒为正,不纯乎儒,非学也;文以理为主,不根于理,非文也。自魏晋而下,为学者不究孔孟之旨而溺异端,不本于仁义之说而尚夸辞,君子病诸?今礼部赵公实为斯文主盟,近日择其所为文章,厘为二十卷,过以见示。予披而读之,粹然皆仁义之言也。盖其学一归诸孔孟,而异端不杂焉,故能至到如此。所谓儒之正、理之主,尽在是矣。天下学者景附风靡,知所适从,虽有狂澜横流障而东之,其有功吾道也大矣。"① 杨云翼是金代思想文化中很有影响的人物,他对儒学、老庄思想都有研究。

杨云翼(1170—1228),字之美,平定乐平(今山西昔阳)人。《金史》记载:"杨云翼,字之美,其先赞皇檀山人,六代祖忠,客平定之乐平县,遂家焉。曾祖青、祖郁、考恒,皆赠官于朝。云翼天资颖悟,初学语辄画地作字,日诵数千言。登明昌五年进士第一,词赋亦中乙科,特授承务郎、应奉翰林文字。"② 金章宗明昌五年(1194)中甲寅科状元之后,官位不断升迁,金宣宗兴定二年(1218)拜礼部尚书,转吏部尚书、御史中丞,金哀宗即位,复任礼部尚书、翰林学士,正大五年(1228)卒,年五十九,谥文献。从大概经历可知,杨云翼仕途比较顺畅,主要是在礼部任职。能够长时间在礼部任职,说明他在当时文坛有比较高的地位,在儒学思想的研究上也有一定的建树,在儒士中有比较大的影响力。据《金史》记载:"所著文集若干卷,校《大金礼仪》若干卷,《续通鉴》若干卷,《周礼辨》一篇,《左氏》《庄》

---

① 《赵秉文集》卷1,第1页。
② 《金史》卷110,第2421页。

《列赋》各一篇,《五星聚井辨》一篇,《县象赋》一篇,《勾股机要》《象数杂说》等著藏于家。"① 可见杨云翼有儒学著作,而且在金代的礼仪制度的规范中起到了重要作用。很遗憾的是,杨云翼的著作大都已经散佚,只有《中州集》留存他的诗歌 21 首,《全辽金诗》增补为 24 首。能够表现他儒学思想的文章我们已经看不到了,但是从《金史》的记载中还是可以看到他儒学思想的一些特征。

首先,杨云翼非常重视自己的德行修养,"云翼天性雅重,自律甚严,其待人则宽,与人交分一定,死生祸福不少变。其于国家之事,知无不言"②。从《金史》的这一记载可见,杨云翼注重自身修养,严于律己,宽以待人,追求诚与信,忠于君王,谨守臣道,完全是一位儒士所赞美的谦谦君子。

在《金史》的一些事件的记载中可见他儒学思想的特征:追求儒道的实用性。

> 时讲《尚书》,云翼为言帝王之学不必如经生分章析句,但知为国大纲足矣。因举"任贤""去邪""与治同道""与乱同事""有言逆于汝心""有言逊于汝志"等数条,一皆本于正心诚意,敷绎详明。上听忘倦。寻进《龟鉴万年录》《圣学》《圣孝》之类凡二十篇。③

在上面的记载中,对于帝王学习儒家经典的路径,他提出了自己的观点,他认为,帝王根本没有必要像一般儒士们一样学习儒家理论,不需要对儒家经典分章分句进行分析研究,这是儒士们的事情。对帝王来说,只需要知道治国的大纲就可以了。于是他在讲解《尚书》时,举出了对帝王治国有实际作用的一些条目进行解释,《金史》中列举了"任贤""去邪""与治同道""与乱同事""有言逆于汝心""有言逊于汝志"等数条内容。从这里看,

---

① 《金史》卷 110,第 2425 页。
② 同上注,第 2424 页。
③ 同上注,第 2423 页。

杨云翼给皇帝理出了治国之道的纲要，然后用儒家理论进行阐述，这些纲要是现实的需要，又是儒家理论与现实政治的结合。《尚书》时代久远，文字晦涩难懂，要让帝王用心去听，是很难做到的。所以，杨云翼结合《尚书》内容，选择总结了与现实政治有密切关系的内容，结合现实给帝王讲解，才有"上听忘倦"的效果。杨云翼很注重儒学与现实的结合，他的儒学理论应该具有实用性的特征。

在杨云翼本传中，还有一段记载，与他的儒学思想有关联，可见杨云翼对儒家基本经典的创新性阐释：

> 当时朝士，廷议之际多不尽言，顾望依违，浸以成俗。一日，经筵毕，因言："人臣有事君之礼，有事君之义。礼，不敢齿君之路马，蹴其刍者有罚，入君门则趋，见君之几杖则起，君命召不俟驾而行，受命不宿于家，是皆事君之礼，人臣所当尽者也。然国家之利害，生民之休戚，一一陈之，则向所谓礼者特虚器耳。君曰可，而有否者献其否；君曰否，而有可者献其可。言有不从，虽引裾、折槛、断鞅、轫轮有不恤焉者。当是时也，姑徇事君之虚礼，而不知事君之大义，国家何赖焉。"上变色曰："非卿，朕不闻此言。"

> 云翼尝患风痹，至是稍愈，上亲问愈之之方，对曰："但治心耳。心和则邪气不干，治国亦然，人君先正其心，则朝廷百官莫不一于正矣。"上矍然，知其为医谏也。①

这段内容是谈君臣之道的，杨云翼对君臣之道进行了新的阐释，按照儒家的理论，"君君臣臣"是最基本的君臣之道。对于这样的君臣之道，杨云翼有自己新的阐释，一方面，他认为君臣之道中君臣之礼是不可缺少的，这是形式上的规范，"礼，不敢齿君之路马，蹴其刍者有罚，入君门则趋，

---

① 《金史》卷110，第2423～2424页。

见君之几杖则起，君命召不俟驾而行，受命不宿于家，是皆事君之礼，人臣所当尽者也"。臣子在君王面前，必须遵守一定的礼仪，这些礼仪是必须的，但是不可否认它"虚"的特质。另一方面，他认为君臣之道还有实质内容，这就是"事君之大义"。什么是"事君之大义"呢？"君曰可，而有否者献其否；君曰否，而有可者献其可。言有不从，虽引裾、折槛、断鞅、轫轮有不恤焉者。"君认为可行之事，臣子看到其不可行，就必须直言上谏；君认为不可行之事，臣子看到其可行，也必须直言上谏。臣子上谏，君不听从，臣子怎么办呢？杨云翼认为即使会出现引裾、折槛、断鞅、轫轮等惨烈的情况，臣子也要坚持正义，即使付出生命代价，也在所不惜。这就是君臣之道。虚礼与大义都是不可缺少的。臣子往往很注重虚礼，都可以对皇帝恭恭敬敬，谨遵君臣之礼。对君臣大义却难以做到，"当时朝士，廷议之际多不尽言，顾望依违，浸以成俗"。对于这样的现象，皇帝难以发现问题，而杨云翼一针见血指出了这种现象的危害性，"当是时也，姑徇事君之虚礼，而不知事君之大义，国家何赖焉"。杨云翼看到当时君臣大义的缺失，认为这是国家的大问题。杨云翼一言惊醒皇帝，让皇帝充分地认识到君臣之道的真正内涵。从这里可知，杨云翼的儒学思想不是对儒家理论的简单固守，而是根据现实的需要，对儒家基本经典的创新和发展。

对于帝王的修养，杨云翼提出了"治心"的主张。"云翼尝患风痹，至是稍愈，上亲问愈之之方，对曰：'但治心耳。心和则邪气不干，治国亦然，人君先正其心，则朝廷百官莫不于正矣。'上矍然，知其为医谏也。"君王需要修身养性，君王心正，才会杜绝奸邪之人，才会养成百官之正气，这是国家发展壮大、百姓安居乐业的重要保障。

杨云翼对儒家理论既有坚持，又有创新，他的理论跟金代的社会现实紧密相连，为现实服务，是儒家学说发展的一种新形态。杨云翼的文集散佚，他的儒学理论没有留存下来，这是非常大的遗憾。

第六章　赵秉文儒学思想影响下的文坛思考

赵秉文是金代文坛盟主，又是儒学大家，他的儒学思想不可避免地影响到他的文学观念。作为文坛盟主，他的周围多有年轻学者追随。他很重视培养后进学者，往往对他们谆谆教诲。所以，赵秉文的文学思想对金代文坛影响很大。

第一节　对文士命运的思考

一、对走入仕途的文士的希望

首先，赵秉文非常重视文人的修养，强调文人要学习六经，提高自己的道德修养。他在多篇文章中强调这一点。在金代，文人士大夫与官员的角色不容易区分，多是集于一身的，加之金代是士大夫非常活跃的一个时期，所以赵秉文对文人的要求是多方面的，不仅仅停留在修身的层面，还强调了仁政爱民的思想。

送李按察十首

豫章蔽牛马，郢匠斧以斯。太阿断犀象，补鞋不如锥。君子识其大，不为流俗移。青云自兹始，功业当及时。

全齐十万户，绣衣付儒臣。往时佩犊者，今日扶犁人。潜鱼游清波，脱兔思荒榛。贤哉渤海守，盗贼皆吾民。

汉儒事章句，志道利乃倍。桓谭谓子云，此事今独乃。岱岳小天下,齐鲁复何在。会当登日观,一目了沧海。

好酒无深巷,急足无善迹。一伪丧百诚,中和为士则。泽中一寸镜,解引万里色。往时王广道,山东化遗德。

堂堂竹溪翁,如天有五星。篆籀深汉魏,文章仿六经。后生靦华藻,骫骳媿白青。善哉刘与李,斯文见典刑。

西方有佳人,贻我白玉管。吹之和八风,元气生虚竅。翩翩两青鸟,云是王母遣。天长道路阔,音信何由展。

皎皎霜雪练,寒女机中出。织成天吴凤,被之臧获质。如何穷乡士,九月犹缔绤。不见王逸宾,抱穷守空室。

君侯下车日,百城风凛如。公余一炷香,溪山奉晏居。治要无多言,所贵一字虚。所以曹相国,不读城旦书。

本心如水镜,功名时翳之。少焉尘累尽,万象复在兹。水冷知天寒,弦高觉柱危。世无斋心友,谁知此襟期。

二豪角谈锋,气涌胸中山。达士兀无言,双手缩袖间。理胜是非遣,道在禽鱼闲。回也真不愚,高风藐难攀。①

李按察即李仲略,字简之,号丹源钓徒,李晏之子,大定十九年(1179)进士,仕至山东路按察使。赵秉文在给李仲略的诗中,首先谈到的是修身,"君子识其大,不为流俗移",希望李仲略具有君子的情怀,不为世俗所改变;也希望李仲略守中和之道,以诚为本,修养道德,教化百姓,"一伪丧百诚,中和为士则。泽中一寸镜,解引万里色。往时王广道,山东化遗德";告诫李仲略,保持本心的明净,时时拂去功名利禄对本心的遮蔽,只有这样,才能够胸怀天下,"本心如水镜,功名时翳之。少焉尘累尽,万象复在兹";也希望李仲略坚守儒道,追求高远的道德境界,"二豪角谈锋,气涌胸中山。达士兀无言,双手缩袖间。理胜是非遣,道在禽鱼闲。回也真不

---

① 《赵秉文集》卷3,第55~57页。

愚，高风藐难攀"，告诉李仲略，只要坚守儒道，就会处在自然和谐的状态中。从诗歌看，赵秉文与李仲略交往比较密切，所以对他有着殷殷期盼，"世无斋心友，谁知此襟期"。

赵秉文对李仲略不仅提出了修身的期望，也提出了仁政爱民的期望，希望他能够爱民如子，"贤哉渤海守，盗贼皆吾民"；也希望他能够体恤百姓的辛劳和凄苦，"皎皎霜雪练，寒女机中出。织成天吴凤，被之臧获质。如何穷乡士，九月犹缔绤。不见王逸宾，抱穷守空室"；还希望他多行仁政，不用或少用律法，"治要无多言，所贵一字虚。所以曹相国，不读城旦书"。

李仲略不仅是官员，也是一位文人，赵秉文对他的文章也提出了希望，"汉儒事章句，志道利乃倍。桓谭谓子云，此事今独乃。岱岳小天下，齐鲁复何在。会当登日观，一目了沧海"。赵秉文在此引用了桓谭评价扬雄的故事，激励李仲略，为其指明了文章的方向。据《汉书·扬雄传》记载："大司空王邑、纳言严尤闻雄死，谓桓谭曰：'子常称扬雄书，岂能传于后世乎？'谭曰：'必传。顾君与谭不及见也。凡人贱近而贵远，亲见扬子云禄位容貌不能动人，故轻其书。昔老聃著虚无之言两篇，薄仁义，非礼学，然后世好之者尚以为过于《五经》，自汉文、景之君及司马迁皆有是言。今扬子之书文义至深，而论不诡于圣人，若使遭遇时君，更阅贤知，为所称善，则必度越诸子矣。'"① 在此，桓谭认为扬雄的著作必定会流传千古，主要原因是扬雄的著作文意颇深，而且他的论述都符合圣人理论。在此，赵秉文为李仲略指出了为文之大道，也就是以六经为根基，才能写出流传后世的文章。同时，赵秉文又以金代文士党怀英为例，进一步说明了自己的观点，"堂堂竹溪翁，如天有五星。篆籀深汉魏，文章仿六经。后生靓华藻，骫骳媲白青。善哉刘与李，斯文见典刑"。这首诗给了党怀英高度评价。党怀英仿六经为文，他的文章具有丰厚的底蕴，而且他还有透析现实的眼光。后生之文

---

① ［汉］班固著，［唐］颜师古注：《汉书》，中华书局1962年版，第3585页。

章注重辞藻华美，根本无法与党怀英的文章相较。赵秉文赞赏的"刘与李"的文章，"李"当为李仲略，"刘"不确定。赵秉文对李仲略的赞赏，也是一种鼓励，希望他在正确的创作道路上继续前行。

李仲略为李晏之子，对于赵秉文来说，他应该是晚辈学者。赵秉文写给他的《送李按察十首》寄予了对晚辈学者的殷切希望。李仲略也是走入仕途的文士的代表，赵秉文对他的嘱托，也表现了赵秉文对入仕文士的期望，他完全是用儒家理论要求入仕的文人。这里表现了赵秉文对文人在品行方面的要求。

二、对君子文人参与政治活动的思考

金代与历史上的各个时代一样，文人积极参与政治活动，许多官员也是出色的文人。文人在政治活动中往往会出现事与愿违的情况，一些君子文人在政治活动中，没有实现自己的理想，反而给国家、自身造成了不良的后果，有的人甚至付出了生命的代价。赵秉文本人初入朝堂，就曾因为君子、小人之论引起了一场党祸，尽管赵秉文、周昂、完颜守贞等人都是君子胸怀，但他们都受到了打压。这件事使得赵秉文对于文人参与政治活动有了一些自己的思考。在《题东坡书〈孔北海赞〉》中，他比较含蓄地说明了自己的观点。

孔融（153—208），字文举，孔子二十世孙，汉献帝时任北海相，世称孔北海。为人不拘小节，刚正不阿。因非议曹操被杀。苏轼很欣赏他的才华、品格，对于他的遭遇也深表同情。于是写文章《孔北海赞（并序）》：

> 文举以英伟冠世之资，师表海内，意所予夺，天下从之，此人中龙也。而曹操阴贼险狠，特鬼蜮之雄者耳。其势决不两立，非公诛操，则操害公，此理之常。而前史乃谓公负其高气，志在靖难，而才疏意广，讫无成功，此盖当时奴婢小人论公之语。公之无成，天也。使天未欲亡汉，公诛操如杀狐兔，何足道哉！世之称人豪者，才气各有高庳，然皆

以临难不惧，谈笑就死为雄。操以病亡，子孙满前而咿嘤涕泣，留连妾妇，分香卖履，区处衣物，平生奸伪，死见真性。世以成败论人物，故操得在英雄之列。而公见谓才疏意广，岂不悲哉！操平生畏刘备，而备以公知天下有己为喜，天若祚汉，公使备，备诛操无难也。予读公所作《杨四公赞》，叹曰：方操害公，复有鲁国一男子慨然争之，公庶几不死。乃作《孔北海赞》曰：

晋有羯奴，盗贼之靡。欺孤如操，又羯所耻。我书《春秋》，与齐豹齿。文举在天，虽亡不死。我宗若人，尚友千祀。视公如龙，视操如鬼。①

在这篇文章中，苏轼盛赞孔融之才气，痛骂曹操之奸伪，认为孔融没有成功是因为天意，史书上对孔融的记载是不符合真实情况的，"前史乃谓公负其高气，志在靖难，而才疏意广，讫无成功，此盖当时奴婢小人论公之语"。在文章中苏轼高度评价孔融，在铭文中写道："文举在天，虽亡不死。我宗若人，尚友千祀。视公如龙，视操如鬼。"可见，苏轼对孔融的评价非常高。

对于苏轼文章中对孔融的高度赞美，赵秉文是不认同的，所以他也写文章《题东坡书〈孔北海赞〉》说明了自己的观点。

党锢之祸，岂不哀哉！此非独小人之过，亦君子之过也。方梁冀跋扈，朝廷不能制，五侯诛之，自是宦者用事。其后人主幼冲，女主制政，继以桓、灵之不君，则其势不得不权在宦竖。而天下贤士嫉之若仇，非朝士诛宦官，则宦官诛朝士必矣。及党锢祸起，君子既去，而小人亦无以自立于世。自后英雄得志，假外兵以除内难。董卓既没，曹操继之，孔文举虽有扶汉之志，势亦难矣。何则？操挟天子以令诸侯，意

---

① 《苏轼全集校注》卷21，第2314～2315页。

逆而名顺，文举欲藉英雄以除君侧之恶，意善而名逆。加之如操者，苟有可以寓其智巧，则亦无所不至，而文举不过正义明道而已。操之奸雄，有所不为。是以小人常胜，君子常不胜，理固然也。东坡谓文举使刘备诛操无难，盖亦有激而云。坡作此赞，实亦自况，元祐之党，仅类党锢。元丰之政，初亦有为。但荆公新法，不合人情，温公继之，力革前弊。然绍圣，崇宁子也，一旦使子改父道，小人得以借口矣。向使如范忠宣辈，稍变其不合者，渐以图之，庶几少安。其子孙亦安能为其父而咎其王父者哉？惜乎！虑不出此，而使贤士窜斥略尽，国随以亡，亦君子之过也。然坡公身愈斥，志愈不衰。坡尝称太白"雄节迈伦，高气盖世"，余于东坡亦云。[①]

首先他把孔融放在天下大势中来分析，认为孔融难以改变局势。其次他认为当时曹操"意逆而名顺"，孔融"意善而名逆"，加之，曹操利用智巧，无所不至，是奸诈的小人，而孔融只是"正义明道"的君子，所以他是难以战胜曹操的。赵秉文认为，苏轼赞美孔融，是因为苏轼的经历与孔融相似，"坡作此赞，实亦自况"，有英雄相惜之意。

在这篇文章中，赵秉文并不是为了说明苏轼对孔融的评价过高，而是要说明更为重要的问题：君子文人在政治活动中为什么多遭遇失败？

在文章中，他首先谈到党锢问题，"党锢之祸，岂不哀哉！此非独小人之过，亦君子之过也"，这是赵秉文的主要观点。赵秉文认为，在汉代党锢之祸中，君子也有一定的过错。在宦官专权时，"天下贤士嫉之若仇，非朝士诛宦官，则宦官诛朝士必矣。及党锢祸起，君子既去，而小人亦无以自立于世"。很明显，赵秉文批评贤士没有谋略，没有采取更灵活、权变的方式参与政治，没能在特殊时期保持政权的稳固。最后贤士遭到了残酷的打击，汉代政权也由此变得风雨飘摇。其次，他也谈到了宋代党争，"元祐之

[①] 《赵秉文集》，第 384～385 页。

党，仅类党锢"。他认为"元丰之政，初亦有为"，而王安石变法，司马光革除前弊，这些改革都没有充分考虑影响社会稳定的诸多因素。王安石没有考虑人情的因素，所以致使变法失败。司马光不考虑子改父道的问题，全部废除新法，给小人留下了借口。范忠宣等人得到重用之后，也不知道渐渐图谋，以达到目的，使得新旧党争加剧。而这些人都是贤士，他们参与政治活动，都导致了不良的后果。主要原因就是不知道全面考虑问题，不知道通过权变而谋取成功，最后给国家带来灾难。所以，赵秉文得出结论："惜乎！虑不出此，而使贤士窜斥略尽，国随以亡，亦君子之过也。"

苏轼曾赞美李白"雄节迈伦，高气盖世"，赵秉文亦用此语赞美苏轼。李白、苏轼都是才气盖世的人，他们也曾积极地参与政治活动，都已经接近权力中心了，可以亲睹天颜了，但他们都没有在国家治理方面做出丰功伟绩，原因何在？赵秉文在文章的末尾提到李白、苏轼，不能不引人深思。

赵秉文曾官拜礼部尚书，身处高位，他能够更全面地分析问题。他看到了历史上许多君子在政治活动中结局悲惨，对君子在政治活动中的作用有比较深入的思考。他打破了贤人君子是国家栋梁之才的传统观念，认为君子在官场往往会以失败告终。他认为，政治活动是复杂多变的，而君子往往守护着自己的道德规则，难以应付各种复杂局面，其主张也难以适应形势的变化，所以，他们的政治理想也难以实现。在赵秉文看来，君子文人要参与政治活动，就必须有谋略，有应付复杂局面的能力。他的这一观念在其史论文章中也有表现，是在他分析现实问题中提出的，很有现实意义。

三、对失意文士的安慰

赵秉文不仅关注在仕途上努力奋进的文士，也很关注仕途失意文士的生活和品行。他对文士的关照中也浸透着儒家修身养性的要求。赵秉文对麻九畴的才学非常赏识，但麻九畴仕途无望，只能回归乡里。从他对麻九畴的安慰和劝解中可见他对这一文士群体的期望。

麻九畴（1183—1232），号征君，是金代著名文人，但一生郁郁不得志。

据《金史》记载：

> 麻九畴，字知几，易州人。三岁识字。七岁能草书，作大字有及数尺者，一时目为神童。章宗召见，问："汝入宫殿中，亦惧怯否？"对曰："君臣，父子也。子宁惧父耶？"上大奇之。弱冠入太学，有文名。南渡后，寓居郾、蔡间，入遂平西山，始以古学自力。博通《五经》，于《易》《春秋》为尤长。兴定末，试开封府，词赋第二，经义第一。再试南省，复然。声誉大振，虽妇人小儿皆知其名。及廷试，以误绌，士论惜之。已而隐居不为科举计。正大初，门人王说、王采苓俱中第，上以其年幼，怪而问之。乃知尝师九畴。平章政事侯挚、翰林学士赵秉文连章荐之，特赐卢亚榜进士第。以病，未拜官告归。再授太常寺太祝，权博士，俄迁应奉翰林文字。九畴性资野逸，高蹇自便，与人交，一语不相入则迳去不返顾。自度终不能与世合，顷之，复谢病去。居郾城，天兴元年，大元兵入河南，挈家走确山，为兵士所得，驱至广平，病死，年五十。[①]

从麻九畴的传记资料可见，他自幼聪慧，博通五经，词赋、经义都很出色，名声远扬，但科举不利，其弟子中第，皇帝才赐他进士第，很快又因病告归。失意文士任何时代都会出现，金代也有一批科场失意的文人，而麻九畴就是这个文人群体的一个代表。对于这样一位满腹才华却又仕途失意的文士，赵秉文给予了特别的关照。在《送麻征君引》中他写道：

> 可以仕，可以不仕，仕则为人，不仕则为己。是以古之君子，知进退之有义，进不为荣，退不为辱，尽其在我者而已。知穷达之有命，得之不为喜，失之不为忧，以其在外者也。孟子又于中形出养气之说配义

[①] 《金史》卷126，第2739～2740页。

与道，不以贫富、贵贱、死生动其心，犹以为未也。推而至于圣人之于天道，穷理尽性，君子不谓之命，而大人之事备矣。

　　近于是者，惟麻征君。君以文学行义名天下，天下之人尽知之，固不待予言而显。正大中，天子闻其名而召之，幡然而来，君子以为知义；悠然而辞，君子以为知命。退将穷先天之学，以极消息盈虚之理，是可量也哉！诸公赋诗，以宠其行，而某为之引。①

　　这篇文章应该写于麻九畴辞官归隐之时。此时，麻九畴好友纷纷赋诗送行，赵秉文为此作引文。赵秉文对麻九畴的才学及遇到的坎坷，都非常清楚，他也觉得，对麻九畴来说，归隐是此时唯一的选择。一个满腹才华的文人遇到了科举的失败，被皇帝关注之后，又遇到了身体的疾病，这已经非常不幸了。如何安慰这位伤痕累累、痛苦不堪的文人呢？赵秉文在儒家的修身理论中寻找根据，劝解、安慰麻九畴。首先他在穷达进退的大义中说明退隐是修身的重要内容，是儒家理论中"义"的重要组成部分。孟子的养气说就是要培养"不以贫富、贵贱、死生动其心"的道德境界，而这样的道德境界是走向儒道的必经过程，最后接近或者达到天道，"推而至于圣人之于天道，穷理尽性，君子不谓之命，而大人之事备矣"。在这样的穷达进退的大义中，赵秉文高度评价了麻九畴的人生，认为他的所作所为都很接近大义，鼓励他退隐后在理论方面进一步研究探讨。

　　麻九畴自幼学习儒家理论，有为于天下的理想早已经扎根心底，遇到挫折之后，虽然他选择了辞官归隐，但是他内心的痛苦也不是很快就能够平息的。赵秉文有《答麻知几书》，从内容看，麻九畴在给赵秉文的信中还是有对痛苦的倾诉，觉得自己的人生是"求鹜得鸠，种稷得稗"，赵秉文在回信中再次安慰。

---

① 《赵秉文集》卷15，第351～352页。

知几足下：

相别数月，靡日不思。山川辽阔，致稽裁布。人至，辱长书累幅，意既勤厚，殊慰驰想。不审比来旧疾差减否？甚悬悬也。

闻御榜到日，足下与李济之适同榻，一升一沉，不能不怅然也，然此亦何足置怀？前者足下与李钦叔，各魁省贡，群口嗸嗸，争为毁誉。及钦叔连中两科，然后懑然心服。如使足下一第后，试制策，试宏词，当与钦叔并驰争先，未知鹿死谁手，岂可成败论士哉？仆少时应举被黜，戚戚若不复堪处。然穷达自有数，显晦自有时，以今观之，向之戚戚者，何其妄也。

足下又以平生孤苦百状，有"求鹜得鸠，种稷得稗"之说，天生大贤如足下者，必将有用，又安知今日之穷，天将昌其道，非足下之福耶？若得一器净水，照足下宿命，还本知见，当不出此言也。足下生知夙习，再来人也。三生学道，岂不知此？大抵一时才人多恃聪辨，少积前路资粮，故佛谓之福慧两足尊。足下无乃近此类，尚何怨耶？假使吾辈万一临死生之际，亦当安时处顺，况未至是耶？足下所喜韩子、欧子之学，固为纯正，如退之《感二鸟赋》《上宰相三书》，亦少年未知道时语也，其后谏佛骨南迁，若与生死利害相忘者。然过黄陵庙求哀乞灵，恐死瘴雾中，亦学圣人而未至者。今之士人以缉缀声律为学，趋时乾没为贤，能留心于韩欧者几人？仆固不当洗垢求瑕，若孔子与子贡、颜渊问答，有"不容何病"之语，第恐孔颜不尔尔也。因论圣贤之分，偶尽言之。至于所谓为忠诚、为谨廉、为放逸、为耿介，岂以穷达而异心哉？

足下又谓山林有至道，乌兔有至人，可隐可访。诚哉是言！当今之世岂必忘言如达摩，谈道若庄生，然后为得也？谈道，吾敬常先生、王贤佐；谈禅，吾敬万松秀、王泉政；论医，不及仪企贤、任子山；经学与文章，不及李之纯与足下。如足下一病，自不能疗，便谓举世无知医者，可乎？足下易学，自可忘忧遗老，至于释、老二家，勿谓"秦无人"。闻颇喜杂学,然慎所以习之者。多难之世,盆成括之徒当敬而远之。足下才高识明,过仆数倍,固不当为此喋喋,亦期有以告教我也。方属新秋,善加调摄。不宣。①

面对麻九畴信中的怨怼情绪,赵秉文再次以宿命论的观点安慰麻九畴,"穷达自有数,显晦自有时"。同时也提出了麻九畴自身的问题,例如,"如使足下一第后,试制策,试宏词,当与钦叔并驰争先,未知鹿死谁手,岂可成败论士哉?",是在批评麻九畴落第之后一蹶不振,没有尽自己最大的努力去继续拼搏,"大抵一时才人多恃聪辨,少积前路资粮,故佛谓之福慧两足尊。足下无乃近此类,尚何怨耶?"。这也是批评麻九畴自恃才高,在科举路上没有做很多具体的功课,才造成了后来的结果。

麻九畴的信件没有留存下来,从赵秉文的信中可见,麻九畴在学习儒道、修养自身的过程中出现了疑惑,他在信中向赵秉文叙说,赵秉文信中有一段文字是针对麻九畴的问题的。"假使吾辈万一临死生之际,亦当安时处顺,况未至是耶?足下所喜韩子、欧子之学,固为纯正,如退之《感二鸟赋》《上宰相三书》,亦少年未知道时语也,其后谏佛骨南迁,若与生死利害相忘者。然过黄陵庙求哀乞灵,恐死瘴雾中,亦学圣人而未至者。今之士人以缉缀声律为学,趋时乾没为贤,能留心于韩欧者几人?"这段文字说明在儒学理论的学习探讨过程中,人们都会有一些疑虑和困惑,或者一时的行为达不到儒家修身理论的要求,但这并不影响他们在儒学理论方面的成就。韩愈对儒学贡献很大,但他也没有完全达到无视生死的境界。而现在的一些儒士没有关注韩、欧,更别提达到韩、欧的境界了。接着又举出了孔子与子贡、颜渊之间关于"不容何病"的问答。《史记·孔子世家》记载,孔子与弟子困厄于陈蔡时与弟子之间有关于儒道的讨论。

---

① 《赵秉文集》卷19,第379~380页。

孔子知弟子有愠心，乃召子路而问曰："诗云'匪兕匪虎，率彼旷野'。吾道非邪？吾何为于此？"子路曰："意者吾未仁邪？人之不我信也。意者吾未知邪？人之不我行也。"孔子曰："有是乎！由，譬使仁者而必信，安有伯夷、叔齐？使知者而必行，安有王子比干？"子路出，子贡入见。孔子曰："赐，诗云'匪兕匪虎，率彼旷野'。吾道非邪？吾何为于此？"子贡曰："夫子之道至大也，故天下莫能容夫子。夫子盖少贬焉？"孔子曰："赐，良农能稼而不能为穑，良工能巧而不能为顺。君子能修其道，纲而纪之，统而理之，而不能为容。今尔不修尔道而求为容。赐，而志不远矣！"子贡出，颜回入见。孔子曰："回，诗云'匪兕匪虎，率彼旷野'。吾道非邪？吾何为于此？"颜回曰："夫子之道至大，故天下莫能容。虽然，夫子推而行之，不容何病，不容然后见君子！夫道之不修也，是吾丑也。夫道既已大修而不用，是有国者之丑也。不容何病，不容然后见君子！"孔子欣然而笑曰："有是哉颜氏之子！使尔多财，吾为尔宰。"[①]

这是孔子在困顿之时与三位弟子的对话，孔子的问题是相同的：是我们坚持的道有问题吗？我们为什么遇到了这样的困境？三位弟子的回答是不同的。子路认为，可能是我们还没有做到仁、智，所以我们不能得到信任，我们的道还不能得到践行。子贡认为，孔夫子的道太过高大，不能为天下容，所以应该降低要求。对于他们的回答，孔子都不以为然。颜回认为，孔夫子之道是至高至大的道，天下不容，但是不容又有什么关系呢？"不容然后见君子"成为经典之语。孔子欣然而笑。孔子三位弟子从不同的角度思考问题，子路从自身寻找原因，子贡从道本身寻找原因，而只有颜回从社会寻找原因。孔子很赞同颜回的看法，也很欣赏他坚持大道的决心。

上面的这段记载是孔子与弟子在儒道遇到挫折时的讨论，他们是在分析

---

① ［汉］司马迁撰：《史记》卷47，中华书局1959年版，第1931～1932页。

探讨儒道为什么遇到挫折,如何坚持儒道。赵秉文引用这一事例,却是别有用意,"仆固不当洗垢求瑕,若孔子与子贡、颜渊问答,有'不容何病'之语,第恐孔颜不尔尔也。因论圣贤之分,偶尽言之。至于所谓为忠诚、为谨廉、为放逸、为耿介,岂以穷达而异心哉?"。在这里,赵秉文说明,即使是圣贤,他们在遇到挫折的时候,也会出现一时的疑虑,也是在这样的疑虑中产生了圣贤之论,这并不影响他们追求儒道的行为。麻九畴的疑虑应该是与此相似,赵秉文是用圣贤的对话解除麻九畴的疑虑。

赵秉文鼓励麻九畴在探索儒家理论的道路上不断前行,不要因为自己的疑虑而懈怠,"天生大贤如足下者,必将有用,又安知今日之穷,天将昌其道,非足下之福耶?"。赵秉文对麻九畴的鼓励,也是他对失意文人的鼓励。他们在仕途上没能走通,就应该修身养性,穷理尽性,探讨儒家理论,为儒学的昌盛而努力。在对待失意文人的问题上,赵秉文没有很多关于科举制度、官场黑暗的文字。他认为,现实就是这样,儒士只能相信宿命,从自身寻找原因,修身养性,实现儒家对文士人生命运的安排。

第二节 儒学思想影响下的文学观

赵秉文是金代重要的儒学大家,在儒家理论研究方面颇有建树,他也非常重视儒家理论的现实性,一直在努力用儒家理论匡正世俗,解决当时的现实问题。儒家理论对他的文学观念产生了重要影响。

一、继承孔子的"辞达而已",强调以意为主

在《论语·卫灵公》篇中记载了孔子的一句话:"辞达而已矣。"也就是说,文章只要言辞畅达,意思表述清楚就可以了。这是孔子对文章言辞的要

求，从中可见，孔子不主张文章语言华丽雕琢，强调重视文章的内容。赵秉文继承了孔子对文章的要求，强调文章要以意为主。在《竹溪先生文集引》中他明确阐述了自己的这一文学观点。

> 文以意为主，辞以达意而已。古之人不尚虚饰，因事遣词，形吾心之所欲言者耳。间有心之所不能言者，而能形之于文，斯亦文之至乎！譬之水不动则平，及其石激渊洄，纷然而龙翔，宛然而凤麾，千变万化，不可殚穷。此天下之至文也。亡宋百余年间，惟欧阳公之文不为尖新艰险之语，而有从容闲雅之态，丰而不余一言，约而不失一辞，使人读之者，亹亹不厌。盖非务奇之为尚，而其势不得不然之为尚也。
>
> 故翰林学士承旨党公，天资既高，辅以博学，文章冲粹，如其为人。当明昌间，以高文大册主盟一世。自公之未第时，已以文名天下。然公自谓入馆阁后，接诸公游，始知为文法，以欧阳公之文为得其正。信乎，公之文有似乎欧阳公之文也。晚年五言古体，兴寄高妙，有陶谢之风。此又非可与夸多斗靡者道也。近岁寇攘，丧亡几尽，姑哀次遗文，仅成十卷，藏之翰苑云。①

赵秉文明确提出了"文以意为主，辞以达意而已"的观点，但是，他不仅重视文章内容，反对言辞华丽雕琢，而且对"达意"提出了很高的要求。"古之人不尚虚饰，因事遣词，形吾心之所欲言者耳。间有心之所不能言者，而能形之于文，斯亦文之至乎！"在这里，赵秉文把"达意"分成了两个层面，在一般层面上的"达意"，就是能充分地表达心中想说的事情。在高一级的层面，"达意"是能够表达出心中所想又不太容易表达的意思，赵秉文把这样的文章称为"至文"。能够表达出心中所想但又不容易表达的意思是什么呢？赵秉文进一步说明，"譬之水不动则平，及其石激渊洄，纷然而龙

---

① 《赵秉文集》卷15，第345页。

翔，宛然而凤鹭，千变万化，不可殚穷。此天下之至文也"。在这里用水做比喻，说明了"意"的两种状态：一种是正常的平静的状态，一种是受到外物激荡的状态。第一种状态是容易表达的，第二种状态是不容易表达的，能够把第二种状态表达出来，那么这种文章就是至文。其实，在这里"达意"就需要很好的文学修养，也就是说，只有良好的文学修养才能够做到高层次的"达意"，才能够写出至文。赵秉文认为这样的至文是很难写出来的，"亡宋百余年间，惟欧阳公之文不为尖新艰险之语，而有从容闲雅之态，丰而不余一言，约而不失一辞，使人读之者，亹亹不厌"。他认为在北宋文坛上，也只有欧阳修的文章达到了这种境界。由此可见，赵秉文提出的"文以意为主，辞以达意而已"的观点，不仅仅是对前人文章观念的继承，而是具有创新的内容，突破了传统观念中对文章的泛泛要求，分层次对文章提出了要求。在赵秉文的这一观念中，不是淡化文章言辞的修炼，而是对言辞提出了很高的要求，强调言辞要有强大的表现力，能够准确表达人的情感和思想。他反对"尖新艰险之语"，而他所赞美的"从容闲雅之态""丰而不余一言，约而不失一辞"，都是对文章言辞的极高要求。所以说，赵秉文的文学观念既是对"辞达而已"观念的继承，又是对这一观念的发展，使得这一传统文学观念具有更加丰富的内涵。

这篇文章作为党怀英文集的序文，赞美此集是必然的，赵秉文把党怀英的文章与欧阳修的文章进行对比，认为"公之文有似乎欧阳公之文也"，可见评价是非常高的。党怀英文集散佚是很可惜的事情。

二、强调诗文之意以六经为师

赵秉文在《竹溪先生文集引》中提出"文以意为主，辞以达意而已"，他所说的"意"具体有什么内涵呢？他在《答李天英书》中有明确的阐述：

  至于诗文之意，当以明王道、辅教化为主。六经吾师也，可以一艺名之哉？贾谊、董仲舒、司马迁、扬子云、韩愈、欧阳修、司马温公，大儒之文也，仆未之能学焉。梁肃、裴休、晁迥、张无尽，名理之文也，吾师之。太白、杜陵、东坡，词人之文也，吾师其词，不师其意。渊明、乐天，高士之诗也，吾师其意，不师其词。[①]

赵秉文认为诗文之意要以六经为师，要明王道、辅教化，很明显，这一主张具有传承儒学的使命意识，也有实践儒家理论的治世意识。写作诗文，首先要学习儒家经典，要有扎实的儒学理论根基，其次要把儒学理论与现实密切结合，实现儒家理论重教化的治世功能。赵秉文认为，儒家经典是为文之师，大儒们的文章是典范之作，他列出了贾谊、董仲舒、司马迁、扬子云、韩愈、欧阳修、司马温公等人的文章，对于这些大儒的文章，赵秉文认为"仆未之能学焉"。赵秉文作为金代儒学大家，又是文坛盟主，为什么不能学习这些大儒的文章呢？因为这些儒学大家的文章是在阐述儒学的理论，这些文章有很高的理论价值，也有许多治国的大道理，赵秉文认为自己没有达到这些大儒的理论高度，也没有他们胸中的治国之策，所以他无法学习这些大儒的文章。他认为，"梁肃、裴休、晁迥、张无尽，名理之文也，吾师之"。在他看来，梁肃等人的文章是阐明事理的文章，他们都有深厚的儒学理论基础，他们的文章大多着眼现实问题，用儒家理论阐明事理，而自己跟他们有相似的基础，所以学习他们的文章。对于诗人的作品，他的态度是"太白、杜陵、东坡，词人之文也，吾师其词，不师其意。渊明、乐天，高士之诗也，吾师其意，不师其词"。文士的诗文，他是有选择地学习的。太白、杜陵、东坡等人，他重点学习他们诗文的言辞之美，不学习他们诗文之意。因为这些文士的诗文更多的是表现自己的情感，是无法学习的。对于陶渊明和白居易的诗歌，学习其意，不学其词，因为他们的诗歌表现的是高士的情怀，而这种情怀也是赵秉文追求的境界。从上面的一段文字可见，赵秉文强调以六经为师，践行儒家理论的治世功能，他把文章分为三类：大儒之

---

① 《赵秉文集》卷19，第377页。

文、儒士之文、文士之诗文，这三类文章都是典范文章，都具有传播儒学、践行儒家理论的功能。文士诗文的可取之意主要是提高文人的精神境界，这也是儒家理论治世功能的重要方面。

赵秉文在强调文章的治世功能的同时，也强调"达意"的最高境界，所以，他认为的优秀文章是韩愈、欧阳修的文章。韩愈倡导唐代古文运动，提倡"文以明道"，欧阳修领导了宋初的古文运动，提倡"文以载道"，他们都强调文章的社会功能，而他们的言辞也达到了"达意"的最高境界，所以，他们的文章是赵秉文极力赞美的文章。在《翰林学士承旨文献党公碑》的开头，赵秉文写道：

> 先秦古文篆籀，淳古简严，后世邈乎不可及已。汉之文章，温醇深厚，如折姑繇以为明堂之楹，驾骡骥以遵五达之衢，不忧倾覆，使人晓然知治道之归。韩文公之文，汪洋大肆，如长江大河，浑浩运转，不见涯涘，使人愕然不敢睨视。欧阳公之文，如春风和气，鼓舞动荡，了无痕迹，使读之亹亹不厌。凡此皆文章之正也。至于书亦然。秦相、李监之篆，汉、魏之八分，虞、褚、鲁公之楷，见者莫不敛衽而敬。其下作者如零珠片玉，非无可喜，要非书法之正也。本朝百余年间，以文章见称者，皇统间宇文公，大定间无可蔡公，明昌间则党公，于时赵黄山、王黄华俱以诗翰名世，至论得古人之正脉者，独以公为称首。①

由此可见，赵秉文强调文章言辞"达意"，也强调文章的社会功能，同时强调文章辞与意的统一。只有达到辞与意高度统一，才能够成为最优秀的文章。

---

① 《赵秉文集》卷11，第293～294页。

三、强调诗文的风雅之正

作为文坛盟主,赵秉文一直倡导风雅精神,他的主张影响着当时的文人群体,引领着金代文坛朝着正确的方向不断前行。分析赵秉文的文章可以看出,他对"风雅"的理解是广义的,并没有局限于某类诗歌、某个时代。在中国文学史上,历代有识之士都是在强调"风雅",以"近风雅"来给予一些作品高度评价。但对于"风雅"并没有一个准确的定义,所以,事实上"风雅"是一个比较模糊的概念。一般认为,"风雅"是《诗经》中表现的关注现实、干预现实的创作精神。所以,对"风雅"就有了或狭义,或广义的理解。

赵秉文是如何理解"风雅"的呢?在《答李天英书》中的一段文字可以看到他的观点:

> 足下以唐宋诗人得处,虽能免俗,殊乏风雅,过矣。所谓近风雅,岂规规然如晋宋词人,蹈袭用一律耶?若曰子厚近古,退之变古,此屏山守株之论,非仆所敢知也。诗至于李、杜,以为未足,是画至于无形,听至于无声,其为怪且迂也甚矣。其于书也亦然。[①]

在这段文字中,赵秉文没有直接解释什么是"风雅",但他不同意李天英的观点。李天英认为,"唐宋诗人得处,虽能免俗,殊乏风雅"。他肯定了唐宋诗人具有自己的特色,取得了突出成绩,但是诗歌中"乏风雅",也就是说诗歌中缺乏关注现实、反映现实的精神。赵秉文认为李天英的观点"过矣",也就是说李天英的观点过于苛责。他不同意对"风雅"这样狭义的理解,于是反问李天英:"所谓近风雅,岂规规然如晋宋词人,蹈袭用一律耶?"难道只有晋宋文人的拟古之作才能称得上"近风雅"吗?很明显,赵

---

① 《赵秉文集》卷19,第376页。

秉文不同意对"风雅"的狭义理解，对于李纯甫的"子厚近古，退之变古"也不认同，认为这是死板的守株待兔，不知道灵活应变。他进一步批评李天英，"诗至于李、杜，以为未足，是画至于无形，听至于无声，其为怪且迂也甚矣"。对于唐代李白、杜甫的作品都认为是"乏风雅"之作，那就太迂腐了。由此可见，赵秉文对"风雅"的理解是广义的，在他看来，唐宋许多文人的诗歌都是风雅之作。

另外，在赵秉文的观念中，"风雅"与"古人之作"是基本相同的概念，他认为古人之作就是具有"风雅"精神的创作。他在《答李天英书》中，对一些古代诗人的评价都充分肯定了他们作品的价值。

> 尝谓古人之诗，各得其一偏，又多其性之似者。若陶渊明、谢灵运、韦苏州、王维、柳子厚、白乐天得其冲淡，江淹、鲍明远、李白、李贺得其峭峻，孟东野、贾浪仙又得其幽忧不平之气。若老杜，可谓兼之矣。然杜陵知诗之为诗，未知不诗之为诗。而韩愈又以古文之浑浩溢而为诗，然后古今之变尽矣。太白词胜于理，乐天理胜于词。东坡又以太白之豪、乐天之理合而为一，是以高视古人，然亦不能废古人。[①]

他认为他们的创作各有特色，而这些特色与他们的性情是很相似的，这些诗人性情的形成与当时社会现实都有着密切的关系，所以说，这些诗人的作品都是风雅之作。

在具体的创作中，赵秉文提倡学习古人，在学习古人的基础上才能写出自己的特色。

> 足下立言措意，不蹈袭前人一语，此最诗人妙处。然亦从古人中入，譬如弹琴不师谱，称物不师衡，工匠不师绳墨，独自师心，虽终身

---

① 《赵秉文集》卷19，第376页。

无成可也。故为文当师六经、左丘明、庄周、太史公、贾谊、刘向、扬雄、韩愈；为诗当师《三百篇》《离骚》《文选》《古诗十九首》，下及李、杜；学书当师三代金石、钟、王、欧、虞、颜、柳。尽得诸人所长，然后卓然自成一家。非有意于专师古人也，亦非有意于专摈古人也。自书契以来，未有摈古人而独立者。若扬子云不师古人，然亦有拟相如四赋；韩退之"惟陈言之务去"，若《进学解》则《客难》之变也，《南山》诗则《子虚》之余也。岂遽汗漫自师胸臆，至不成语，然后为快哉？然此诗人造语之工，古人谓之一艺可也。①

在这里赵秉文列出了应该学习的经典之作，认为只有学习古人的经典作品，才能够打好坚实的基础，"尽得诸人所长，然后卓然自成一家"。赵秉文认为由学习古人，到自成一家，这个过程是自然而然的，不需要刻意为之，"非有意于专师古人也，亦非有意于专摈古人也"。接着，赵秉文以扬雄、韩愈为例说明了这个道理，"若扬子云不师古人，然亦有拟相如四赋；韩退之'惟陈言之务去'，若《进学解》则《客难》之变也，《南山》诗则《子虚》之余也"。

扬雄、韩愈都是儒学大家，他们的文章也是赵秉文列出的典范之作，但是他们都曾经学习古人，在他们的作品中我们还可以看到他们学习古人作品的痕迹。但他们创作出了经典的作品，也形成了自己的风格。

---

① 《赵秉文集》卷19，第376页。

第七章　李纯甫儒学思想探析

李纯甫（1177—1223），字之纯，号屏山居士，弘州襄阴人。李纯甫是生活在金代后期的重要思想家。

第一节　李纯甫儒学思想的主要特征

《金史》本传中记载了李纯甫的大概经历，从中可以了解他人生的历程，也可以看到他思想的发展变化过程。

> 祖安上，尝魁西京进士。父采，卒于益都府治中。纯甫幼颖悟异常，初业词赋，及读《左氏春秋》，大爱之，遂更为经义学。擢承安二年经义进士。为文法庄周、列御寇、左氏、《战国策》，后进多宗之。又喜谈兵，慨然有经世心。章宗南征，两上疏策其胜负，上奇之，给送军中，后多如所料。宰执爱其文，荐入翰林。及大元兵起，又上疏论时事，不报。宣宗迁汴，再入翰林。时丞相高琪擅威福柄，擢为左司都事，纯甫审其必败，以母老辞去。既而高琪诛，复入翰林，连知贡举。正大末，坐取人逾新格，出倅坊州。未赴，改京兆府判官。卒于汴，年四十七。……
>
> 纯甫为人聪敏，少自负其材，谓功名可俯拾，作《矮柏赋》，以诸葛孔明、王景略自期。由小官上万方书，援宋为证，甚切，当路者以迂阔见抑。中年，度其道不行，益纵酒自放，无仕进意。得官未成考，旋

即归隐。日与禅僧士子游,以文酒为事,啸歌袒裼出礼法外,或饮数月不醒。人有酒见招,不择贵贱必往,往辄醉,虽沉醉亦未尝废著书。然晚年喜佛,力探其奥义。自类其文,凡论性理及关佛老二家者号"内稿",其余应物文字为"外稿"。又解《楞严》《金刚经》《老子》《庄子》。又有《中庸集解》《鸣道集解》,号"中国心学、西方文教"。数十万言,以故为名教所贬云。①

在《金史》的记载中可见,李纯甫幼年聪慧,在词赋方面用力。后来接触《左传》,因喜爱转为经义学,后中经义进士。他对庄周、列御寇、左氏等都有涉猎,颇有仕进愿望,但后来仕途并不顺畅。李纯甫非常自负,自视甚高,认为自己求取功名是很容易的事情,期望自己能够像诸葛亮、王景略一样干成大事。他曾作《李翰林自赞》:"躯干短小而介视九州,形容寝陋而蚁虱公侯,言语謇吃而连环可解,笔札讹痴而挽回万牛。宁为时所弃,不为名所囚。是何人也耶?吾所学者净名庄周。"② 从自赞中可见其自傲自负、追求自我尊严的个性特征。他的才情和愿望并没有得到现实的认可,仕途并没有因他的才情而畅通。中年以后,他纵酒自放,不顾礼法,与禅僧士子游,以文酒为事,沉醉于佛法奥义的探讨。李纯甫著述颇丰,内容涉及佛教理论、道家学说和儒家理论,他曾对自己的文稿进行编辑,把文稿分为"内稿"和"外稿"。只可惜文稿大部分已散佚。

李纯甫早年致力儒学,以求仕进。他在《重修面壁庵记》中写道:

屏山居士,儒家子也。始知读书,学赋以嗣家门;学大义以业科举。又学诗以道意,学议论以见志,学古文以得虚名。颇喜史学,求经济之术;深爱经学,穷理性之说。偶于玄学似有所得,遂于佛学亦有所

---

① 《金史》卷126,第2734~2735页。
② 闫凤梧主编:《全辽金文》,山西古籍出版社2001年版,第2618页。

入。学至于佛则无可学者，乃知佛即圣人，圣人非佛，西方有中国之书，中国无西方之书也。吾佛大慈，皆如实语，发精微之义于明白处，索玄妙之理于委曲中。学士大夫犹畏其高而疑其深，诬为怪诞，诟为邪淫，惜哉！①

在这里李纯甫说明了他对儒家、道家、佛家理论的认识过程。他最先学习的是儒家理论，在对儒家理论的学习中寻求走入仕途的路径。之后开始接触玄学和佛学，从而认为佛为圣人，"圣人非佛，西方有中国之书，中国无西方之书也"，在李纯甫看来，佛家理论包容一切。而在这一认识过程中，他也说明了自己对三家理论的看法。

一、李纯甫对儒家学说的定位

《金史》本传记载，李纯甫"自类其文，凡论性理及关佛老二家者号'内稿'，其余应物文字为'外稿'。又解《楞严》《金刚经》《老子》《庄子》，又有《中庸集解》《鸣道集解》，号'中国心学、西方文教'。数十万言，以故为名教所贬云"。可见李纯甫著作颇丰，涉及儒、释、道三家理论。但是《鸣道集解（说）》外，这些著作都已经散佚，我们无法看到他作品的全貌。《鸣道集解（说）》是关于理学家理论摘要集《鸣道集》的辩解著作。其中的主要内容是，站在佛家理论的角度解释理学观点，认为这些理学观点是不合理的，或者把这些观点归于佛家理论。李纯甫的《鸣道集说序》阐述了他对儒学的看法。

鸣道集说序

天地未生之前，圣人在道；天地既生之后，道在圣人。故自生民以来，未有不得道而为圣人者。伏羲、神农、黄帝之心见于《大易》；尧、

---

① 《全辽金文》，第 2616 页。

舜、禹、汤、文、武之心见于《诗》《书》，皆得道之大圣人也。圣人不王，道术将裂。有老子者，游方之外，恐后世之人塞而无所入，高谈天地未生之前，而洗之以道德。有孔子者，游方之内，恐后世之人眩而无所归，切论天地既生之后，而封之以仁义，故其言不无有少相龃龉者。虽然，或吹或嘘，或挽或推，一首一尾，一东一西，玄圣、素王之志，亦皆有归矣。其门弟子恐其不合，而遂至于支离也。庄周氏沿流而下，自天人至于圣人；孟某氏溯流而上，自善人至于神人。如左右券，内圣外王之说备矣。惜夫四圣人没，列御寇驳而失真，荀卿子杂而失纯，扬雄、王通氏僭而自圣，韩愈、欧阳氏荡而为文。圣人之道如线而不传者，一千五百年矣。而浮屠氏之书从西方来，盖距中国数千万里。证之文字，诘曲，侏儒重译而释之，至言妙理，与吾古圣人之心魄然而合，顾其徒不能发明其旨趣耳。岂万古之下，四海之外，圣人之迹竟不能泯灭耶！诸儒阴取其说以证吾书，自李翱始，至于近代，王介甫父子倡之于后，苏子瞻兄弟和之于后。《大易》《诗》《书》《论》《孟》《老》《庄》，皆有所解。濂溪、涑水、横渠、伊川之学踵而兴焉，上蔡、龟山、元城、横浦之徒又从而翼之，东莱、南轩、晦庵之书蔓衍四出，其言遂大，小生何幸！见诸先生之议论，心知古圣人之不死，大道之将合也。恐将合而又离，笺其未合于古圣人者，曰《鸣道集说》云。①

在这篇序言中，李纯甫集中论述了他对儒学的看法，他认为儒家所推崇的圣人都是得道而成为圣人的，他对这些圣人也很尊敬。"天地未生之前，圣人在道；天地既生之后，道在圣人。故自生民以来，未有不得道而为圣人者。伏羲、神农、黄帝之心见于《大易》；尧、舜、禹、汤、文、武之心见于《诗》《书》，皆得道之大圣人也。"李纯甫称儒家之圣王都是大圣人。他对于孔子也很推崇，认为孔子的学说是方内之学，是跟现实密切相关的学

---

① 《全辽金文》，第 2618～2619 页。

说。李纯甫对儒家学说的社会教化功能，是非常赞赏的。在《栖霞县建学庙碑》中，李纯甫赞道："自是扼腕之方士，知仁义之学；垂髫之小儿，有揖让之风。其褒衣博带者，将峨峨而来，洋洋乎闻《雅》《颂》之声。"很明显，李纯甫认为儒家用仁义教化百姓，规范社会秩序，有独特的社会功能。"有孔子者，游方之内，恐后世之人眩而无所归，切论天地既生之后，而封之以仁义，故其言不无有少相龃龉者。"虽然他对孔子的学说有自己的看法，认为孔子的一些说法存在相龃龉之处，但仍然认为，孔子的学说是论述天地既生之后的学问，是用仁义之说来经纬社会秩序的理论。他对孟子的评价也很高，即"孟某氏溯流而上，自善人至于神人"，认为孟子是孔子学说的继承者，在对孔子学说的发展中成就了他在儒家理论发展史上的地位。

对于儒学的发展情况，李纯甫认为，孔孟之后，儒学就失去了本来的面目。"惜夫四圣人没，列御寇驳而失真，荀卿子杂而失纯，扬雄、王通氏僭而自圣，韩愈、欧阳氏荡而为文。圣人之道如线而不传者，一千五百年矣。"李纯甫在文中提到"四圣人"，这是与道家的老庄合论。李纯甫认为，荀卿、扬雄、王通、韩愈、欧阳修等人的学说都已经在不同的方面背离了儒学的本真。所以，他认为孔孟之后，儒学就没能传承下来。

对于后孔孟时代的儒学，他一方面认为荀卿、扬雄、王通、韩愈、欧阳修等人的学说失去了儒学的本来面目，另一方面他又认为，近年兴起的儒学学派，深受佛学理论影响。"诸儒阴取其说以证吾书，自李翱始，至于近代，王介甫父子倡之于后，苏子瞻兄弟和之于后。《大易》《诗》《书》《论》《孟》《老》《庄》，皆有所解。濂溪、涑水、横渠、伊川之学踵而兴焉，上蔡、龟山、元城、横浦之徒又从而翼之，东莱、南轩、晦庵之书蔓衍四出，其言遂大，小生何幸！"李纯甫认为，从唐代李翱开始，儒家学说开始受到佛学影响。到了宋代，王安石、苏氏兄弟的学说首先受到佛学的影响，主要的经学著作的解释都渗透着佛学理论。接着濂溪、涑水、横渠、伊川等学派也接受了佛家理论，从而创造了自己的学说。

从上面的分析可见，李纯甫认为，真正的儒家学说是孔孟学说，后来的儒学各自成派，从不同的方面对孔孟学说进行了演绎，从而失去了孔孟学说的本来面目。到了宋代，儒学受到了佛家理论的浸染，理学兴起，这更是受到佛家理论影响而建立的理论体系。

二、李纯甫对儒、释、道关系的论述

李纯甫在《鸣道集说序》中已经明确地阐述了他对儒、释、道的看法，也说明了三圣人思想的相通之处。对于三家理论的关系，李纯甫在其他的文章中有重点论述。

首先，儒、释、道三家理论是相通的。在《程伊川异端害教论辨》中，李纯甫重点论述了三家理论的关系，他认为三家虽然各有侧重，各有特色，但三家理论是相通的。

> 三圣人者同出于周，如日、月、星辰之合于扶桑之上，如江、河、淮、汉之汇于尾闾之渊，非偶然也。其心则同，其迹则异，其道则一，其教则三。孔子游方之内，其防民也深，恐其眩于太高之说，则荡而无所归，故约之以名教。老子游方之外，其导世也切，恐其昧于至微之辞，则塞而无所入，故示之以真理。不无有少龃龉者，此其徒之所以支离而不合也。吾佛之书既东，则不如此。大包天地而有余，细入秋毫而无间。假诸梦语，戏此幻人。五戒十善，开人天道于鹿苑之中；四禅八定，建声闻乘于鹫峰之下。六度万行，种菩萨之因；三身四智，结如来之果。登正觉于一刹那间，度有情于阿僧祇劫。竖穷三界，横遍十方。转法轮于弹指顷，出经卷于微尘中。律仪细细，八万四千；妙觉重重，单复十二。阴补礼经，素王之所未制；径开道学，玄圣之所难言。教之大行，谁不受赐？如游鱼之于大海，出没其中；如飞鸟之于太虚，纵横皆是。熏习肌骨如薝葡香，灌注肝肠如甘露浆。翰墨文章，亦游戏三

昧；道冠儒履，皆菩萨道场。[1]

从上面的资料中可见，李纯甫认为，三圣人其心同，其迹异，他们所遵循的道是同一的，但是，他们阐释、传授道的方式是不同的。孔子关注世俗生活，世俗社会的百姓是他传道的对象，他担忧百姓难以理解深奥的道，所以他主张等级、名分，教导百姓具体的礼仪规范，引导他们具体如何行动。老子追寻的是超越世俗的世界，他担忧人们无法接受他的理论，所以告诉人们真理，但孔子、老子的理论难免龃龉，出现不同的学派。佛家理论大包天地万物，无所不在，弥补了孔子礼仪之学的一些缺憾，也阐明了老庄玄学无法说明的道理。很明显，李纯甫认为，三圣人的心是相通的，遵循的道是相通的。

在论述三圣人"其心则同，其迹则异"的基础上，李纯甫进一步认为，佛家理论在包容万物的同时，也包容了儒、道理论。在《司马温公不喜佛辨》一文中，他也论述了三圣人之道是相通的。

苏轼作司马光墓志，云公不喜佛，曰："其精微大抵不出于吾书，其诞吾不信。"嗟乎！聪明之障人如此其甚耶。同则以为出于吾书，异则以为诞而不信，适足以自障其聪惠而已。圣人之道，其相通也，如有关钥；其相合也，如有符玺。相距数千里，如处一室。相继数万世，如在一席。故孔子曰："西方有圣人焉。"庄子曰："万世之后一遇大圣而知其解者，是旦暮遇之也。"其精微处，安得不同？列子曰："古者神圣之人，先会鬼神魑魅，次达八方人民，末聚禽兽虫蛾，备知万物情态，悉解异类音声。"其所教训，无遗逸焉，何诞之有！孔子游方之内，故六合之外存而不论。邹衍、列御寇、庄周方外之士，已无所不谈矣。顾不如佛书之缕缕也。以非耳目所及，光不敢信。既非耳目所及，吾敢不

---

[1]《全辽金文》，第 2621～2622 页。

信耶？①

这是一段辩驳司马光观点的文章，在对司马光观点的辩驳中，李纯甫引用了孔子、庄子、列子等人的观点，他们都认可西方圣人，从而说明，圣人之心是相通的。

李纯甫认为，唐宋以来的儒学学派都是吸取了佛家理论来解释儒、道理论的。

其著而成书者，清凉得之以疏《华严》，圭峰得之以钞《圆觉》，无尽得之以解《法华》，颍滨得之以释《老子》，吉甫得之以注《庄子》，李翱得之以述《中庸》，荆公父子得之以论《周易》，伊川兄弟得之以训《诗书》，东莱得之以议《左氏》，无垢得之以说《语》论《孟》，使圣人之道不堕于寂灭，不死于虚无，不缚于形器，相为表里如符券然。虽狂夫愚妇，可以立悟于便旋顾盼之顷，如分余灯以烛冥室，顾不快哉！道冠儒履皆有大解脱门，翰墨文章亦为游戏三昧，此师之力也。②

在这里李纯甫列出了儒、道两家近年来的一些阐释著作，认为这些著作都是作者在接受了佛家理论之后，悟出了一些道理，从而用佛家理论解释老庄的观点，也用佛家理论解释儒家经典。李翱对《中庸》的阐释、王安石父子对《周易》的发挥、程氏兄弟对《诗》《书》的阐释等，从这些可以看出儒家学者都是吸收了佛家理论后，对儒家经典有了新的理解和感悟，从而发挥了儒家的学说。李纯甫认为，从根本上说，佛家理论可以包容道家和儒家的理论。他在论述了佛家理论对儒、道理论的影响之后，用了一句话赞美这种趋势，"使圣人之道不堕于寂灭，不死于虚无，不缚于形器，相为表里

---

① 《全辽金文》，第 2619～2620 页。

② 同上注，第 2616～2617 页。

如符券然"。这几句话是就儒、释、道三家理论而言的。他认为，只有这样才能使佛家理论不堕于寂灭，道家理论不死于虚无，儒家理论不被形器所束缚，这样使得三家理论互为表里，都有了活力，达到一个新的境界。

由这段论述可见，李纯甫认为，佛家理论与儒、道理论是相通的，用佛家理论解释阐发儒、道理论才能使三家理论都得到新的发展。但认真分析可知，李纯甫期望三家融合，最后的结果是"翰墨文章，亦游戏三昧；道冠儒履，皆菩萨道场""道冠儒履皆有大解脱门，翰墨文章亦为游戏三昧，此师之力也"，这完全是佛教理论对儒、道两家的包容。

第二节 《鸣道集说》的主要思想

《鸣道集》是无名氏摘录两宋学者的语录而成的著作，李纯甫针对此书的观点进行评价、批驳，用佛家理论批驳理学家言论，从而形成了一本引起儒家学者愤怒的理论著作《鸣道集说》。耶律楚材曾为《鸣道集说》写了序文：

> 屏山居士年二十有九，阅《复性书》，知李习之亦二十有九，参药山而退著书，大发感叹，日抵万松老师，深攻亟击。宿禀生知，一闻千悟，注《首楞严》《金刚般若》《赞释迦文》《达磨[①]祖师梦语》《赘谈》《翰墨佛事》等数十万言，会三圣人理性之学，要终指归佛祖而已。江左道学倡于伊川昆季，和之者十有余家，涉猎释、老，肤浅一二，著《鸣道集》，食我园椹，不见好音，诬谤圣人，聋瞽学者。噫！凭虚气，任私情，一赞一毁，独去独取，其如天下后世何！屏山哀矜，著《鸣道集说》，廓万世之见闻，正天下之性命，发挥孔圣隐幽不扬之道，将攀

---

① 原文为手抄本，音译写作"磨"。下同。

附游龙，骎骎乎吾佛所列五乘教中人天乘之俗谛疆隅矣！《鸣道》诸儒力排释老，拚陷韩欧之脍党，孰如屏山尊孔圣与释老鼎峙耶！诸方宗匠皆引屏山为入幕之宾，《鸣道》诸儒钻仰藩垣，莫窥户牖，辄肆浮议，不亦僭乎！余忝历宗门堂室之奥，恳为保证，固非师心昧诚之党。如谓不然，报惟影响耳。[①]

在这篇序文中耶律楚材首先介绍了李纯甫的主要学术背景及主要佛学著作，认为李纯甫"会三圣人理性之学，要终指归佛祖而已"，贯通了儒、释、道三圣人在性理方面的论述，而且把这些理论的根本归于佛祖的理论，也就是说，佛理是儒、道性理之学的理论基础。耶律楚材的看法与李纯甫文章中的论述是相同的。接着，耶律楚材介绍了《鸣道集》的情况，他认为："江左道学倡于伊川昆季，和之者十有余家，涉猎释、老，肤浅一二，著《鸣道集》，食我园椹，不见好音，诬谤圣人，聋瞽学者。噫！凭虚气，任私情，一赞一毁，独去独取，其如天下后世何！"江左有伊川学派，与之相呼应的又有十余家，他们的学说涉及佛老，但是比较肤浅，有人选取各家的一些论述，辑录成《鸣道集》。对于这部著作，耶律楚材的评价是：偷窃佛家理论，诬陷诽谤圣人，蒙蔽学者。任意取舍佛理，不能全面理解佛理，使得佛理碎片化，对后世学者危害很大。最后，耶律楚材说明了李纯甫著《鸣道集说》的原因及此书的特点。"屏山哀矜，著《鸣道集说》，廓万世之见闻，正天下之性命，发挥孔圣隐幽不扬之道，将攀附游龙，骎骎乎吾佛所列五乘教中人天乘之俗谛疆隅矣！"正是因为李纯甫看到《鸣道集》对佛理的伤害及对学者的误导，所以针对《鸣道集》中的观点进行辩驳，形成了这部著作《鸣道集说》。作品中对性命之学进行阐述，对孔圣人关于性理的论述也进行了探索，把儒家理论与佛理相结合，在人天乘的层面进一步探索阐发。耶律楚材认为，《鸣道集》中的一些观点是非常狭隘的，也多是诋毁佛理、排斥佛

---

① 《湛然居士文集》卷14，第308页。

老的论述。李纯甫并没有狭隘地排斥儒、道，而是尊孔圣、佛祖、老子三圣人，他的境界远高于《鸣道》诸儒的境界。耶律楚材对李纯甫的赞美和对诸儒的批判态度是很明显的。"《鸣道》诸儒力排释老，拚陷韩欧之隘党，孰如屏山尊孔圣与释老鼎峙耶！诸方宗匠皆引屏山为入幕之宾，《鸣道》诸儒钻仰藩垣，莫窥户牖，辄肆浮议，不亦僭乎！"从耶律楚材的序文中可以看到《鸣道集说》的主要思想，也可以看到耶律楚材对李纯甫主要思想观点的支持。

《鸣道集说》选择了重要理学家的言论进行批驳，涉及的儒者有濂溪周敦颐、涑水司马光、横渠张载、明道程颢、伊川程颐、上蔡谢良佐、元城刘安世、江民表、龟山杨时中、横浦张九成等人。

一、对儒士们抨击释氏的观点进行抨击

《鸣道集》收录的诸儒观点，多是抨击佛家理论的，李纯甫作为佛家理论的忠实信徒，他对《鸣道集》中的这些观点进行了回击。

下面是李纯甫对横渠（张载）观点的批驳：

> 横渠曰：释氏谓实际，以人生为幻妄，有生为赘疣，以世界为荫浊，遂厌而不有，遗而不存。就使得之，乃诚而恶明者也。儒者因明致诚，流通者也。彼所谓实际，徒能语之而已，未始心解也。
>
> 屏山曰：释氏知实际矣，故以人生为幻妄，虽实际理地下受一尘，万行门中不舍一法，不以无为破有为界，不以出世间法破世间法，岂尝有所厌恶而排遣哉！定慧圆成止观双泯，因该果海包法界而有余，果彻因源入微尘而无间，与吾圣人之道将无同乎？第恐张子窃闻易道，未尝心解，而况实际乎！①

在这则资料中，横渠之语在于批判佛氏理论对"实际"的解释不透彻，

---

① ［金］李纯甫撰：《鸣道集说》，中国子学名著集成编印基金会1978年印行，第45册，第78页。

不能在理论上站住脚，虽然佛氏子弟可以讲解，但是他们也没有真正领悟。这是横渠站在儒家立场上对佛氏"人生幻妄"观点的批判，他认为佛家虽然讲幻妄，事实上不能对"实际"进行解构。对于横渠的这一观点，李纯甫认为，佛氏理论对"实际"的理解很透彻，佛家理论既能阐述"无为"，亦能说明"有为"，所以说"不以无为破有为界，不以出世间法破世间法"，在佛家理论体系中不打破"世间法"，却能完善"出世间法"，所以说佛家理论包容一切。在此基础上，李纯甫认为，横渠等人虽然接受了《周易》理论，但对易道并没有参透，所以就根本理解不了"实际"了。在此，李纯甫对横渠的观点进行了批驳。

  横渠曰：彼语虽似是，观其发本要归，与吾儒二本殊归矣。道一而已，此是则彼非，此非则彼是，固不当同日而语。其言流遁失守，穷大则淫，推行则诐，致曲则邪，求之一卷之中，此弊数数有之。
  屏山曰：道本无一而有二乎？道本无是而有非乎？如来不说堕文字法四十九年，初无一字，维摩不离文字而说解脱不二法门，终于默然。张子欲以口舌滓污太虚，多见其不知量也，未读《南华》第二篇耳。吾夫子予欲无言之旨，想亦未曾梦见也。

在这则资料中，横渠认为，儒家之阴阳学说与佛道都是追寻世界本源，但"道一而已"，有是就有非，佛家理论有诸多弊端，陷于淫邪，真正的道只能是儒道。对于横渠的观点，李纯甫也予以批驳，如来佛祖四十九年说法，但未说一字。维摩诘不离文字讲解脱不二法门，最后默然无语。佛家无有文字语言，入于不二法门。既然无有文字语言，哪有什么邪淫、弊端？"其言流遁失守，穷大则淫，推行则诐，致曲则邪，求之一卷之中，此弊数数有之"，他认为横渠之言是对佛氏理论的滓污，佛家的无文字语言而入不二法门，与儒家的言传身教完全不同。

横渠曰：大率知昼夜阴阳则知性命，知圣人，知鬼神。释氏未免阴阳昼夜之累而谈鬼神，妄也。

屏山曰：昼夜之往来，阴阳之消长，真生死之理也。圣人穷理尽性，以至于命通乎昼夜之道，而知其未尝往来，未见其阴阳不测之神，初无消长，以此洗心，退藏于密，虽鬼神不之知也。鬼神之情状，圣人其知之矣，此释氏之说与吾正同。而张子言其往来消长者，推而任之，听其自然，自以为免阴阳昼夜之累，而正流于生死之中矣。诬为易道，岂知圣人所谓生生之谓易，而生生者未尝生耶！夫学道者，一念万年，初无首尾，岂有阴阳昼夜之累哉！①

这则资料也是横渠抨击佛氏的言论，横渠认为，佛氏不解阴阳之道，却谈鬼神之事，是很虚妄的。李纯甫认为，圣人穷理尽性，阴阳之道，生死之理，尽在于此。学道者，本无阴阳昼夜之累。横渠认为阴阳之道是易道，生生之谓易，却对生生者未曾探讨。

上面的三则资料都是摘录横渠的观点，这些观点来源于《近思录》，是一段论述，前后有一定的逻辑关系。但在《鸣道集》中，只是摘取数句，自成一个观点。

《近思录》：今浮图极论要归，必谓死生流转，非得道不免。谓之悟道可乎？自其说炽传中国，儒者未容窥圣学门墙，已为引取。沦胥其间，指为大道。乃其俗达之天下，致善恶知愚。男女臧获，人人著信。使英才间气，生则溺耳目恬习之事，长则师世儒崇尚之言。遂冥然被驱，因谓圣人可不修而至，大道可不学而知。故未识圣人心，已谓不必求其迹。未见君子志，已谓不必事其文。此人伦所以不察，庶物所以不明，治所以忽，德所以乱。异言满耳，上无礼以防其伪，下无学以稽其

---

① 《鸣道集说》，第 79～80 页。

蔽。自古诐淫邪遁之辞，翕然并兴。一出于佛氏之门者，千五百年。向非独立不惧，精一自信，有大过人之才，何以正立其间，与之较是非计得失哉！①

　　释氏语实际，乃知道者所谓诚也，天德也。其语到实际，则以人生为幻妄，有为为疣赘，以世界为荫浊，遂厌而不有，遗而弗存。就使得之，乃诚而恶明者也。儒者则因明致诚，因诚致明，故天人合一，致学而可以成圣，得天而未始遗人，《易》所谓"不遗""不流""不过"者也。彼语虽似是，观其发本要归，与吾儒二本殊归矣。道一而已，此是则彼非，此非则彼是，固不当同日而语。其言流遁失守，穷大则淫，推行则诐，致曲则邪，求之一卷之中，此弊数数有之。大率知昼夜阴阳则能知性命，能知性命则能知圣人，知鬼神。彼欲直语太虚，不以昼夜阴阳累其心，则是未始见易。未始见易，则虽欲免阴阳昼夜之累，未由也已。易且不见，又乌能更语真际！舍真际而谈鬼神，妄也。所谓实际，彼徒能语之而已，未始心解也。②

　　在这一大段文字中，张载主要是论述佛氏理论对儒士的影响，认为儒士良好的学习风气被破坏了，儒士们相信佛家的悟道之说，放弃了儒家的学习修养过程，对社会风气造成巨大影响，"使英才间气，生则溺耳目恬习之事，长则师世儒崇尚之言。遂冥然被驱，因谓圣人可不修而至，大道可不学而知。故未识圣人心，已谓不必求其迹。未见君子志，已谓不必事其文。此人伦所以不察，庶物所以不明，治所以忽，德所以乱。异言满耳，上无礼以防其伪，下无学以稽其蔽。自古诐淫邪遁之辞，翕然并兴。一出于佛氏之门者，千五百年。向非独立不惧，精一自信，有大过人之才，何以正立其间，与之较是非计得失哉！"。张载认为，在儒家理论遭到冲击之时，一般人难

---

① ［宋］朱熹、吕祖谦撰，斯彦莉译注：《近思录》，中华书局 2011 年版，第 187 页。
② 《鸣道集说》，第 78～80 页。

以在儒家、佛家理论中辨识、选择，"向非独立不惧，精一自信，有大过人之才，何以正立其间，与之较是非计得失哉！"，所以说，此时需要有大过人之才的儒士来甄别。张载发出感叹之后，提出了佛家理论中的一些问题，而这些观点被录入《鸣道集》，也成了李纯甫批驳的观点。在《鸣道集说》中我们看到的是一个个独立的观点，事实上，在原著中这些都是与上下文有一定的逻辑关系的。上面所列的材料，都是李纯甫对横渠批驳释氏观点的批驳。这是《鸣道集说》的主要内容之一。

对于程氏兄弟批判佛氏的观点，李纯甫也进行了批驳。例如：

> 明道曰：佛学只是以生死恐动人。可怪一千年来，无一人觉此，是被他恐动也。圣贤以生死为本分事，无可惧，故不论死生。佛之学为怕死生，故只管说不休。本是利心上得来，故学者亦以利心信之。庄生云"不怛化"者，意亦如此也。杨、墨今已无，如道家之说，其害终小。惟佛学，人人谈之，弥漫滔天，其害无涯。《传灯录》千七百人，敢道无一人达者。果有一人得易箦之理，须寻一尺布帛裹头而死，必不肯胡服削发而终。

> 屏山曰：圣人原始，反终知死生之说，岂不论生死乎？程子不论生死，正如小儿夜间不敢说鬼，病人讳死，其症难医者也。害人而利我者，杨朱也；利人而害我者，墨翟也。学道者，既利于我，又利于人，何害之有？至于圣人，无一毫利心，岂无利物之心乎？故物亦利之，此天理也。圣人之道，或出或处，或嘿或语，殊途而同归，百虑而一致，故并行而不相悖。程子必欲八荒之外，尽圆冠而方履乎？①

这则资料事关生死问题，明道先生（程颢）认为，佛氏理论是用生死轮回恐吓人，儒家圣贤认为生死是本分事，没有什么可怕的，所以儒家不谈生

---

① 《鸣道集说》，第95～96页。

死。佛家理论是在利心的基础上得出的理论，所以人们也因为利心而信奉佛家理论。佛家影响很大，危害无涯。在《传灯录》中，涉及的信徒 1700 人，明道认为这些人没有一个是通达之人，如果有一人在临终之前悟出道理，肯定会以自己是佛氏信徒而羞愧。对于明道先生的这一说法，李纯甫认为，圣人虽不谈生死，但圣人对生死理解透彻，程子不谈生死，是因为忌讳生死，就像小儿夜间怕鬼一样。至于说佛氏利心之说，他认为佛道利己利人，有什么危害呢？圣人不利心，而利物，这是天理。李纯甫认为，圣人之道，殊途同归，百虑一致，没有必要杜绝佛氏理论。这里也表现了李纯甫三教相通的观点。

> 明道（程颢）曰：禅者谓"此迹也，何不论其心？"夫心迹一也，如两脚之行，指其心，曰"我不欲行"，岂有此理？庄子曰"游方之内""游方之外"者，方何尝有内外？则是道有隔断，内面是一处，外面又别是一处，岂有此理哉？
>
> 屏山曰：禅者之心即庄周之方内方外也，如圣人以此洗心，退藏于密，而吉凶与民同患者是也。虽圣人之神固无方所，其心迹岂无内外乎？文中子深于易者，故曰：心迹之判久矣，乐天知命吾何忧？穷理尽性吾何疑？天下皆忧吾独不忧乎！天下皆疑吾独不疑乎！此心迹之说也。虽然，吾以近喻，圣人之心如天上之月，圣人之迹如水中之月，亦即亦非，或同或异。此文中子之所未言者，表而出之。①

这则资料是关于心迹的论述，明道认为，"心迹一也"，不能分开论述。释氏理论中把心与迹分开论述，与庄子的"方内""方外"之说，都隔断了"道"，是荒谬的。对于明道的这一观点，李纯甫首先说明，圣人之心与释氏之心是相通的，圣人之心"退藏于密"，但圣人之迹是"吉凶与民同患"，所

---

① 《鸣道集说》，第 96 页。

以说，圣人之心迹有内外之分。李纯甫认为，文中子对心迹的理解比较透彻。最后用比喻说明了什么是心迹：天上之月为心，水中之月为迹，亦即亦非，或同或异。

> 明道曰：学禅者曰"草木鸟兽生息于春夏，至及秋冬便却变坏"，便以为幻，何不付与他物，生死成坏自有此理，何者为幻？
> 屏山曰：幻者妄也，以其初无生死成坏，故以为幻，真见其无生无死，无成无坏，即非幻者，自不灭矣。此老子之幻学，如来之为幻师也，故能游戏以转，造物定止，任其自然，为造物者之所转耶？孔子之所以教颜子者曰：虚室生白，鬼神将来，舍此万物之化也。其止于世间法耶？其亦出世间法耶？此程子不知耳。[1]

这则资料是关于虚幻的问题，明道认为自然万物变化是真实存在的，没有什么虚幻可言。这是直接批判释氏理论中的生死虚幻观。李纯甫认为，老子之虚幻理论与如来的虚幻理论是相通的，万物变化是虚幻的转化。孔子的"虚室生白，鬼神将来"，其实就是超越了万物的转化过程。很明显，关于虚幻的理论，是佛家的重要理论，在此，李纯甫也难以用数言讲清。

明道的这几个观点，是在一段论述中出现的，《鸣道集》摘录了这些观点，说明了明道在生死问题、心迹问题、虚幻问题上对佛氏理论提出了批判。李纯甫针对这些观点进行了辩驳，说明了他对于生死问题、心迹问题、虚幻问题的看法。

> 佛学只是以生死恐动人。可怪一千年来，无一人觉此，是被他恐动也。圣贤以生死为本分事，无可惧，故不论死生。佛之学为怕死生，故只管说不休。下俗之人固多惧，易以利动。至如禅学者，虽自曰异此，

---

[1] 《鸣道集说》，第97页。

然要之只是此个意见，皆利心也。吁曰："此学，不知是本来以公心求之，后有此蔽，或本只以利心上得之？"曰："本是利心上得来，故学者亦以利心信之。庄生云'不怛化'者，意亦如此也。如杨、墨之害，在今世则已无之。如道家之说，其害终小。惟佛学，今则人人谈之，弥漫滔天，其害无涯。旧尝问学佛者，'《传灯录》几人？'云'千七百人'。某曰：敢道此千七百人无一人达者。果有一人见得圣人'朝闻道夕死可矣'与曾子易箦之理，临死须寻一尺布帛裹头而死，必不肯削发胡服而终。是诚无一人达者。"禅者曰："此迹也，何不论其心？"曰："心迹一也，岂有迹非而心是者也？正如两脚方行，指其心曰：'我本不欲行，他两脚自行。'岂有此理？盖上下、本末、内外，都是一理也，方是道。庄子曰'游方之内''游方之外'者，方何尝有内外？如此，则是道有隔断，内面是一处，外面又别是一处，岂有此理？"学禅者曰："草木鸟兽之生，亦皆是幻。"曰："子以为生息于春夏，及至秋冬便却变坏，便以为幻，故亦以人生为幻，何不付与他。物生死成坏，自有此理，何者为幻？"[1]

这段论述是明道先生对佛氏理论的批判，他从三个方面说明佛氏理论是荒谬的，认为佛氏理论的传播对社会造成巨大的危害，这三个观点被录入《鸣道集》，李纯甫就这三个观点进行了辩驳。他在批驳明道先生观点时，引用了儒、佛、道三圣人的论述，说明明道先生的几个观点不仅与佛、道的论述相悖，同时也与孔子的论述相悖。在谈到佛氏理论"利心"的时候，李纯甫说明，孔子的理论虽然不利己，但是利物的。在说明心迹的问题时，李纯甫认为，孔圣人其"心"退藏于密，但他的"迹"是与民同忧患的。在阐述虚幻的问题时，他认为孔子"虚室生白，鬼神将来"就是在论述虚幻的问题。在批驳明道先生观点时，李纯甫一方面说明明道的观点是背离孔圣人的

---

[1] ［宋］程颢、程颐撰：《二程遗书》，上海古籍出版社2000年版，第53～54页。

相关论述的，一方面也说明在重要理论观点上，三圣人的理论是相通的，明道对佛氏理论的批判，就是对孔圣人理论的背离。

二、对支持佛家理论的儒学观点大加赞赏、补充

在《鸣道集说》中引用的诸儒观点，李纯甫几乎都是激烈抨击的，但是他对于元城的观点是比较赞赏的，并没有激烈抨击。虽然李纯甫对元城的观点也有一些补充说明，但态度是比较温和的。元城是诸儒之一，李纯甫为什么对他的观点比较认可呢？

刘安世（1048—1125），字器之，号元城。曾从学司马光，与苏轼、苏辙兄弟交往甚密。据《宋史》记载：

> （刘安世）家居未尝有惰容，久坐身不倾倚，作字不草书，不好声色货利。其忠孝正直，皆则象司马光。年既老，群贤凋丧略尽，岿然独存，而名望益重。梁师成用事，能生死人，心服其贤，求得小吏吴默尝趋走前后者，使持书来，啖以即大用，默因劝为子孙计，安世笑谢曰："吾若为子孙计，不至是矣。吾欲为元祐全人，见司马光于地下。"还其书不答。死葬祥符县。后二年，金人发其冢，貌如生，相惊语曰："异人也！"为之盖棺乃去。①

刘安世作为司马光的弟子，接受了良好的儒学理论教育和道德修养的引领，在个人修养方面，对自己严格要求，他积极用世，公正无私，在道德行为方面是儒士们的典范。他在儒学理论的研究和探讨方面颇有建树，在北宋思想界有一定影响。但刘安世的儒学观点受到了佛教的影响，他的一些观点与他的老师司马光相左。司马光是儒家理论的倡导者和捍卫者，他坚决反对佛氏理论。李纯甫对司马光的观点进行了激烈的批驳，但对于刘安世的观点

---

① ［元］脱脱等撰：《宋史》卷345，中华书局1977年版，第10954～10955页。

基本上是赞同的，当然，其中也有一些温和的指正。在《宋元学案》中引用的黄东发（黄震）的评价说明了刘安世儒学思想的特点。

> 黄东发曰：先生事温公五年，而后教之以诚。思之三日，不知所从入，而后教之不妄语。七年而后能言行相应，故能不动如山，当宣和、大观间，肖然独为善类宗主。至今诵其遗言，无不笃实重厚，使人鄙吝之心为消。呜呼，岂不诚大丈夫哉！独因笃信之深，而佛氏之说先入为主，至谓儒、释、道、神，其心皆一，又谓《法华经》临刑刀坏之说为说性，而证以《楞严经》云使众生六根消后，临刑刀如割水，且并以其师温公诋佛为非。若自程门讲明圣人之学观之，虽温公之诋佛犹未免于卤莽，而元城并以为未然，何哉？或者"知终终之"之勇冠卓一世，而"知至至之"之知尚差毫厘邪？此《中庸》之必贵于"自明而诚"也。虽然，先生他日亦言释、老之言皆未免入邪，则其本心固未尝不明也，学者宜审焉。①

从上面的评价可见，刘安世的儒学理论受到佛氏理论的影响很深，他的个人道德修养受到儒士们的一致赞美。他认为儒、释、道的理论在一些问题上是相通的，也认为恩师司马光排斥佛学的观点是不正确的。同时，他也看到了佛、老观点的不足之处。从这些评价说明，刘安世的主要学术思想与李纯甫一致，他的思想观点得到李纯甫的认可是必然的。下面资料中对此略做分析。

> 元城曰：孔子、佛之言相为终始。孔子之言，毋意毋必，毋固毋我。佛之言曰：无我无人，无众生无寿者。其言次第，若出一人。但孔子以三纲五常为道，故色色空空之说微开其端，令人自得尔。孔子之心

---

① 《宋元学案》卷20，第832页。

佛心也，假若天下无三纲五常，则祸乱又作，人无噍类矣。岂佛之心乎？故儒、释、道，其心皆一，门庭施设不同耳。如州县官不事事，郡县大乱。礼佛诵经坐禅，以为学佛可乎。

屏山曰：元城之论，固尽善矣。惜哉！未尝见华严圆教之指。佛先以五戒十善开人天乘，后以六度万行行菩萨道，三纲五常尽在其中矣。故善财五十三参，比丘无数人耳。观音三十二应，示现宰官居士长者等身。岂肯以出世法坏世间法哉！梁武帝造寺度僧，持戒舍身，尝为达磨所笑。跋摩尊者谓宋文帝，王者学佛，不同匹夫，省刑罚则民寿，薄税敛则国富。其为斋戒，不亦大乎！惜一禽之命，辍半日之餐，匹夫之斋戒尔。此儒者学佛，不龟手之药也。①

上面这则资料中，元城（刘安世）认为，孔子的主张"毋意毋必，毋固毋我"与佛的主张"无我无人，无众生无寿者"是相通的，孔子之心就是佛心。儒、释、道之心都是相通的，各自以不同的方式来实现自己的心意，儒家是官长制度，佛家是诵经坐禅，道家是淡泊名利，都是要达到社会的安宁、和谐。对于元城的观点，李纯甫是赞同的，但他认为，元城还没有参透佛经。佛家理论不以出世法破坏世间法，学佛是有不同的层次的，王者学佛不同于匹夫学佛，可以"省刑罚则民寿，薄税敛则国富"。学佛虽然是出世法，但却没有破坏世间法中的统治体系。儒者学佛不仅不会破坏世间法，而且是有着现实利好的。李纯甫的观点是在元城论述基础上的发挥，元城认为儒、释、道之心是相通的，李纯甫进一步论述认为，佛家的出世法不破世间法，而且有利于世间法。他们的观点是一脉相承的。

元城曰：所谓禅一字，于六经中亦有此理，佛易其名。达磨西来，此话大行，佛法到今果弊矣，只认色相。若渠不来，佛法之灭久矣。又

---

① 《鸣道集说》，第 164～165 页。

上根聪悟，多喜其说，故其说流通。某之南迁，虽平日于吾儒及老先生得力，然亦不可谓于此事不得力。世间事有大于死生者乎？此事独一味理会生死有个见处，则于贵贱祸福轻矣。老先生极通晓，但不言耳，盖此事极系利害。若常论，则人以为平生只谈佛法。所谓五经者不能晓生死说矣，故为儒者不可谈，盖为孔子地也。又下根之人谓寂寞枯槁，乃是佛法至于三纲五常，不肯用意。又其下者泥于报应因果之说，不修人事，政教错乱，生灵涂炭。其祸盖不可胜言者。故某平生何曾言，亦本于老先生之戒也。

屏山曰：元城之说，为佛者虑尽矣，为儒者虑似未尽也。佛书精微幽隐之妙，佛者未必尽知，皆儒者发之耳。今已章章然矣。或秘而不传其合于吾书者，人将谓五经之中，初无此理，吾圣人真不知有此事。其利害亦非细也，吾欲尽发其秘，使天下后世共知六经之中有禅。吾圣人已为佛也，其为孔子地，不亦大乎。彼以寂寞枯槁为佛法，以报应因果废人事，或至乱天下者，正以儒者不读其书，为所欺耳。今儒者尽发其秘，维摩败根之议，破落空之偏见。般若施身之戒，攻着相之愚。夫上无萧衍之祸，下无王缙之惑矣。虽极口而谈，著书而辨，其亦可也。学者其熟思之。①

在上面这则资料中，元城认为，"禅"存在于六经中，只是与佛家的名字不同而已。他认为达摩祖师在传播佛法的过程中起到了非常重要的作用，他传播佛法，但不冲击孔子的理论领域，不在儒学中谈佛家理论，这样可以使得佛氏理论得以发展。他认为如果谈生死虚幻，那么人们会看轻贵贱祸福，儒士不能接受；而下根之人，可能会认为枯燥寂寞，不会用意；再下根之人，会泥于因果报应之说，不修养自身，造成社会混乱。这些都会影响佛学理论的发展，所以元城也不谈六经中的禅意。对于元城的观点，李纯甫在

---

① 《鸣道集说》，第 165～167 页。

肯定的基础上又进一步论述，他认为"元城之说，为佛者虑尽矣，为儒者虑似未尽也"，认为元城是站在佛学发展的角度考虑问题，是比较周全的，但是他没有站在儒学的角度考虑周全，在他看来，应该发掘六经中的禅意，让天下人都知道，六经中有禅，孔子为佛，那么孔子的领地会更大。儒士阅读佛氏经书，就可以对佛氏理论深入领会，也就会破解寂寞枯槁之论，也会解除泥于因果报应之人的困顿，从而使儒学和佛学都得到大发展，也会使社会安宁和谐。

  元城曰：温公著论诋释氏云：其妙不能出吾书，其诞吾不信也。某问：如何是妙？曰：无我。千经万论，只辨一个我字。又问：如何是诞？曰：其言天堂地狱不足信。曰：今王法虽至杀戮不能已之恶人，苟有不肖之心，自弃其命，何所不可？佛之设此，俾人易恶而向善耳。且邹衍谓天地之外，如神州赤县者八九。庄子言六合之外，圣人存而不论。凡人耳目所不及，安知其无？公：吾欲扶教耳。
  屏山曰：元城与司马君实如父子然，故心术之发如无所有隐，此言固善，然元城之疑未尽，君实之情亦大矫矣。吾圣人六经中皆有此意，昧者弗知耳，必欲扶教，此说其可诞乎！①

这则资料是元城记载的他与司马光的对话。司马光认为，佛家理论中"无我"的妙论与儒家理论相悖，天堂地狱的荒诞之说也无法相信，所以司马光排斥佛家理论。而元城认为，现在的刑罚都无法遏制恶人，佛家理论使人改恶向善，是社会所需要的理论。况且，六合之外的世界，圣人存而不论，凡人看不到，并不是不存在，所以不能说荒谬。司马光没有对元城的说法进行驳斥，只是说自己是为了扶持儒教。对于元城与司马光的对话，李纯甫认为，两人的对话应该是真诚的，但在此对话中，元城的疑问并没有得到

---

① 《鸣道集说》，第 169～170 页。

解释，司马光的回答太过矫饰，没有真正解决问题。李纯甫认为，"无我"妙论和天堂地狱之说，在圣人的六经中都有，只是一些儒士不知道而已。所以说，扶教的说法是很荒诞的。在此，李纯甫还是在儒、释、道相通的框架下讨论此问题。他对元城的说法是赞同的，但是，他认为元城对这个问题没有理解透彻，所以他在此补充说明。

从上面的资料可见，在《鸣道集说》中，李纯甫对诸儒之说并不是全面批驳，他对一些跟自己观点相近、相似的说法也表示了赞同，对这些观点不全面、不深刻、不完善的地方也进行了补充、引导。提出这部分观点的儒士主要是刘安世（元城），他对佛家理论也颇有研究。作为司马光的学生，他的言行谨遵儒家的行为规范，是一位受人敬仰的儒士。关于佛家思想对儒家思想的影响，他持宽容的态度，并没有排斥佛家理论，所以，李纯甫对他的观点是比较赞同的。

三、对儒士的一些论述提出异议

在《鸣道集说》中也有对儒士理论观点的异议，而在这一部分内容中，李纯甫往往是用儒、佛、道理论进行批驳，提出自己的观点。

下面是李纯甫对于横渠观点的批驳。

> 横渠曰：由太虚，有天之名；由气化，有道之名；合虚与气，有性之名；合性与知觉，有心之名。
> 屏山曰：孔子云：易有太极，是生两仪。老子云：有物混成，先天地生。佛云：空生大觉中，如海一沤发。道生天生地以为气母，自根自本者即此心也。张子之言如此，无奈异于三圣人乎？①

这则资料是横渠提出的心性论观点，这里没有对释氏理论提出批评，但

---

① 《鸣道集说》，第 83～84 页。

对于这个观点，李纯甫也进行了驳斥。他认为横渠的心性说是不成立的，是与三圣人的相关论述相违背的。横渠所说的虚与气是世界的本原，孔子认为太极是万物之本原。《易传·系辞上传》："易有太极，是生两仪，两仪生四象，四象生八卦。"孔颖达释曰："太极谓天地未分之前，元气混而为一，即是太初、太一也。"老子认为道是世界的本原，《道德经》云："有物混成，先天地生。寂兮寥兮，独立而不改，周行而不殆，可以为天地母。吾不知其名，强字之曰：道，强为之名曰：大。大曰逝，逝曰远，远曰反。故道大，天大，地大，人亦大。域中有四大，而人居其一焉。人法地，地法天，天法道，道法自然。"佛祖认为世界本原为空。横渠所说的"虚与气"与三圣人的观点不同。对于横渠的世界本原为"虚与气"说，李纯甫没有进一步论述其错误所在。

> 横渠曰：太虚为清，清则无碍，无碍故神；反清为浊，浊则碍，碍则形。又曰：气之聚散于太虚，犹冰凝释于水，知太虚即气，则无无。故圣人语性与天道之极，尽于参伍之神变易而已。诸子浅妄，有有无之分，非穷理之学也。
>
> 屏山曰：老子所谓常无即佛之所谓真空，非断灭之空也。老子所谓常有，即佛之所谓妙有，非碍色之有无，非真无有，非真有。空即是色，色即是空。张子自分太虚与气之聚散，又分形与神之清浊，自比圣人，以为穷理，浅妄如此！岂知吾夫子形而上者之谓道，形而下者之谓器乎！[①]

对于横渠关于"清与浊""有与无""形与神"的论述，李纯甫认为"浅妄"，他举出了佛家的"真空"与"妙有"、"空"与"色"的理论，老子的"常无"与"常有"理论，孔子的"形而上"与"形而下"理论，认为这些

[①] 《鸣道集说》，第83页。

理论都是精深的理论,横渠的观点与此相比,很是浅妄。

> 横渠曰:太虚者,气之体。气有阴阳,屈伸相感之无穷,故神之应也无穷;其散无数,故神之应也无数。虽无穷,其实湛然;虽无数,其实一而已。阴阳之气,散则万殊,人莫知其一也;合则混然,人不见其殊也。形聚为物,形溃反原,反原者,其游魂为变与!所谓变者,对聚散存亡为文,非如萤雀之化,指前后身而为说也。
>
> 屏山曰:此说非孔子之言,非佛氏之言也。张子凭私臆决力为此说,固亦劳矣。虽然,敢问张子,其湛然而一者,其一物乎?其二物乎?胡为而散?胡为而合?萤雀之化有前后身,安知游魂之变无前后身也?既同生于太虚之气,阴阳之神,何参差万状,苦乐之不齐,贤愚之绝异耶?诚如此言,饮食男女之外无复余事,寿夭贫富之别出于自然。名教不足贵,道学不必传。桀纣盗跖为达人,尧舜孔子独自囚耳。此奸雄之所以籍口泯灭生灵之语,而张子又说而鼓之,吾不忍后世之愚民将胥而为鬼为蜮为血为肉也。悲夫!试读《首楞严经》则此语冰消瓦解矣。①

这是横渠关于阴阳之气的论述,横渠认为,阴阳之气形聚而为物,形散而反原。对于横渠的这一论述,李纯甫提出了质疑,他问道,既然是阴阳之气有聚散,为什么会出现"参差万状"的情况呢?阴阳之气为什么聚散?贤愚、苦乐为什么相异?这些问题是横渠的阴阳理论无法回答的,这也说明这一理论是不完善的。接着李纯甫又指出了这一理论的社会影响,根据这一理论,寿夭、贫富都是自然形成的,那么为什么要信奉名教、传播道学呢?这会对道学形成巨大的冲击,会使得孔子的理论陷入困境,也会给一些泯灭生灵的奸雄以借口。这样的社会影响是非常可怕的。

---

① 《鸣道集说》,第85~86页。

朱熹（晦庵）的一些观点虽然不是直接针对佛学，但李纯甫也提出了质疑、批驳。

> 晦菴曰：大抵天下事物之理，无无对者，惟道为无对。然以形而上下论之，则亦未尝不有对也。盖所谓对者，或以左右，或以上下，或以前后，或以多寡，或以类而对，或以反而对，反覆推之，天地之间真无一物兀然无对而孤立者，此程子所以中夜以思，不觉手舞而足蹈也。
>
> 屏山曰：昔乎朱子之才未读佛书也！《入楞伽经》一百八句，皆对待法，岂止上下、前后、左右、多寡哉！此真生死心也，程子未能洗去此心，谓有生则有死，任之以自宽耳，岂道也哉！盖荣启期之徒尔。或谓法界中无孤单法，岂程子意欤？是又不然，程子安知有十玄门哉！一入一切，一切入一，亦会归于一耳，程子求之于二，止谓世间法而已。①

这则资料中，朱熹提出了天下事物都有对，而道也是形而上与形而下相对，天地间没有单一突兀之物。程子悟出此理，颇为兴奋。李纯甫认为，《入楞伽经》一百八句都是谈相对的事物。佛家理论也看到了世间法的两两相对，但在解构过程中，一切都归于空。程子的理论只停留在低层次，是世间法，而佛家理论则超越世间法，达到了唯一的空境。

> 晦菴曰：有是理则有是气，气则无不两者，故《易》曰"太极生两仪"，而老子所谓道先生一，而后一乃生二，其察理亦不精矣。老庄之失大抵类此。
>
> 屏山曰：理一而气二，太极未有气也，岂有二哉？吾夫子既谓太极生两仪，生之一字自无而有之言，与老子一生二之言将无同乎？孰察理

---

① 《鸣道集说》，第 188～189 页。

不精耶？程氏之失大抵类此，学者当深思之。[①]

这则资料与上面的资料是相关联的，晦庵认为，万物本原是阴阳二气，老子的理论是道先生一，一再生二，晦庵认为老子的理论是不合理的。对于这个观点，李纯甫认为，孔夫子的"太极生两仪"与老子"道生一，一生二"是相同的，程子的理论是不合理的。

从上面的资料可见，在《鸣道集说》中，李纯甫主要是批驳诸儒《鸣道集》的观点，内容大致可分为：对诸儒驳斥释氏理论的观点的回击，对诸儒一些理论观点的异议，对一些支持儒、释、道融合的观点的肯定与补充。在这些内容中，李纯甫的思想特点表现为：第一，三圣人的思想是相通的，佛家理论比儒家理论更深广，是可以包容儒家理论的。第二，诸儒的观点不仅仅是与佛家思想相对立，而且是与孔圣人的观点相背离。第三，李纯甫维护孔圣人的理论观点，但对理学家的主要理论观点是不赞成的。

---

① 《鸣道集说》，第189～190页。

第八章 《鸣道集说》的影响及李纯甫的文学观

第一节 《鸣道集说》的影响

《鸣道集》是诸儒批判佛教理论的观点辑录,《鸣道集说》是李纯甫驳斥宋儒观点的著作,作者的态度很激烈。这部作品可以说是北方金国佛教信徒与南方宋儒的隔空论战,是南北思想文化的一次激烈碰撞。宋儒站在儒学阵地对唐宋以来佛教思想的浸染渗透的态势进行了对抗和清除,《鸣道集》是他们对抗佛教理论的宣传著作。这一著作传入北方,佛教信徒情绪激动,多有反驳之意。

耶律楚材在《鸣道集说序》中说到了自己看到《鸣道集》后的态度:"著《鸣道集》,食我园椹,不见好音,诬谤圣人,聋瞽学者""昔余尝见《鸣道集》,甚不平之,欲为书纠其芜谬而未暇,岂意屏山先我着鞭"。从序文语气看,耶律楚材看到《鸣道集》后情绪激动,在写序文时也难以平静。他也准备写文章对《鸣道集》的观点进行驳斥,看到李纯甫的著作之后,很是欣慰,提笔作序。《鸣道集说》的付印和传播时间,当是在耶律楚材写序之后不久。耶律楚材在序文最后写道:

> 屏山临终,出此书付敬鼎臣曰:"此吾末后把交之作也,子其秘之,当有赏音者。"鼎臣闻余购屏山书甚切,不远三数百,徒步之燕,献的稿于万松老师转致于余。余览而感泣者累日。昔余尝见《鸣道集》,甚不平之,欲为书纠其芜谬而未暇,岂意屏山先我着鞭,遂为序,引以针江左书生膏肓之病焉。中原学士大夫有斯疾者亦可发药矣。甲午冬十有

五日，湛然居士漆水移剌楚材晋卿序。"①

从序文中可见，李纯甫在 1223 年去世之时，这部著作尚未示人，在临终前交给敬鼎臣时，他还嘱咐敬鼎臣"子其秘之"。耶律楚材看到此著作并写序文的时间是甲午年（1234）冬月，这已经是李纯甫去世 10 年之后了。这一年是蒙古军灭亡金国的时间，也是蒙古政权对中原地区实施统治的时间。刚刚占领中原地区，思想文化的统治就是头等大事，作为蒙古统治集团内的重要人物，耶律楚材对中原文化非常熟悉，他又受佛教思想影响很深，维护佛家理论在思想领域的地位是他的愿望。此时出版《鸣道集说》正当其时，所以说，《鸣道集说》的付印、传播当在耶律楚材写序后不久。

《鸣道集说》中李纯甫反驳诸儒观点非常激烈，这必然引起儒士阵营的强烈反应。而且，在著作中，李纯甫以佛家理论涵盖儒家学说，这也引起儒士们的愤怒情绪。金代刘祁《归潜志》云："尝论以为宋伊川诸儒，虽号深明性理，发扬六经、圣人心学，然皆窃吾佛书者也。因此，大为诸儒所攻。"② 刘祁（1203—1250）生活于金代末期，比李纯甫小 26 岁，他应该看到了《鸣道集说》传播之后的社会影响。从刘祁的简略记载中可见，李纯甫的著作在当时社会引起了巨大反响，他的学说引起了儒士们的愤怒情绪，而这种情绪延续了很长时间，直到清代，儒士们对李纯甫的著作还不断抨击。在下面的资料中，我们可以看到一些清代儒士们的情绪。

祖望谨案：关、洛陷于完颜，百年不闻学统，其亦可叹也！李屏山之雄文而溺于异端，敢为无忌惮之言，尽取涑水以来大儒之书，恣其狂舌，可为齿冷。然亦不必辩也，略举其大旨，使后世学者见而嗤之。其时河北之正学且起，不有狂风怪雾，无以见皎日之光明也。述《屏山鸣

---

① 《湛然居士文集》卷 14，第 308～309 页。
② 《归潜志》卷 9，第 105 页。

道集说略》。(梓材案:是卷与上两卷,皆谢山所特立,以辟禅学者。不曰"案"而曰"略",盖示外之之意云。)①

在这里全祖望说明了他记述《屏山鸣道集说略》的原因,很明显,全祖望对李纯甫颇为不满,认为他无所忌惮,大肆抨击大儒之书,可谓是儒学领域的狂风怪雾。但是,异端学说的出现也有助于儒学正学的发展。

谢山《跋鸣道集说》曰:"屏山《鸣道集说》,钝翁驳之详矣。(云濠案:《汪尧峰文钞》《鸣道集说序》云:'其说根柢性命,而加以变幻诡谲,大略以尧、舜、禹、汤、文、武之后,道术将裂,故奉老聃、孔子、孟子、庄周洎佛如来为五圣人,而推老、庄、浮屠之言,以为能合于吾孔、孟。又推唐之李习之、宋之王介甫父子、苏子瞻兄弟,以为能阴引老、庄、浮屠之言,以证明吾孔、孟诸书。于是发为雄辞怪辩,委曲疏通其所见,而极其旨趣,则往往归之于佛。凡宋儒之辟佛者,大肆掊击,自司马文正公而下,迄于程、朱,无得免者。'又云:'盖自唐、宋以来,士大夫浸淫释氏之学,借以附会经传,粉饰儒术者,间亦有之,然未有纵横捭阖敢于僭圣人之规矩如屏山者。一何卫浮屠如是之诚,而蔀吾儒之羽翼如是之严且力欤?其流弊,视荀卿氏之言性恶,墨翟子之论短丧,殆加甚焉。')偶阅湛然居士所为序,言其二十九岁阅《复性书》,知李习之亦年二十九岁,参药山而退,因发愤参万松师,著此书。嘻!屏山历诋诸儒,以恣其说,自我成佛足矣,何必援昔人以自重?习之断非佞佛者,即或其言间为未纯,不过学之小疵耳。浮屠辈迫为此说以诬之,而屏山援之以为例,可为一笑。"②

---

① 《宋元学案》卷100,第3316页。
② 同上注,第3317~3318页。

在这则资料中，首先是全祖望（谢山）对《鸣道集说》的批评，认为李纯甫太过狂妄，任意诋毁诸儒，并嘲讽他总是引用别人的理论为自己张目，为什么不自己成佛呢？由全祖望的嘲讽可见他对李纯甫抨击诸儒的观点很不满。全祖望认为，李纯甫的观点多是引用佛氏理论来支撑，而自己的论述不多。这确实击中了李纯甫著作的软肋。全祖望还提出李翱的学说只是不纯而已，李纯甫以他为例说明问题，显然是不合适的。

在冯云濠的按语中，有汪尧峰（钝翁）《鸣道集说序》中的一段话，从中可见汪尧峰对李纯甫《鸣道集说》中的观点也表现出了强烈的不满，"盖自唐、宋以来，士大夫浸淫释氏之学，借以附会经传，粉饰儒术者，间亦有之，然未有纵横捭阖敢于佹圣人之规矩如屏山者。一何卫浮屠如是之诚，而翦吾儒之羽翼如是之严且力欤？其流弊，视荀卿氏之言性恶，墨翟子之论短丧，殆加甚焉"。他认为，虽然唐宋以来，有人借佛氏之学附会经传，但从来没有人像李纯甫这样抨击儒学的，李纯甫对儒学的危害远甚于荀卿与墨翟。

又《跋雪庭西舍记》曰："屏山为金代文章大家，著述多于滏水，而今不传，唯《永乐大典》中有其集。屏山援儒入释，推释附儒，既已决波排澜，不足为怪。其所著《鸣道集说》一书，濂、洛以来，无不遭其掊击。近见其为《雪庭西舍记》石本，犹此说也。其引致堂《读史管见》，以为致堂崇正辩之作，满纸骂破戒之说，而实未尝不心折于老、佛。嘻！屏山佞佛已耳，亦何用取古人而周内之！"[①]

全祖望在《跋雪庭西舍记》中又陈述了自己的观点，他认为李纯甫是佞佛之人，他"援儒入释，推释附儒"，只是引用佛老之言来证明自己的观点，没有多少自己的理论阐释。可见，全祖望对李纯甫的著作是非常排斥的。

---

① 《宋元学案》卷100，第3318页。

李纯甫是金代思想文化领域的重要人物，在金代儒、释、道并行发展的大背景下，李纯甫儒学理论的主要特点，也是金代儒学发展的特点。虽然在金代有反对李纯甫学说的儒士，但金代儒学由于自身不受统治者的干预，不受传统儒学观念的禁锢，所以表现出灵活性的特点，这就使儒士们的阐释有一定的自由度。对于这个问题，赵秉文在其文章《原教》中有相关论述，"夫道者何？总妙体而为言者也。教者何？所以示道也。传道之谓教，教有方内，有方外。道不可以内外言之也，言内外者，人情之私也"。这也说明，"教"在传播过程中有一定的灵活度。而金代儒学在阐释方面，因为文化背景的原因，灵活性更为明显。同时，金代佛学盛行，儒学不可避免地受到佛学的影响。另外，金代儒学的特点与儒士们的心态也有着密切的关系。金代在当时政治、军事上都占有着优势，金代儒士们对宋儒是一种平视的心态，即使是理学大家的理论也会被评论、批驳，这在他们看来是非常自然的事情。

由于诸多原因，李纯甫代表北方儒学中受佛学影响比较深的一派，对宋代诸儒的观点进行批驳，掀起了一场旷日持久的隔空论战，使得儒学在宋金时代的发展呈现出波澜壮阔的景象。在论战中也激发了儒士们的思考，促进了儒学的繁荣，对儒学的发展起到了积极的作用。

第二节　儒学思想影响下李纯甫的文学观

李纯甫的著作散佚严重，他的一些阐述文学思想的著作都已经无法看到，只有《西岩集序》留存，在这篇序文中可以看到他的主要诗学思想，而且可以看到他的诗学思想明显受到他的儒学思想的影响。

李纯甫的著作散佚严重，他关于诗论的文章有《西岩集序》，在这篇序文中我们可以看到他的一些诗学观点。

西岩集序

  人心不同如面。其心之声发而为言，言中理谓之文，文而有节为之诗。然则诗者，文之变也，岂有定体哉。故三百篇，什无定章，章无定句，句无定字，字无定音，大小长短，险易轻重，惟意所适。虽役夫、室妾悲愤感激之语，与圣贤相杂而无愧，亦各言其志也已矣，何后世议论之不公邪？齐、梁以降，病以声律，类俳优然。沈、宋而下，裁其句读，又俚俗之甚者。自谓灵均以来，此秘未睹，此可笑者一也。李义山喜用僻事，下奇字，晚唐人多效之，号西昆体，殊无典雅浑厚之气，反置杜少陵为村夫子，此可笑者二也。黄鲁直天资峭拔，摆出翰墨畦径，以俗为雅，以故为新，不犯正位，如参禅着末后句为具眼。江西诸君子翕然推重，别为一派。高者雕镌尖刻，下者模影剽窃。公言韩退之以文为诗，如教坊雷大使舞；又云学退之不至，即一白乐天耳，此可笑者三也。嗟乎！此说既行，天下宁复有诗邪？比读刘西岩诗，质而不野，清而不寒，简而有理，澹而有味，盖学乐天而酷似之。观其为人，必傲世而自重者。颇学浮屠，邃于性理之说，凡一篇一咏，必有深意，能道退居之乐，皆诗人之自得，不为后世论议所夺，真豪杰之士也。[①]

  《西岩集序》表现的主要诗学思想是《诗经》是诗歌的源头，也是诗歌的标杆。李纯甫认为，诗歌不应该有形式上的束缚，应该"惟意所适"，所以，他反对近体诗，反对声律，"然则诗者，文之变也，岂有定体哉。故三百篇，什无定章，章无定句，句无定字，字无定音，大小长短，险易轻重，惟意所适"，"齐、梁以降，病以声律，类俳优然。沈、宋而下，裁其句读，又俚俗之甚者"。所以说，李纯甫强调的是诗歌表现人的情感、意志，

---

① 《全辽金文》，第 2627 页。

是个人情感意志的自由发挥。他进一步认为，情感意志无高下贵贱之分，由情感的抒发而产生的诗歌，都可能成为优秀的诗歌。

李纯甫主张诗歌"惟意所适""各言其志"，是对"诗言志"诗学思想的继承和发挥，这与李纯甫自称"儒家子"的身份是相符合的。《诗经》为儒学经典，虽然学界对"孔子删诗说"有争议，但孔子应该对诗三百篇进行过修订。《诗经》中的诗歌原是春秋时期乐府机构采集的诗篇，所以"诗三百"是"诗言志"诗学思想产生的基础，诗三百篇表现出了温柔敦厚的诗风，是后世学者学习的榜样。《诗经》中表现出的反映现实、干预现实的精神，更是历代文人矫正文风的标杆。李纯甫自称"儒家子"，从小受到儒学教育，这使他对孔子很敬仰，后来他接受佛教理论，也把孔子尊为"三圣人"之一。受这种思想的影响，他对儒家的主要经典都是推崇的，他接受了孔子的诗学理论，在《诗经》思想、风格的基础上提出了自己的主张。他的"惟意所适""各言其志"正是对孔子"诗言志"思想的继承和发挥。

在"惟意所适"基础上，李纯甫进一步提出了诗歌要有个性特征，主张诗从其心，风格多样化，反对诗歌的形式模仿。这个主张与"诗言志"密切相关，是"诗言志"思想的延伸。因为各人的情感意志不同，写出的诗歌各不相同，所以不能一味模仿他人的创作，一定要写出自己的风格，他为此批评了当时诗坛的不良现象，"李义山喜用僻事，下奇字，晚唐人多效之，号西昆体，殊无典雅浑厚之气，反詈杜少陵为村夫子，此可笑者二也。黄鲁直天资峭拔，摆出翰墨畦径，以俗为雅，以故为新，不犯正位，如参禅着末后句为具眼。江西诸君子翕然推重，别为一派。高者雕镌尖刻，下者模影剽窃。公言韩退之以文为诗，如教坊雷大使舞；又云学退之不至，即一白乐天耳，此可笑者三也"。

李纯甫对李商隐的创作风格是认可的，那是李商隐自己的风格，自己的心志表现，但后人模仿，形成西昆体，就失去了典雅浑厚的特色。对西昆体的创作，李纯甫很是不屑，觉得可笑。对于黄庭坚的创作，李纯甫给出了比较高的评价，他认为黄庭坚诗歌也是自己心志的表现，具有自己的个性特征。但是，后来的追随者形成了江西诗派，走向了雕镌尖刻、模影剽窃的路径，他们对于韩愈的诗歌提出了批评，又讽刺学韩诗者。对于他们的创作，李纯甫也表现出了不屑，对于他们批评韩愈诗歌、讽刺学韩诗者的行为，他觉得非常可笑。

在主张诗歌创作应该具有个性化风格的基础上，李纯甫赞美了刘汲的创作，认为"比读刘西岩诗，质而不野，清而不寒，简而有理，澹而有味，盖学乐天而酷似之。观其为人，必傲世而自重者。颇学浮屠，遂于性理之说，凡一篇一咏，必有深意，能道退居之乐，皆诗人之自得，不为后世论议所夺，真豪杰之士也"。李纯甫明确写出了刘汲诗歌的个性特征，对他诗歌中表现出的深意和他的人品都颇为赞赏。

李纯甫的诗学观点与他的文论观点基本一致，据《归潜志》记载："李屏山教后学为文，欲自成一家，每曰：'当别转一路，勿随人脚跟。'故多喜奇怪，然其文亦不出庄、左、柳、苏，诗不出卢仝、李贺。晚甚爱杨万里诗，曰：'活泼刺底，人难及也。'"[1]李纯甫认为，写文章也要自成一家。在《西岩集序》中，他说明了自己对文章的看法，"其心之声发而为言，言中理谓之文，文而有节为之诗。然则诗者，文之变也"。他认为，文与诗本质上是一致的，都是个人心志的表现，所以他的文与诗的理论主张是基本一致的。

李纯甫的诗学观点，我们不能看到全貌，但他在《西岩集序》中的主张还是非常明确的。他的"惟意所适""各言其志"、追求个性化风格、批评模仿之风等观点在当时诗坛都有着积极的意义。金代中期，江西诗派的创作风气弥漫诗坛，追求雕镌尖刻的风气很盛，形式上的模仿限制了真性情的抒发，李纯甫的主张正切中要害，对扭转诗坛风气具有一定的意义。

---

[1]《归潜志》卷8，第87页。

第三节　李纯甫诗歌作品中的思想变化

李纯甫的诗歌现存 29 首，大部分诗歌不能确定创作时间，但诗歌明显表现出了两种不同的审美特征，这两类诗歌呈现的精神风貌也明显不同。

一、表现"儒家子"积极进取精神的诗歌

在李纯甫留存的诗歌中，有一类诗歌的内容表现出了积极进取的精神风貌，这些诗歌或是赠别，或是写景，或是题画，都表现出了一种仕进的渴望，一种对激越生活的向往。从艺术角度看，这些诗歌想象丰富，意境壮伟，奇崛险怪，呈现出一种不流畅的生涩的美感，也表现出了一种内在的强大力量。这类诗歌应该是作者早期的诗歌，是作者积极仕进的心志的流露，也是作者作为"儒家子"时，治国平天下的理想的展示。例如：

雪后

玉环晕月蟠长虹，飞沙卷土号阴风。黄云幂幂翳晴空，屋头唧唧鸣寒虫。天符夜下扶桑宫，玄冥震怒鞭鱼龙。鱼龙飞出沧海底，呬嗟如律愁神工。急斡北斗卷云汉，凌澌卷入天瓢中。椎璋碎璧纷破碎，六花剪出寒珑璁。翩翩作穗大如手，千奇万巧难形容。恍如堕我银沙界，清光缟夜寒朣胧。肝肠作祟耿无寐，试把往事闲追穷。男儿生须衔枚卷甲臂琱弓，径投虎穴策奇功。不然羊羔酒涨玻璃钟，侍儿醉脸潮春红。谁能蹇驴驼着灞陵东，骨相酸寒愁煞侬。屏山正吐黄虀气，笑倒坐间亡是公。①

---

① ［金］元好问编纂，薛瑞兆校订：《中州集校订》，广陵书社 2019 年版，第 317 页。

这首诗中作者描绘出了一幅阴云密布、风雪涌动的壮伟景象,"黄云幂幂翳晴空,屋头唧唧鸣寒虫。天符夜下扶桑宫,玄冥震怒鞭鱼龙。鱼龙飞出沧海底,呦嗟如律愁神工。急斡北斗卷云汉,凌澌卷入天瓢中"。诗歌中充满着神奇的想象,诗境非常阔大。大自然风云翻卷的景象,引发了作者内心的进取热望,"男儿生须衔枚卷甲臂弸弓,径投虎穴策奇功",可见此时作者建立功业的愿望非常强烈。正是这样强烈的内在渴望与自然景象的碰撞,才构筑出了这样雄奇壮伟的诗篇。

赤壁风月笛图

  钲鼓掀天旗脚红,老狐胆落武昌东。书生那得麈白羽,谁识潭潭盖世雄。裕陵果用轼为将,黄河倒捲湔西戎。却教载酒月明中,船尾呜呜一笛风。九原唤起周公瑾,笑煞儋州秃鬓翁。①

这是一首为苏轼《赤壁风月笛图》写的题画诗。从题目看,画作是赤壁景色,其中有风、月、笛,涉及笛子,当然有吹笛之人。从诗歌内容看,画作中皓月当空,赤壁江面上小船徐徐前行,雅士乘船载酒,优雅的笛声在江面荡漾。

  题画诗本是文人的娴雅之作,这幅画也是描绘文人的风月雅趣的画作,但是在这首题画诗中表现出的却不是文人淡泊的情怀,而是一种建立功业的豪情。画作的地点是赤壁,但画作中肯定没有描绘赤壁大战的场景,在诗歌中李纯甫通过赤壁地点的联想,描绘出了三国时期周郎赤壁大战的景象,"钲鼓掀天旗脚红,老狐胆落武昌东。书生那得麈白羽,谁识潭潭盖世雄",战鼓、旌旗、周郎的雄姿、曹军的溃败、曹操的落魄,这一切都在李纯甫的诗句中重现,这样建立不朽功业的场面激动人心,儒雅将帅成了无数文士的理想形象。现实是残酷的,苏轼是一代才士,他本可以建立不朽功业,"裕陵果用轼为将,黄河倒捲湔西戎",但只能"却教载酒月明中,船尾呜呜一

---

① 《中州集校订》,第317页。

笛风",在赤壁江面,月下船中,吹笛饮酒,抒发情怀。这首诗歌同样表现了李纯甫希望建立功业的渴望,他把自己的激情寄托在对周郎功业的赞美之中。这首诗语言自然流畅,风格雄豪浑厚,诗境阔大,诗意流转自如,意蕴深厚,极具表现力。

送李经

髯张元是人中雄,喜如俊鹘盘秋空。怒如怪兽拔古松,老我不敢婴其锋。更着短周时缓颊,智囊无底眼如月。斫头不屈面如铁,一说未穷复一说。勍敌相扼已铮铮,二豪同军又连衡。屏山直欲把降旌,不意人间有阿经。阿经瑰奇天下士,笔头风雨三千字。醉倒谪仙元不死,时借奇兵攻二子。纵饮高歌燕市中,相视一笑生春风。人憎鬼妒愁天公,径夺吾弟还辽东。短周醉别默无语,髯张亦作冲冠怒。阿经老泪如秋雨,只有屏山拔剑舞。拔剑舞,击剑歌,人非麋鹿将如何。秋天万里一明月,西风吹梦飞关河。此心耿耿轩辕镜,底用儿女肩相摩。有智无智三十里,眉睫之间见吾弟。[张谓伯玉,周为晦之]①

这首诗是李纯甫送别李经的诗篇。诗歌写于李经落第离京前,很明显是在写宴饮的情景。诗歌想象奇特,用词奇崛,境界阔大,力度感强。诗歌明显追求生涩新奇之美感,例如写张伯玉的诗句:"髯张元是人中雄,喜如俊鹘盘秋空。怒如怪兽拔古松,老我不敢婴其锋。"写李经落第返乡的诗句:"人憎鬼妒愁天公,径夺吾弟还辽东。"与《雪后》相同,这首诗也表现出一种激越的情感,这是作者内在的仕进愿望的一种表现。

赠高仲常

借问高书记,南征又北征。从军元自乐,游子若为情。笔下三千

---

① 《中州集校订》,第317~318页。

牍，胸中百万兵。伤弓良小怯，弹铗竟何成。惨淡风尘际，悲凉鼓角声。别家四十日，并塞两三程。斗绝牛皮岭，荒寒燕赐城。吟边白鸟没，醉里莫云横。感慨悲王粲，颠狂笑祢衡。虎贲多将种，底用两书生。①

这是李纯甫送高仲常赴任的诗歌，据《中州集》作家小传记载，高仲常为王庭筠外甥，诗笔字画皆有其舅之风，太学中无人可与之抗衡。从诗歌内容看，这首诗歌应该是高仲常出征塞外归来时李纯甫的赠诗。高仲常本为书生，但被委以重任，衔命出塞。李纯甫对高仲常的才能颇为赞赏，"笔下三千牍，胸中百万兵"，认为他文韬武略都很出色。作为一个文士，能够南征北战，疆场纵横，也是人间快事，"感慨悲王粲，颠狂笑祢衡"，高仲常的人生是充满激情的人生，李纯甫在诗歌中表现出了对这种生活的向往之情。因为此时李纯甫的心中仍然有着建立功业的渴望，所以他向往一种展示男子豪情的驰骋疆场的生活。从艺术角度看，诗歌语言比较自然流畅，写景叙事浑然一体，字里行间充满豪情，表现出了一种苍凉、浑厚之美。

从这些诗歌可知，李纯甫一部分诗歌表现了他积极的仕进态度，展示了他内心建立功业的强烈愿望，这与李纯甫自言曾是"儒家子"有密切的关系。这类诗歌往往想象丰富，气势宏伟，奇崛厚重，颇似韩愈诗歌。这些诗歌虽然不能准确确定创作时间，但大多应该创作于他积极追求仕进的时期。

二、表现"佛家子"随缘自在妙理的诗歌

李纯甫的另一类诗歌是随缘随性之作，多温和自然，圆通流畅，内容多写淡泊的生活情趣、洒脱随性的生活态度、自在自然的状态、参禅顿悟的妙理等，这类诗歌想象也很丰富，少了宏伟奇崛，多了精妙灵秀，呈现出了一种新的精神状态。

---

① 《中州集校订》，第319～320页。

偶得

包裹青衫已十年,聪明更觉不如前。簿书丛里先抽手,鼓笛场中少息肩。瓶底剩储元亮粟,叉头高挂老坡钱。会须着我屏山下,了却平生不问天。①

这首诗歌应该是李纯甫中年以后的作品,题目为"偶得",说明是他突然感觉到自己老了。在卑微的官位上已经蹉跎十年,李纯甫觉得自己好像有点迟钝了。以后的生活如何度过?"簿书丛里先抽手,鼓笛场中少息肩",他改变自己的生活方式,减少自己的各种渴望,追求一种简单的生活,平平淡淡,自自然然,"会须着我屏山下,了却平生不问天",随缘自在,了却平生。这首诗语言淳朴,意脉流畅,是一首自然淳朴的诗,与白居易诗歌颇有几分相似。

杂诗六首

颠倒三生梦,飞沉万劫心。乾坤头至踵,混沌古犹今。黑白无真色,宫商岂至音。维摩懒开口,枝上一蝉吟。

又

乾坤大聚落,今古小朝昏。诸子蝇钻纸,群雄虱处裈。一心还入道,万物自归根。却笑幽忧客,空招楚些魂。

又

丹凤翔金鼎,苍龙戏玉池。心源澄似水,鼻息细于丝。枕上山川好,壶中日月迟。神仙学道者,那许小儿知。

又

空译流沙语,难参少室禅。泥牛耕海底,玉犬吠云边。仰峤圆茶梦,曹山放酒颠。书生眼如月,休被衲僧穿。

---

① 《中州集校订》,第 321 页。

又

狡兔留三窟，猕猴戏六窗。情田锄宿草，心月印澄江。酒戒何曾破，诗魔先已降。雄蜂雌蛱蝶，正自不成双。

又

道义富无敌，诗书贵不赀。浮生几两屐，狂乐一绚丝。豪侠非吾友，臞儒即我师。谁知茅屋底，元自有男儿。[①]

这组诗歌共六首，题为"杂诗"，说明作者认为这些诗虽为一组，但没有共同的主题，又因为内容相类，形式相同，所以列为一组。从内容看，这六首诗都是作者参禅顿悟的诗歌。第一首，世间万物万象，难寻本真。维摩诘不开口，但道在无言中。所以需要修行才能认识世间的本真。第二首，"一心还入道，万物自归根"，诸子、群雄的境界都显得很小，万物都归于一根，生死也只是一瞬。第三首，描绘了纯净美丽的求道境界，这是一般人难以理解的境界。第四首，描写了参禅的过程，这也是不容易顿悟的。第五首，说明六识本为一，但是抓住本质并不容易，"狡兔留三窟，猕猴戏六窗"，"留三窟""戏六窗"都说明难以抓住本体，所以需要不断地去除"情田"之草，保持纯净的心境，不破酒戒，不为诗魔困扰。李纯甫感觉自己正在走向六根去除的境界。第六首，说明"道义"是最富有的东西，"诗书"的价值也不可估量，而人生只是浮尘而已，没有必要因为俗事而兴奋、烦恼。作者追求的是诗书和道义，"豪侠非吾友，臞儒即我师"，这是李纯甫人生道路的书写，儒家思想曾经激励他积极追求仕进，希望建立伟业，但现在他过着茅屋中的淡泊生活，以诗书为伴，追求道义。

这些诗歌描写了他参禅的过程及对道的认识，这些都是抽象的，但作者要使其形象化，所以诗歌中运用了大量的比喻，想象很丰富，"丹凤翔金鼎，苍龙戏玉池"描绘参禅修行的美好境界，"泥牛耕海底，玉犬吠云边"形容

[①] 《中州集校订》，第 322 页。

参禅顿悟过程的艰难,"情田锄宿草,心月印澄江"强调保持心境纯净的路径等,作者选用了美好的意象展示抽象的意识状态,使得诗境美丽纯净。这些诗歌已经没有了奇崛险怪,多了一份自然纯净,这是作者精神状态和心理状态在诗歌中的表现。可见,此时作者已经没有了积极仕进的愿望,"谁知茅屋底,元自有男儿",偶尔提及当年心志,也只是自己内心深处的记忆。

  从上面的论述可见,李纯甫的这类诗歌的内容与他接受佛教理论有密切关系,佛家理论使得他的仕进之心渐渐消退,内心的激情已经转变为参禅礼佛的淡泊情怀。诗歌内容的变化也带来了艺术特色的变化,他的诗歌语言自然,意脉圆通,诗境纯净澄澈,诗中的意象已经转变为传达佛理禅意的载体,此时的诗歌意蕴更加精妙深厚,具有一种引人思考感悟的魅力。

  综观李纯甫的诗学观点与诗歌创作,可见他的诗学观念及创作与他的儒学思想的变化密切相关,如果不了解李纯甫的儒学思想,就难以真正理解他文学观念的形成与文学创作的变化。

第九章　王若虚儒学思想的特征

王若虚（1174—1243），字从之，号慵夫，藁城（今河北藁城）人，金亡不仕，因藁城位于滹沱河南岸，故晚年又自号滹南遗老。金承安二年（1197）进士，传见《金史·文艺传》。王若虚是金代著名经学家、史学家、文学理论家。他博学多才，见解独到，在经学、史学、文学诸领域都有重要贡献，在金元之际学术界具有非常重要的地位。他的学术成就在明清都有一定的影响。据《金史》本传和元好问《内翰王公墓表》所载，王若虚有《滹南遗老集》和《慵夫集》传世。《慵夫集》元时已佚，现存《滹南遗老集》。

第一节　学界评价：探寻真谛，力求其正

《慵夫集》的内容我们现在无法看到，但从《滹南遗老集》中可以看到，王若虚学识渊博，致力于经学、史学研究，而且颇有心得。"此本凡《五经辨惑》二卷、《论语辨惑》五卷、《孟子辨惑》一卷、《史记辨惑》十一卷、《诸史辨惑》二卷、《新唐书辨》三卷、《君事实辨》二卷、《臣事实辨》三卷、《议论辨惑》一卷、《著述辨惑》一卷、《杂辨》一卷、《谬误杂辨》一卷、《文辨》四卷、《诗话》三卷、杂文及诗五卷，与四十五卷之数合。"[①]《滹南遗老集》多为辨惑类文章，内容涉及经、史、文论、诗文。经、史类占比较大。对于这部著作，纪晓岚评价道："统观全集，偏驳之处诚有，然金、元之间学有根

[①]《钦定四库全书总目》，第2200页。

柢者，实无人出若虚右。吴澄称其'博学卓识，见之所到，不苟同于众'，亦可谓不虚美矣。"① 纪晓岚主持修订四库全书，遍观百家著作，能对王若虚有如此高的评价，亦是难得。他引用吴澄的评价赞美王若虚，是很有说服力的，因为吴澄乃元初重要的儒学大家，与许衡齐名，有"北许南吴"之称，他认为王若虚博学卓识，见识"不苟同于众"，这也是他对王若虚学识的赞赏。

对于《滹南遗老集》中的主要内容，纪晓岚的评价为：

> 其《五经辨惑》颇诘难郑学，于《周礼》《礼记》及《春秋三传》，亦时有所疑。然所攻者皆汉儒附会之词，亦颇树伟观。其自称不深于《易》，即于《易》不置一词，所论实止四经，则亦非强所不知者矣。《史记辨惑》《诸史辨惑》《新唐书辨》皆考证史文，掊击司马迁、宋祁似未免过甚，或乃毛举细故，亦失之烦琐。然所摘迁之自相牴牾与祁之过于雕斫，中其病者亦十之七八。《杂辨》《君事实辨》《臣事实辨》皆所作史评。《议论辨惑》《著述辨惑》皆品题先儒之是非，其间多持平之论，颇足破宋人之拘挛。《杂辨》二卷，于训诂亦多订正。《文辨》宗苏轼，而于韩愈间有指摘。《诗话》尊杜甫，而于黄庭坚多所訾议。盖若虚诗文不尚劐削锻炼之格，故其论如是也。②

这段评价主要有以下观点：第一，王若虚多攻击汉儒附会之词，对《周礼》《礼记》《春秋三传》多有疑惑，在辨析中往往有自己独到的见解。第二，知之为知之，不知为不知，不强辨自己不知道的问题。第三，史书辨惑多能切中弊端，但掊击过甚，亦有烦琐之失。第四，品评先儒言论的是非，观点持平，打破了宋儒的拘泥状态。第五，文辨、诗话宗苏尊杜，对韩愈、黄庭坚多有批评。《钦定四库全书总目》的这段评价，对王若虚多有赞美，但也

---

① 《钦定四库全书总目》，第 2200 页。
② 同上。

没有避讳他的缺点,评价比较客观。

《滹南遗老集》有四篇引文,从不同方面对王若虚的学术成果进行了评价。下面是李治的引文:

黄鸟止于邱阿,流丸止于瓯臾,群言止于公是。夫言生于人心,心既不同,言亦各异。其在彼也一是非,其在此也一是非。左右佩剑,其谁能正之?必有大人者出,独立当世,吐辞立论,扫流俗之所徇,取古今天下之所共与者与诸人,有以塞其口而厌其心,而后呶呶之说息矣。自秦火以来,汉武帝表章六经,不谓无功于圣人。然诸儒曲学,往往反为所汩,陵迟至于唐、宋,人自为说,虽其推明隐奥为多,其间踳驳淆混,诖误后生,盖亦不少。顾六经且如是,况百家乎?子长,实录也,刘子玄黜其烦;孟坚,巨笔也,刘贡父刊其误;子京,俊才也,刘器之病其略。顾史氏且如是,况杂述乎!然则有人于此,品藻其是非,觇缕其得失,使惑者有所释,郁者有所伸,学者有所适从,则其泽天下也,不既厚矣乎。今百余年鸿生硕儒,前后踵相接,考其撰著,匐礴彪炳。今文古文,无代无之。惟于议论之学,殆为阙如。岂其时物文理,相与为污隆耶?其磊落之才,闳大之器,深识英眊,为世欐表者,不常有耶?抑亦有其人,遭世多故,不幸而无以振发之也。滹南先生,学博而要,才大而雅,识明而远,所谓"虽无文王犹兴"者也。以为传注,六经之蠹也,以之作《六经辨》;《论》《孟》,圣贤之志也,以之作《论孟辨》;史所以信万世,文所以饬治具,诗所以道情性,皆不可后也,各以之为辨。而又辨历代君臣之事迹,条分区别,美恶著见,如粉墨然。非夫独立当世,取古今天下之所共与者与诸人,能然乎哉?呜呼,道之不明也久矣,凡以群言掩之也,故卑者以陷,而高者以行怪;拙者以惛,而巧者以徇欲。传者如是,受之者又如是,尖纤之逞而浮诞之夸,吾将见天下之人一趋于坏而已耳。如先生之学,诚处之王公之贵,赖以范世填俗,其庶乎道复明于今日也。先生今已矣,后百年千年得一人焉。食先生之余，广先生之心，能使斯文之不坠，则虽百年千年吾知其为一日也。栾城李治引。①

李治当为王若虚的追随者，他的这篇引文站在学术发展史的高度肯定了王若虚《滹南遗老集》的价值。首先说明，群言不一的情况下，只有重要的学术人物才能平息众说纷纭的乱象。接着说明，儒学的发展过程中也出现了众说纷纭的乱象，六经的一些真实义理往往因各种原因被掩盖、歪曲，"自秦火以来，汉武帝表章六经，不谓无功于圣人。然诸儒曲学，往往反为所汨，陵迟至于唐、宋，人自为说，虽其推明隐奥为多，其间踳驳淆混，诖误后生，盖亦不少"。与六经的情况相同，诸子学、史学、杂述的情况更甚。学术出现这样的情况，就需要有人改变现状，"然则有人于此，品藻其是非，觇缕其得失，使惑者有所释，郁者有所伸，学者有所适从，则其泽天下也，不既厚矣乎"。百余年以来，鸿生硕儒也对六经做了许多考订工作，成果颇丰。但是缺乏议论学的人才，"今百余年鸿生硕儒，前后踵相接，考其撰著，笥磕彪炳。今文古文，无代无之。惟于议论之学，殆为阙如。岂其时物文理，相与为污隆耶？其磊落之才，闳大之器，深识英眇，为世樞表者，不常有耶？抑亦有其人，遭世多故，不幸而无以振发之也"。

作者在论述了学术史上的问题之后，把王若虚放在这样的大背景下来评价。"滹南先生，学博而要，才大而雅，识明而远，所谓'虽无文王犹兴'者也。以为传注，六经之蠹也，以之作《六经辨》；《论》《孟》，圣贤之志也，以之作《论孟辨》；史所以信万世，文所以饬治具，诗所以道情性，皆不可后也，各以之为辨。而又辨历代君臣之事迹，条分区别，美恶著见，如粉墨然。非夫独立当世，取古今天下之所共与者与诸人，能然乎哉？"王若虚对经、史、诗、文中的问题，都提出了自己的见解。他学识渊博，见识符合情理，见解易于被人们接受，所以他的观点可以平息一些学术纷扰。在引文的

---

① 《滹南遗老集校注》序引，第1~2页。

最后，李治高度评价了王若虚的著作，认为他的作品可以明道。因为学者高下混杂，心志各异，儒道的传承出现了各种歪曲，儒道本真不同程度被遮蔽。"呜呼，道之不明也久矣，凡以群言掩之也，故卑者以陷，而高者以行怪；拙者以惛，而巧者以徇欲。传者如是，受之者又如是，尖纤之逞而浮诞之夸，吾将见天下之人一趋于坏而已耳。"在这样的情况下，王若虚的出现，为儒道之复明点燃了希望。李治认为王若虚之学以其高贵的姿态、公正的心志，为儒士树立了典范，他的使命似乎就是使儒道复明于当世。王若虚是难得的人才，虽千百年才得一人。"如先生之学，诚处之王公之贵，赖以范世填俗，其庶乎道复明于今日也。先生今已矣，后百年千年得一人焉。食先生之余，广先生之心，能使斯文之不坠，则虽百年千年吾知其为一日也。"这些文字是对王若虚的极高评价，从中也可见作者对唐宋以来儒学的繁杂现象极为不满，认为只有王若虚这样的人才能恢复儒学的本来面目。这个评价有偏颇之嫌，对王若虚在儒学史上的地位评价偏高，但他对王若虚的治学路径和治学态度的评价是公正的。在《滹南遗老集》中，王若虚确实是在寻找六经的本义、历史的真相，也在为诗文寻找一个适合的发展方向。

《滹南遗老集》的又一则引文的作者是王鹗。王鹗（1181—1273），字百一，曹州东明人。及第后，授应奉翰林文字，官左右司郎中。入元后，官至翰林学士承旨。《元史》有传。王鹗是王若虚的追随者，王若虚也给予他特别的关爱，"然爱予最深，诲予最切，愈久愈亲者，滹南先生一人而已"[①]。他对王若虚的印象是"先生性聪敏，早岁力学，以明经中乙科，自应奉文字至为直学士，主文盟几三十年，出入经传，手未尝释卷。为文不事雕篆，唯求当理，尤不喜四六。其主名节，区别是非，古人不贷也。壬寅之春，先生归自范阳，道顺天，为予作数日留，以手书四帙见示，曰：'吾平生颇好议论，尝所杂著，往往为人窃去，今记忆止此，子其为我去取之'"[②]。王若虚

---

① 《滹南遗老集校注》序引，第3页。

② 同上注，第3~4页。

对王鹗特别信任，在人生的最后时段，把文稿交与王鹗，这一文稿就是后来刊印的《滹南遗老集》，王鹗小心保存遗稿，王若虚这一著作才得以传世。

对于这部书稿，王鹗是认真研读者，他对王若虚的著作及学问的评价也很重要。"予为先生之学之大，本诸天理，质诸人情，不为孤僻崖异之论。如三老、三宥、五诛、七出之说，前贤不敢置议，而先生断之不疑。学者当于孔孟而下求之，不然，殆为不知先生也。"短短的几句话，说明了几重意思：第一，王若虚的著作本诸天理、人情，力求学问之正，不作怪异之论；第二，对于已有论述，敢于提出质疑；第三，王若虚的学问直承孔孟，是孔孟之学的真正承继者。

从《钦定四库全书总目》的简介和上面的两篇引文看，纪晓岚、吴澄、李治、王鹗等人对王若虚的评价是基本一致的，一方面认为王若虚辨明了汉儒以下解经中的不合理之处，在恢复经学的本来面目方面有着重要贡献；另一方面，说明王若虚摆脱了汉儒形成的解经窠臼，他渊博的学识和求真的精神是值得后人学习的。

第二节　王若虚的主要儒学观点

王若虚的儒学观点首先表现在他的《滹南遗老集》卷三的《论语辨惑序》与《总论》中。在这两篇序文中，王若虚直接阐述了自己的儒学观点，而这些观点主要是就《论语》而论的。

一、揆以人情而约之中道

"揆以人情而约之中道"，这是王若虚解经的主要思想。他在阐述自己的观点时，批评了解经中的不良现象。他的这一观点主要是在《论语辨惑序》

中提出来的。

> 解《论语》者，不知其几家，义略备矣。然旧说多失之不及，而新说每伤于太过。夫圣人之意或不尽于言，亦不外乎言也。不尽于言而执其言以求之，宜其失之不及也；不外乎言而离其言以求之，宜其伤于太过也。盍亦揆以人情而约之中道乎？尝谓宋儒之议论不为无功，而亦不能无罪焉。彼其推明心术之微，剖析义利之辨，而斟酌时中之权，委曲疏通，多先儒之所未到，斯固有功矣。至于消息过深，揄扬过侈，以为句句必涵养气象，而事事皆关造化，将以尊圣人，而不免反累；名为排异端，而实流于其中。亦岂为无罪也哉！至于谢显道、张子韶之徒，迂谈浮夸往往令人发笑。噫，其甚矣。永嘉叶氏曰："今世学者，以'性'为不可不言，'命'为不可不知。凡六经孔子之书，无不牵合其论，而上下其词，精深微妙，茫然不可测识。而圣贤之实犹未著也。昔人之浅，不求之于心也；今世之妙，不止之于心也。不求于心，不止于心，皆非所以至圣贤者。"可谓切中其病矣。晦庵删取众说，最号简当，然尚有不安及未尽者。窃不自揆，尝以所见正其失而补其遗，凡若干章，非敢以传世也，姑为吾家童蒙之训云。①

这一篇序文中，作者首先指出了解经的弊端，他认为，前人解经往往难以说尽经义的全部内涵，而近代解经往往会过度发挥经文中并没有表达出的意思。这两种解经方式都是不可取的。于是，王若虚提出了"揆以人情而约之中道"的观点。王若虚重点分析了宋儒解经的功与过："尝谓宋儒之议论不为无功，而亦不能无罪焉。彼其推明心术之微，剖析义利之辨，而斟酌时中之权，委曲疏通，多先儒之所未到，斯固有功矣。至于消息过深，揄扬过侈，以为句句必涵养气象，而事事皆关造化，将以尊圣人，而不免反累；名

---

① 《滹南遗老集校注》卷3，第33页。

为排异端，而实流于其中。亦岂为无罪也哉！"在分析宋儒的解经之功时，他谈到了三点，首先是对心性的探析、发挥，其次是对义与利的辨析，最后是对权变的斟酌、疏通，这三点是宋儒解经之功。同时，王若虚也指出了宋儒解经之罪，认为他们过度赞美，过度发挥，以为六经句句都有涵养气象，事事都与造化相关，最终流于异端，这是宋儒的重大罪过。王若虚接着说明，一些有识之士也意识到了这个问题，永嘉叶适也提出了几乎相同的观点，"永嘉叶氏曰：'今世学者，以"性"为不可不言，"命"为不可不知。凡六经孔子之书，无不牵合其论，而上下其词，精深微妙，茫然不可测识。而圣贤之实犹未著也。昔人之浅，不求之于心也；今世之妙，不止之于心也。不求于心，不止于心，皆非所以至圣贤者。'可谓切中其病矣"。王若虚认为叶适的论断切中宋代理学家解经的弊端，这样对六经性理方面的过度发挥，必然走向佛老之途，使六经本身的特征迷失，这就是他对宋儒解经易于"流入异端"的担忧。

王若虚辩证地分析宋儒的解经情况，充分肯定了宋儒解经的成就，批评了宋儒解经中的问题及其危害，表现出了客观公正的批评态度。为了纠正解经中的各种问题，王若虚提出了守中道、重人情的解经原则，这一解经原则贯穿于他的辨惑文章中。例如：

> 孔子言，曾子信之，有若疑之，子游证之，更相辨明而其理乃定。有若之贤，似过于曾子，要皆以孔子为准，而非其所自见也。使孟子处之，当不如此。盖君子之道，人情而已。丧而遂欲速贫，死而遂欲速朽，非人情也。不近人情，便非君子之道。[①]

孔子的"丧欲速贫，死欲速朽"这句话出自《礼记·檀弓上》，对于这句话的本意，孔子的学生就有争议。曾子深信不疑，有子提出了质疑，子游

[①]《滹南遗老集校注》卷2，第15页。

证实了有子的质疑。王若虚认为，孔子追求的君子之道，是人情之道，如果单从"丧欲速贫，死欲速朽"的表层意思来看，失去官职就快速贫穷，死亡之后就快速腐朽，这完全不符合人之常情，所以这个意思肯定不是孔子的本意。有子提出质疑，其质疑的根据也是不符合人情的。最后子游证实了有子的质疑，孔子此言是有语言环境的，是针对具体的人和事的。

在王若虚的辨惑文中，他特别强调了礼与人情的关系，例如《五经辨惑下》第七则云："《礼器》云：'礼之近于人情者，非其至者也。'此最害礼。夫圣人制礼，未尝不出于人情，而曰近之者非其至，是岂君子之言耶？"① 对于《礼记·礼器》中的这句话，王若虚直接提出了质疑，理由就是，圣人制礼都是以人情为依据的，《礼器》中的这句话认为近于人情的礼不是礼的最高境界，这违背了圣人制礼的依据。又如《五经辨惑下》第十二则云："《礼》：'小功不税'。而曾子讥之。吾以为是。孔氏皆丧出母，而子思变之。吾以为非。礼者，人情而已矣。"②《礼记·檀弓上》中曾子认为："小功不税，则是远兄弟终无服也，而可乎？"这是曾子对"小功不税"的讥讽。在这则辨惑中，王若虚直接以人情为依据，说明了曾子的讥讽是正确的，因为"小功不税"这样的做法不符合人情，所以王若虚同意曾子的观点。对于子思"不丧出母"的观点提出了批评，认为这样做是不符合人情的，也不符合圣人的本意。

王若虚对《礼记》《周礼》的批评比较多，他以人情为依据对一些规定提出质疑，对这些疑问的辨析有的过于主观化、简单化，例如《五经辨惑下》第十三则："东莱云：'《周礼》者，古帝王之旧典礼经也。始于上古而成于周，故曰《周礼》。'予谓此书迂阔烦渎，不可施之于世，谓之《周礼》，已自不可信，又可谓古帝王之典乎？"③ 王若虚认为《周礼》迂阔烦渎，不合

----

① 《滹南遗老集校注》卷2，第21页。
② 同上注，第23页。
③ 同上。

于人情，不能在现实中实施，所以不能说是古代帝王的礼经。这一判断明显带有主观性、片面性。当然，这与王若虚的儒学思想有着密切关系，他认为儒学经典具有符合人情的特点，同时又具有现实性，不符合人情、不合于现实的经典就不是圣人的本意，也不是圣人创制的经典。

二、批评宋儒解经过深、过高、过厚

对于宋儒解经中的问题王若虚在《总论》中进行了具体辨析。这一篇文章是他《论语辨惑序》中观点的进一步阐发。

解《论语》者有三过焉：过于深也，过于高也，过于厚也。圣人之言亦人情而已，是以明白而易知，中庸而可久。学者求之太过，则其论虽美而要为失其实，亦何贵乎此哉。夫子之言性与天道，子贡自谓其不得闻，而宋儒皆以为实闻之。问死问鬼神，夫子不以告子路，而宋儒皆以为实告之。《乡党》所载，乃圣人言动之常，无意义者多矣，而或谓与《春秋》相表里。终篇唐舜禹汤之事，寂寥残缺，殆有阙文，不当强解，而或谓圣学所传，所以著明二十篇之大旨。若是之类，皆过于深者也。圣人虽无名利之心，然常就名利以诱人，使之由人欲而识天理，故虽中下之人皆可企而及兹。其所以为教之周也。如曰"不患莫己知，求为可知也"，此正就名而使之求实耳。而谢显道曰：是犹有求知之意，非圣人之至论。子张学干禄，夫子为言得禄之道，此正就利而使之思义耳。而张九成曰："圣人之门，无为人谋求利之说。禄之为义，自足而已。"宁武子"邦无道则愚"，夫子以为不可及。杨龟山曰："有知愚之名，则非行其所无事。言不可及，则过乎中道矣。"蘧伯玉邦无道则卷而怀之，夫子以为君子。而张南轩曰："此犹有卷怀之意，未及乎潜龙之隐见。"果圣人之旨乎？若是之类，皆过于高者也。凡人有好则有恶，有喜则有怒，有誉则有毁。圣人亦何以异哉？而学者一以春风和气期之，凡忿疾讥斥之辞必周遮护讳而为之说。子曰："十室之邑，必有忠信如丘者焉，不如丘之好学也。"此盖笃实教人，欲其知所勉耳。而卫瓘以"焉"字属下句，意谓圣人不敢以不学待天下也。此正缪戾，而世或喜之。子曰："四十五十而无闻焉。斯亦不足畏也已。""年四十而见恶焉，其终也已。"人故有晚而改节者，亦概观之，亦可见其终身矣。而苏东坡皆疑其有为而言。子贡问当时从政者，夫子比之斗筲而不数，盖师弟之间商评之语，何害于德？而张九成极论以为自称之辞。至于杖叩原壤，呼之为贼，此其鄙弃，无复可疑，而范纯夫犹有因其才而教诲之。若是之类，皆过于厚者也。知此三者而圣人之实著矣。①

这篇文章一开始就提出宋儒解经的问题是过深、过高、过厚，在说明这个问题时，首先说明"圣人之言亦人情而已，是以明白而易知，中庸而可久。学者求之太过，则其论虽美而要为失其实，亦何贵乎此哉"。圣人之言亦人情而已，这是就儒学的社会功能而论，儒学产生是为了"治天下"，它必然是在"人情"的基础上建构自己的理论的，所以要明白易知，中庸可久，如果过度发挥、阐释，必然会远离儒学的基本思想，会对儒学造成伤害。接着作者举出了具体例证说明宋儒解经过深、过高、过厚的情况。"夫子之言性与天道，子贡自谓其不得闻，而宋儒皆以为实闻之。问死问鬼神，夫子不以告子路，而宋儒皆以为实告之。《乡党》所载，乃圣人言动之常，无意义者多矣，而或谓与《春秋》相表里。终篇唐舜禹汤之事，寂寥残缺，殆有阙文，不当强解，而或谓圣学所传，所以著明二十篇之大旨。若是之类，皆过于深者也。"关于性与天道的问题，关于鬼神的问题，关于《乡党》篇的意义等方面，宋儒的解释过于深，挖掘到了孔子本没有谈到的深度，这也是对孔子思想的一种偏离。

关于解经过高的情况，王若虚也举出了若干例证加以说明。"圣人虽无名利之心，然常就名利以诱人，使之由人欲而识天理，故虽中下之人皆可

---

① 《滹南遗老集校注》卷3，第34～35页。

企而及兹。其所以为教之周也。如曰'不患莫己知，求为可知也'，此正就名而使之求实耳。而谢显道曰：是犹有求知之意，非圣人之至论。子张学干禄，夫子为言得禄之道，此正就利而使之思义耳。而张九成曰：'圣人之门，无为人谋求利之说。禄之为义，自足而已。'宁武子'邦无道则愚'，夫子以为不可及。杨龟山曰：'有知愚之名，则非行其所无事。言不可及，则过乎中道矣。'蘧伯玉邦无道则卷而怀之，夫子以为君子。而张南轩曰：'此犹有卷怀之意，未及乎潜龙之隐见。'果圣人之旨乎？若是之类，皆过于高者也。"首先，王若虚认为，圣人虽然没有名利之心，但在论述道理的时候往往会以名利来引导，使得普通人可以理解。孔子谈名副其实的问题，宋儒认为除了求知，还有高深之意。孔子为子张谈得禄之道，其实就是引导他由利思义，宋儒认为圣人不谋利，禄就是义。孔子说宁武子之愚是常人做不到的，宋儒认为孔子的本意是在中道之上。"邦无道则卷而怀之"是谈君子处世之道，宋儒认为说明了潜龙隐现的道理。这些例证都说明了宋儒解经过程中的过高之弊，这些解释把孔子的本意拔高，也偏离了孔子的基本思想。

  关于解经过厚的问题，王若虚同样举例说明了情况。首先王若虚认为孔子的言论可能是在不同的情绪下发出的，解经应该考虑具体的情境。对孔子的言论没有必要进行多重复杂的解读。"凡人有好则有恶，有喜则有怒，有誉则有毁。圣人亦何以异哉？而学者一以春风和气期之，凡忿疾讥斥之辞必周遮护讳而为之说。"接着举出了一些解经例证，"子曰：'十室之邑，必有忠信如丘者焉，不如丘之好学也。'此盖笃实教人，欲其知所勉耳。而卫瓘以'焉'字属下句，意谓圣人不敢以不学待天下也。此正缪戾，而世或喜之。"这是孔子教育勉励别人的话，卫瓘当然也认为有勉励之意，但还认为是圣人对自己的高要求。"子曰：'四十五十而无闻焉。斯亦不足畏也已。''年四十而见恶焉，其终也已。'人故有晚而改节者，亦概观之，亦可见其终身矣。而苏东坡皆疑其有为而言。"王若虚认为这是孔子关于四五十岁时的学养情况的言论，这样年纪的人也有晚节改变的，但大多数人如果此时学养还不好，终身难以改变。但苏轼认为孔子是以四五十的情况激励人们奋发向上。"子贡问当时从政者,夫子比之斗筲而不数,盖师弟之间商评之语,何害于德?而张九成极论以为自称之辞。"王若虚认为这是孔子与子贡谈论当时的从政者,其实就是师徒之间的品评之语,与道德没有什么关联,但张九成却认为这不仅仅是人物品评之语,而且是孔子对自己的德行的赞美。"至于杖叩原壤,呼之为贼,此其鄙弃,无复可疑,而范纯夫犹有因其才而教诲之。"王若虚认为孔子击打并责骂原壤,其实就是鄙视无德之人,但范纯夫不仅认为是鄙视无德之人,而且认为是孔子因材施教的事例。王若虚认为,上面的这些例子就是宋儒解经过厚的情况。他认为,只要明白这些解经中的问题,才能还原圣人的本意。

三、打破传笺疏的束缚,追寻孔子本意

王若虚的《五经辨惑》《论语辨惑》完全不受传笺疏的束缚,他在《五经辨惑上》第三则中云:"王通曰:'《三传》作而《春秋》散。'欧阳子亦讥学者不从圣人而从三子。君子之学,亦求夫义理之安而已。圣人之所必无也。《传》为《经》作,而《经》不为《传》作。信《传》而诬《经》,其陋儒已矣。"很明显,王若虚对春秋三传的一些观点持批评态度,在具体的辨惑中,也用事例说明了三传中的错误。例如《五经辨惑上》第三则:

> 左氏立弑君之例曰:"凡弑君:称君,君无道也;称臣,臣之罪也。"杜注曰:"称君者,唯书君名,而称国以弑,言众所共绝也;称臣者,谓书弑者之名,以示来世,终为不义。"斯圣人之意乎?曰:非也。以臣弑君,岂复有例?称臣为臣之罪,则称君者非臣之罪乎?称臣为不义,则称君者果臣之罪乎?君非上圣,谁无失德?使此说果行,皆可指为无道而杀之矣。长奸雄之志,生篡逆之阶,禁其一而开其一,圣人之立教不如是也。论天下之事者,亦权其轻重而已。人之无道,孰有大于弑君者?释乎此而惩乎彼,是何轻重不伦,所得之不偿所失也。孟子曰:"孔子作《春秋》而乱臣贼子惧。"所贵乎《春秋》者,正名分,别

嫌疑，为乱臣贼子设耳。今乃妄生义例，以为之资，不亦乖乎？许悼公之卒也，《经》言世子止杀之，而《三传》皆以为进药不尝而已。信斯言也，其防于疑似者，一何严耶？至于推刃之贼，例以一己之私而敢为大逆，天地之所不容，禽兽之所不忍者，乃或得以幸免而没其名。《春秋》，人情之书也。若是之类，可谓近于人情乎？自《传》考之，称国者未必无道；称臣者，岂皆有道？参差不齐，自相为戾者，多矣。[①]

这则辨惑是由《春秋左氏传》中对"弑君"问题的阐释引发的。《春秋》经中多处记载了臣子弑君事件，但在记述这些事件时，行文不同，一般认为这是"春秋笔法"的体现。左氏认为"凡弑君：称君，君无道也；称臣，臣之罪也"。而杜预在《春秋经传集解》中进一步解释为"称君者，唯书君名，而称国以弑，言众所共绝也；称臣者，谓书弑者之名，以示来世，终为不义"。杜预认为在记述弑君事件时，不同的提法中均含有圣人的态度。对于左氏和杜预的说法，王若虚提出了质疑，他认为这根本不是圣人的本意，接着他提出了自己的疑问："以臣弑君，岂复有例？称臣为臣之罪，则称君者非臣之罪乎？称臣为不义，则称君者果臣之罪乎？君非上圣，谁无失德？"王若虚进一步认为，左氏与杜预的解释会引起社会的混乱，"使此说果行，皆可指为无道而杀之矣。长奸雄之志，生篡逆之阶，禁其一而开其一，圣人之立教不如是也。论天下之事者，亦权其轻重而已。人之无道，孰有大于弑君者？释乎此而惩乎彼，是何轻重不伦，所得之不偿所失也"。圣人的理论是治天下的理论，所以对于弑君这种行为是坚决反对的。如果按照左氏和杜预的阐释，就可以为弑君的行为找到开脱的理由，这种理由就会被乱臣贼子所利用，必然带来社会的混乱，这是圣人不愿意看到的情况。所以说，左氏与杜预的解释都是违背圣人本意的。王若虚还用孟子的解读来说明自己的观点，"孟子曰：'孔子作《春秋》而乱臣贼子惧。'所贵乎《春秋》者，正名

---

① 《滹南遗老集校注》卷1，第3页。

分，别嫌疑，为乱臣贼子设耳。今乃妄生义例，以为之资，不亦乖乎？"王若虚说明，孟子是最得孔夫子本意的，他认为孔子作《春秋》就是为了正名分，辨明嫌疑之事，是为乱臣贼子而设定的，他没有为乱臣贼子开脱的意思。左氏与杜预的阐释是妄生义例，是对圣人本意的过分解读，这种危害是巨大的。

在《五经辨惑上》第四则中，王若虚谈到了颖考叔纯孝的问题：

> 左氏称颖考叔纯孝，爱其母，施及庄公，得诗人锡类之义。予谓舍肉遗母，特以发庄公之问而为入言之机耳，而遽谓之纯孝，何也？岂考叔素行别有可见者耶？抑观其为人谋者如此，足以知其孝于亲也耶？不然，誉之太过矣。①

王若虚认为《左传》中对颖考叔"舍肉遗母"的行为赞美过度，颖考叔的行为只是为了引起话题而已，不应该认为他是纯孝之人，况且没有他平时的孝行来说明问题，难以证明他是纯孝之人。所以说左氏的赞誉太过了。

在《五经辨惑上》第五则：

> 晋栾盈之诛，羊舌虎与焉。虎，叔向弟也。左氏曰："初，叔向之母妒叔虎之母美而不使，其子皆谏其母，其母曰：'深山大泽，实生龙蛇。彼美，余惧其生龙蛇以祸女。女，敝族也。国多大宠，不仁人间之，不亦难乎？余何爱焉？'使往视寝，生叔虎，美而有勇力。栾怀子嬖之。故羊舌之族及于难。"窃谓此母之言无谓也。深山大泽，则固生龙蛇矣。而美妇必生恶子，岂决定之理耶？殆偶中耳。使其言果当，而知虑果及于此，则可谓之贤，而不可谓之妒；实出于妒，则言虽有验，

---

① 《滹南遗老集校注》卷1，第7页。

亦非其情而不足称矣。左氏既以为妒，而又若著其贤者，何也？[1]

这是《左传》中一则小故事，叔向的母亲妒忌叔虎的母亲貌美，所以不让其侍奉丈夫，但叔向兄弟皆劝其母宽容待之，母亲告诉他们，不让其侍奉丈夫的深层原因是这个女子太过貌美，将来生的孩子会是龙蛇之人，若坏人教唆，必然会给家族带来灾难。后来果如其言。对于美貌女子能生龙蛇的判断似乎缺乏依据，王若虚对此也提出了质疑，"而美妇必生恶子，岂决定之理耶？殆偶中耳"。这与当时的审美习惯有关，那时的美貌女子是高大强壮的，有这样的基因，孩子就可能是美貌而勇武的。勇武之人多有不凡之志，任何不安分的行为都会牵连家族。叔虎果然美而有勇力，给羊舌氏带来了灾难。由此可知，叔向之母是一位非常冷静、深谋远虑之人，也是非常守礼之人，可以称为"贤"。王若虚认为，叔向之母如此判断事情的发展，可谓之贤，但《左传》又说她"妒叔虎之母美"，妒忌是当时女子身上的恶行，《左传》如此记载，明显矛盾。

从上面的分析可见，王若虚对春秋三传的阐释有许多质疑，他的这些质疑也是在寻找《春秋》的本意，不因前人的阐释影响自己对经典的思考。王若虚对经典的笺注也有质疑，例如《五经辨惑下》第八则：

《内则》曰："聘则为妻，奔则为妾。"夫次室而下皆妾也，非专指奔者而言，使奔而为嫡，遂不谓之妻乎？彼所谓天子诸侯之妾，亦皆出于奔者乎？郑氏曰："妾之言接也，闻彼有礼走而往焉，以得接见于君子。"予谓女之奔人，直淫佚耳，亦钻穴踰墙之类，岂因有礼而往，亦岂君子之所当接者哉？[2]

---

[1] 《滹南遗老集校注》卷1，第7~8页。
[2] 《滹南遗老集校注》卷2，第21页。

"聘则为妻，奔则为妾"是《礼记·内则》中的记载。在这则文字中，王若虚提出了两重质疑，第一重质疑是针对《礼记·内则》的，他认为次室以下都称为"妾"，并不是专指私奔的人。如果私奔后成为嫡夫人，是称为"妻"还是"妾"呢？天子诸侯的妾，都是因为私奔吗？《礼记·内则》的说法显然是不合理的，或者是不完整的。王若虚的问题确实切中要害。

王若虚的第二重质疑是针对郑玄的笺注的，郑玄注云："妾之言接也，闻彼有礼走而往焉，以得接见于君子。"王若虚认为，私奔就如钻穴逾墙之类的行为，哪里有什么礼可言？这哪里是君子应该去接的人呢？所以，王若虚认为郑玄的笺注是很不合理的。

《五经辨惑下》第二十一则同样指出了笺注的问题：

> 《曲礼》云："若夫坐如尸，立如齐。""若夫"云者，止是语辞，而《注》云："若欲为丈夫。""行道之人皆弗忍也。""行道"犹言"行路"耳。孟子所谓"行道之人弗受"，陈轸所谓"行道之人尽知之"是也，而《注》以为"行仁义"。至于"君子不尽人之欢，不竭人之忠"，则曰："欢，谓饮食。忠，谓衣服之物。"吾不知"欢"何以为"饮食"，而"忠"何以为"衣服之物"也？郑氏之谬妄如此。①

"若夫坐如尸，立如齐"是《礼记·曲礼》中的记载，王若虚认为笺注中的解释很荒谬。一个是将"若夫"解释为"若欲为丈夫"；将"行道之人皆弗忍也"中的"行道之人"解释为"行仁义"；将"君子不尽人之欢，不竭人之忠"中的"欢"解释为"饮食"，"忠"解释为"衣服"，这些与原意都有距离，所以王若虚认为笺注有些解释是不合情理的，甚至是荒谬的。

在《五经辨惑下》第十六则中，他对"妇有七出三不去"的情况提出了质疑。

---

① 《滹南遗老集校注》卷2，第30页。

《家语》载孔子之言曰："妇有七出三不去。""七出"谓不顺父母者、无子者、淫僻者、嫉妒者、恶疾者、多口舌者、窃盗者。"三不去"谓有所取无所归也，与共更三年之丧也，先贫贱而后富贵也。后世本之以为律令，虽犯七出而有三不去之名者，亦不得出。斯果孔子意乎？曰，非也。恶疾、无子，出于不幸而非其罪，自不当出。若乃失节而淫僻，不孝而违父母，是则罪之大者，虽有不去之名，亦安得存之？至于嫉妒、口舌之类，量轻重而处之可也。又曰"女有五不取"，谓逆家子、乱家子、世有刑人子、有恶疾子、丧父长子。此亦非也。君子之娶妇，固有所择，而此五者，固在所疑，然不至皆可弃也。今立言而使之勿取，是绝物也。圣无绝物之法。[①]

　　"妇有七出三不去"出自《孔子家语·本命解》，原文为："孔子遂言曰：'女有五不取：逆家子者，乱家子者，世有刑人子者，有恶疾子者，丧父长子者。妇有七出、三不去；七出者：不顺父母出者，无子者，淫僻者，嫉妒者，恶疾者，多口舌者，窃盗者。三不去者：谓有所取无所归一也，与共更三年之丧二也，先贫贱后富贵者三也。'"从《孔子家语》的记载看，这是孔子原意，但王若虚认为这不是孔子的本意。"七出"中的恶疾、无子是人生的不幸，并不是自己的罪过，不应该被出。淫僻、不孝是大罪，是必须出的，但如果她有"三不去"的情况，怎么办呢？这显然是难以解决的问题。因此，王若虚认为，这不是孔子的本意。接着又谈到"五不取"的问题，王若虚同样认为这不是孔子的本意，五种家庭中的女子都不能娶，这就使得这些女子处在了绝境，"今立言而使之勿取，是绝物也。圣无绝物之法"。王若虚认为圣人不会陷人于绝境，所以这不是圣人的本意。

　　王若虚对圣人之言不质疑，而是质疑圣人之言的真伪。他对"妇有七出三不去""女子五不取"提出质疑，明确表示这不是圣人的本意，也就是说，

---

① 《滹南遗老集校注》卷2，第28页。

他对《孔子家语》的真实性提出了质疑。《孔子家语》曾被录入《汉书·艺文志》，在汉代曾经一度失传，在汉代末期，王肃在孔子后人处获得这部古籍并作注，现在流行的版本就是王肃整理的版本。这部书后来遭到了许多质疑，但是书中又保存了许多资料，所以一直受到学者重视。宋代学者多认为此书为伪书。王若虚没有直接说明此书是伪书，但是他认为"妇有七出三不去""女子五不取"的说法不是孔子的本意，可见他也认为此书的真伪应该存疑。

从上面的内容可见，王若虚不迷信传、笺、疏，对前人的研究成果都认真分析、评判，着力追寻圣人的本意。

四、"以意逆志"解《孟子》

从上面的分析可见，王若虚辨惑的目的就是要追寻圣人的本意，他把圣人之言奉为真理，认为圣人之意就是儒学研究的出发点。他对汉至唐宋儒家解经的成果都进行了分析研究，对前人解经的不当之处都提出了批评。那么，对于儒家的重要人物孟子的学说，他是什么样的态度呢？《滹南遗老集》中有一卷《孟子辨惑》，从中可见他的一些重要观点。《孟子辨惑》第一则是他对孟子学说的总看法。

> 孟子谓说《诗》者，不当以文害辞，辞害志。"以意逆志，是为得之。"赵氏曰："欲使后人深求其意，以解其文，不但施于说《诗》也。"此最知言。盖孟子之言，随机立教，不主故常，凡引人于善地而已，故虽委巷野人之所传，苟可驾说以明道，皆所不择。其辞劲，其气励，其变纵横而不测，盖急于救世而然。以孔子微言律之，若参差而不合，所以生学者之疑。诚能以意逆志而求之，如合符契矣。赵氏虽及知此，而不能善为发明，是以无大功于《孟子》。司马君实著所疑十余篇，盖浅近不足道也。苏氏解《论语》与《孟子》辨者八，其论差胜，自以去圣人不远，及细味之，亦皆失其本旨。张九成最号深知者，而复不能尽。

如论行仁政而王,王者之不作,曲为护讳,不敢正言,而猥曰:"王者,王道也。"此犹是郑厚辈所见。至于对齐宣、汤武之问,辨任人食色之惑,皆置而不能措口。呜呼,孟之意难明如此乎?①

在这一段文字中,王若虚首先说明了如何理解孟子之意的问题,首先,引用赵岐的说法,"欲使后人深求其意,以解其文,不但施于说《诗》也",说明孟子的"以意逆志"说,不仅仅用于解《诗》,还适用于孟子本人的论述,所以说,"以意逆志"是理解《孟子》文章的路径。其次,"盖孟子之言,随机立教,不主故常,凡引人于善地而已,故虽委巷野人之所传,苟可驾说以明道,皆所不择"。王若虚认为孟子在阐述自己理论时,往往随时随地选取事例说明道理,信手拈来巷野之人所传事例证明自己的理论。所以,解读《孟子》,重在其意,而不能纠结于他所选事例。最后,"其辞劲,其气励,其变纵横而不测,盖急于救世而然。以孔子微言律之,若参差而不合,所以生学者之疑。诚能以意逆志而求之,如合符契矣"。王若虚认为,孟子具有浩然之气,其辞纵横捭阖,足见其救世之急切,但他的这些言辞与孔子的微言大义相比,似乎有不合之处,容易引起学者疑惑。但这些疑惑如果用"以意逆志"的路径来理解,往往与孔圣人之意甚为吻合。王若虚指出了解读《孟子》的路径,同时对一些学者提出了批评,他认为赵岐知道"以意逆志"的解读路径,但没有很好地阐发孟子的本意,司马君实虽然有十余篇文章谈到自己的疑问,但都很浅显,不能阐明大义。苏轼对《论语》《孟子》的解读是比较合理的,但细细品味,也有失本意。张九成虽然自称深知孟子,但也不能尽解其意,对一些问题也难以阐释。面对这种情况,王若虚发出疑问:"呜呼,孟之意难明如此乎?"这一问句中有一层意思:孟子之本意并不难理解,但需要"以意逆志"来阐释。

王若虚阐述了"以意逆志"是解读《孟子》的路径,接着列出了学者解

---

① 《滹南遗老集校注》卷8,第96页。

读《孟子》时出现的重大失误，例如《孟子辨惑》第二则：

> 伊川解"取伤廉"曰："如朋友之馈，是可取也，然已能自足则不可取。取之便伤廉。"予以为孟子之意，止谓于义一何如耳，岂论己之有无哉？义所当取也，己虽有余，取之何害？果不当取，虽其不足，亦不可也。其说"与伤惠"则曰："可以无与而与之，则却于合当与者无以与之。如博施济众，固圣人所欲也，然五十者方衣帛，七十者方食肉，如使四十者衣帛，五十者食肉，岂不更好？然力或不足，则当衣帛食肉者，反不足矣。所以伤惠。"此又迂阔之甚也。孟子亦曰与之不当，则将以为惠而适害之耳。何劳曲说？呜呼，明经如程氏，亦可谓难得矣，然时有此等，故未能尽厌乎人心。[①]

《孟子·离娄下》记载："孟子曰'可以取，可以无取，取伤廉；可以与，可以无与，与伤惠；可以死，可以无死，死伤勇。'"程颐对"取伤廉"的解释是："如朋友之馈，是可取也，然已能自足则不可取。取之便伤廉。"对"取伤惠"的解释是："可以无与而与之，则却于合当与者无以与之。如博施济众，固圣人所欲也，然五十者方衣帛，七十者方食肉，如使四十者衣帛，五十者食肉，岂不更好？然力或不足，则当衣帛食肉者，反不足矣。所以伤惠。"王若虚对程颐的解释很不认可，他认为孟子的本意只是在说明"义"，根本没有谈到自己有没有的问题，只要是符合"义"，取与不取都没有害处。言外之意就是：孟子所说的"取伤廉"是指不当取的情况，也就是不符合"义"的情况。孟子所说的"与伤惠"也是指不符合"义"的情况，"孟子亦曰与之不当，则将以为惠而适害之耳"。所以王若虚认为，程颐的解释是不符合孟子本意的。王若虚认为程颐是明经者的典范，但是在此出现偏差，主要是因为未能理解孟子之心意，没有能够做到"以意逆志"。

---

① 《滹南遗老集校注》卷8，第97页。

《孟子辨惑》第三则：

"仲尼不为已甚者。"盖每事适中，皆无大过耳。或者见《论语》疾不仁之言及《孟子》论泄柳、段干木事亦有"已甚"字，遂专以此意解之。失之拘矣。然已甚之事在他人或有之，非所以论仲尼也。圣人于本分之外，无毫末之过，岂至于"已甚"而后不为乎？①

这则文字是针对《孟子》用辞的批评，认为孟子阐述观点时过于拘谨，"已甚"二字本不必用来谈论孔子，因为孔子从来不做过分的事情，就更谈不上"已甚"之后的不为了。从这里可见王若虚对圣人品行的高度评价。

《孟子辨惑》第四则：

南轩解"久假而不归"曰："假之则非真有矣，而谓'乌知其非有'，此阐幽以示人之意。盖五霸，暂假而遽归者也。使其假而能久，久而不归，则必有非苟然者，孰曰非己有乎？盖有之者不系于假，而假于不归耳。孟子斯言，与人为善而开其自新之道，所以待天下后世者，可谓宏裕矣。"其说甚好。晦庵曰："假之终身而不知其非真有。"又有云："假之虽久终非己物。"陋哉，斯言也。天下之人不能皆上性，君子多方教人，要以趋于善而已。故利而行之，勉强而行之，皆在所取，以为成功则一也。若如朱氏之言，自非尧舜，举皆徒劳而无益，谁复可进哉？方渠未成书时，尝有此义，质于南轩，南轩答之如今所说，而卒从己意。甚矣，好高而不通也。东坡曰："假之与性亦异矣。使孔子观之，不终日而决，何知之有。"呜呼，孟子岂诚不能辨此乎？苏氏几于不解事。②

---

① 《滹南遗老集校注》卷8，第98页。
② 同上注，第98～99页。

《孟子·尽心上》："孟子曰：'尧、舜，性之也；汤、武，身之也；五霸，假之也。久假而不归，恶知其非有也？'"这句话的意思是说，尧、舜本性使然，所行之事皆合仁义；汤、武时刻警示自己，力行仁义；五霸是假借仁义谋取利益，但长期假借仁义而不丢弃，怎么知道他不真有仁义呢？对于孟子这段话中的"久假而不归"，后代学者多有讨论，王若虚对这些讨论进行了辨析。南轩认为："假之则非真有矣，而谓'乌知其非有'，此阐幽以示人之意。盖五霸，暂假而遽归者也。使其假而能久，久而不归，则必有非苟然者，孰曰非己有乎？盖有之者不系于假，而假于不归耳。孟子斯言，与人为善而开其自新之道，所以待天下后世者，可谓宏裕矣。"他觉得如果假借仁义能够持续下去，也可以算作拥有仁义了。这是孟子开启的一条自新之路，足见在行仁义的问题上，孟子是宽宏大量的。王若虚很赞同南轩的阐释。朱熹对于孟子之言的阐释是："假之终身而不知其非真有。""假之虽久终非己物。"朱熹认为假借仁义的人永远不知道真仁义是什么，假借仁义再久，这都不是自己的真实心性。可见朱熹对行仁义的要求很高，他不认可假借仁义的行为。王若虚认为，朱熹的要求过高，不适合现实情况。"天下之人不能皆上性，君子多方教人，要以趋于善而已。故利而行之，勉强而行之，皆在所取，以为成功则一也。若如朱氏之言，自非尧舜，举皆徒劳而无益，谁复可进哉？"王若虚认为孟子的本意是教人趋善，能勉强行善就可以，这样才能教化百姓。如果要求过高，谁还会努力行善呢？朱熹的阐释不符合现实情况，也不符合孟子的本意。对于苏轼的阐释，王若虚很是不屑，"东坡曰：'假之与性亦异矣。使孔子观之，不终日而决，何不知之有。'呜呼，孟子岂诚不能辨此乎？苏氏几于不解事"。苏轼只是抓住了"恶知其非有也"来解释，以为孟子认不清"假借仁义"与"性本仁义"的区别，这显然远离了孟子的本意，所以王若虚用"不解事"表现出了不屑。在对学者观点的辨析中，王若虚特别强调的是孟子的本意。

《孟子辨惑》第五则：

孟子曰："男女授受不亲，礼也；嫂溺援之以手者，权也。"东坡曰："嫂溺援之，亦礼也。"与李泰伯之说同。夫孟子云此固正礼，然有时而从权耳，岂谓权即非礼乎？二子可谓以辞害志矣。①

孟子曰："男女授受不亲，礼也；嫂溺援之以手者，权也。"这句话出自《孟子·离娄上》，主要是说，"男女授受不亲"是礼的规定，但遇到特殊情况是可以权变的。王若虚的这则辨惑文字主要是针对苏轼与李泰伯言论的。苏轼说"嫂溺援之，亦礼也"，王若虚认为孟子没有说权变是非礼，苏轼未领会孟子之意，是"以辞害志"。

《孟子辨惑》第六则：

子产以乘舆济人于溱洧，孟子曰："惠而不知为政。"夫桥梁之政，野人皆知之，曾谓子产而不及知乎？此必有司之不职，或偶圮坏，而子产适见，因以救一时之急，岂专以此为惠，而孟子亦岂诚讥子产哉。盖世有不知本末，如移民移粟、遗衣遗食之徒，故借其事以为戒耳。东坡遂以孟子为失。张子韶既知其出于一时而复求子产之病，以实孟子之言。是皆非也。②

《孟子·离娄下》："子产听郑国之政，以其乘舆济人于溱、洧。孟子曰：'惠而不知为政。岁十一月，徒杠成；十二月，舆梁成，民未病涉也。君子平其政，行辟人可也，焉得人人而济之？故为政者，每人而悦之，日亦不足矣。'"这是孟子讲为政之道的事例，一般认为，孟子希望为政者干自己该干的事。王若虚认为子产没有做错，这里关于建桥的简单道理，普通人都知道，子产当然也知道，子产帮人渡过溱洧的事情，只可能是救一时之急，不

---

① 《滹南遗老集校注》卷8，第99页。
② 同上注，第100页。

第九章　王若虚儒学思想的特征　197

可能专门帮助人们渡河。孟子也没有讥讽子产的意思，只是借此事告诫为政者，不可本末倒置。苏轼认为孟子讥讽子产之言不当。张子韶也觉得子产行为出于一时之急，但仍然认为子产自身有问题，从而证明孟子说法的正确性。王若虚认为他们的阐释都不是孟子的本意。

《孟子辨惑》第七则：

> 东坡以孔子去食存信之义，破孟子礼轻食色重之论，以为使从其说，则礼之亡无日矣。张九成亦疑其非而置之不说。予谓不然。子贡以去取为决，故孔子以去取决之；任人以轻重相明，故孟子以轻重明之。其势然耳。使任人之问如子贡之问，则孟子之所答，亦将如孔子之所答矣。孟子之言，未可瑕疵，南轩颇见其旨，但辞不能达耳。①

《孟子·告子章句下》："任人有问屋庐子曰：'礼与食孰重？'曰：'礼重。''色与礼孰重？'曰：'礼重。'曰：'以礼食，则饥而死；不以礼食，则得食，必以礼乎？亲迎，则不得妻；不亲迎，则得妻，必亲迎乎？'屋庐子不能对，明日之邹以告孟子。孟子曰：'於！答是也何有？不揣其本而齐其末，方寸之木可使高于岑楼。金重于羽者，岂谓一钩金与一舆羽之谓哉？取食之重者与礼之轻者而比之，奚翅食重？取色之重者，与礼之轻者而比之，奚翅色重？往应之曰：紾兄之臂而夺之食，则得食；不紾，则不得食，则将紾之乎？踰东家墙而搂其处子，则得妻；不搂，则不得妻，则将搂之乎？'"

《孟子》中的这段对话是容易引起歧义的，苏轼据此认为孟子回答礼轻食色重，这会给礼制重大冲击，张九成也认为孟子的这一论述有问题，所以避而不谈。在这个问题上，王若虚仍然为孟子辩解，但他没有抓住事情的实质，只是做了形式上的辨析，显得有点牵强。"子贡以去取为决，故孔子以去取决之；任人以轻重相明，故孟子以轻重明之。其势然耳。使任人之问如

---
① 《滹南遗老集校注》卷8，第100页。

子贡之问，则孟子之所答，亦将如孔子之所答矣。孟子之言，未可瑕疵。"其实，在这段文字中也存在着权变的情况，只是这个度不好把握，学者难以阐述清楚。孟子的观点是，在食色重要而礼较轻的情况下，是可以以食色为重的。孟子的理论是灵活的可以权变的理论，不必死守教条。

在此，王若虚对《孟子》的辨析有点强辩，可见他对孟子的理论是非常推崇的，他会质疑汉儒以下的任何一位学者的观点，但对孔孟理论是不质疑的。

第十章　王若虚儒学思想的践行

第一节　求真的文学观

王若虚的儒学思想旨在辨析汉以来学者对儒家经典的解读，对各家学说的得失进行批评，还原儒家经典的本意。王若虚本人对经典的解读注重情理，将圣人的言论放在具体的情境中分析。他的这些儒学思想影响到了他的文学思想。《滹南遗老集》中有文辨四卷，有诗话三卷，这些文字中都蕴含着他的文学观念。他求真的文学观主要表现在文坛事件求真、诗歌情境求真、诗人之意求真。与儒学界的纷杂一样，文坛也有纷杂的现象，王若虚努力拨开迷雾，力求真实。

一、对文坛的一些纷杂事件追寻真相

《诗话上》第一则：

> 世所传《千注杜诗》，其间有曰新添者四十余篇。吾舅周君德卿尝辨之云："唯《瞿塘怀古》《呀鹘行》《送刘仆射惜别行》为杜无疑，自余皆非本真，盖后人依仿而作，欲窃盗以欺世者，或又妄撰，其所从得，诬引名士以为助，皆不足信也。东坡尝谓太白集中，往往杂入他人诗，盖其雄放不择，故得容伪，于少陵则决不能。岂意小人无忌惮如此！其诗大抵鄙俗狂瞽，殊不可训。盖学步邯郸，失其故态，求居中下且不得，而欲以为少陵，真可悯笑。《王直方诗话》既有所取，而鲍文虎、杜时可间为注说，徐居仁复加编次，甚矣，世之识真者少也。其中

一二虽稍平易，亦不免蹉跌。至于《逃难》《解忧》《送崔都水》《闻惠子过东溪》《巴西观涨及呈窦使君》等，尤为无状。洎余篇大似出于一手，其不可乱真也，如粪丸之在隋珠，不待选择而后知，然犹不能辨焉。世间似是而相夺者，又何可胜数哉！予所以发愤而极论者，不独为此诗也。"吾舅自幼为诗，便祖工部，其教人亦必先此。尝与予语及新添之诗，则频蹙曰："人才之不同如其面焉，耳目鼻口相去亦无几矣，然谛视之，未有不差殊者。诗至少陵，他人岂得而乱之哉！"公之持论如此，其中必有所深得者，顾我辈未之见耳，表而出之，以俟明眼君子云。①

王若虚在《诗话》中多次提到其舅周昂，他从小跟随其舅学习，文学观念受其影响很深。周昂（1162—1211），字德卿，真定人。大定二十五年（1185）进士，历任监察御史、户部员外郎等职，大安二年（1210）随完颜承裕抵抗蒙古入侵，兵败自缢。有《常山集》，已佚。《中州集》《金史》有传。周昂是金代重要的文学家，在当时文坛有重要影响。

上面这则文字是讨论《千家注杜诗》中增加的40余篇杜诗的真伪问题。据《滹南遗老集校注》："《千注杜诗》，又名《千家注杜诗》，疑是北宋坊间所传杜诗注本。《四库提要》卷一四九《黄氏补注杜诗》提要称，该书原名《补千家集注杜工部诗》，《四库提要》推测此前坊间已有另一部《千家注杜诗》。王若虚所谓的《千家注杜诗》可能就是这一注本。"② 在谈到新增杜诗的真伪时，王若虚引用了周昂的观点。"吾舅自幼为诗，便祖工部，其教人亦必先此。尝与予语及新添之诗，则频蹙曰：'人才之不同如其面焉，耳目鼻口相去亦无几矣，然谛视之，未有不差殊者。诗至少陵，他人岂得而乱之哉！'"周昂对杜诗领悟、研究比较深入，他认为新添的40余首杜诗中

---

① 《滹南遗老集校注》卷38，第435页。

② 同上注，第436页。

"《瞿塘怀古》《呀鹘行》《送刘仆射惜别行》为杜无疑，自余皆非本真"，"至于《逃难》《解忧》《送崔都水》《闻惠子过东溪》《巴西观涨及呈窦使君》等，尤为无状"。这些伪作与杜诗放在一起，"如粪丸之在隋珠"。王若虚在新添杜诗的真伪问题上比较谨慎，但是为了求得真相，他引用了周昂的观点作为以后进一步辨识的材料，"以俟明眼君子云"。从中可见王若虚求取真相的谨慎态度。

《诗话上》第十七则云：

> 宋之问诗有云："年年岁岁花相似，岁岁年年人不同。"或曰："此之问甥刘希夷句也。之问酷爱，知其未之传人，恳乞之，不与，之问怒，乃以土袋压杀之。"此殆妄耳。之问固小人，然亦不应有是。年年岁岁，岁岁年年，何等陋语，而以至杀其所亲乎？大抵诗话所载，不足尽信。"池塘生春草"，有何可嘉，而品题者百端不已。荆公《金牛洞》六言诗，初亦常语，而晁无咎附之《楚辞》，以为二十四字而有六籍群言之遗味。书生之口，何所不有哉？①

这段文字记载的是唐代诗坛的一桩谜案。"年年岁岁花相似，岁岁年年人不同"是刘希夷诗《代悲白头翁》中的句子，刘希夷写完此诗后不久遇害，对他的死因有不同的说法。据唐人笔记小说记载，宋之问为刘希夷舅舅，看到《代悲白头翁》中的诗句之后，"之问酷爱，知其未之传人，恳乞之，不与，之问怒，乃以土袋压杀之"。虽然有笔记小说记载，但没有其他证据，所以宋之问杀死刘希夷这件事成了诗坛谜案。对于这件事，王若虚提出了自己的观点，他认为："年年岁岁，岁岁年年，何等陋语，而以至杀其所亲乎？"这件事由诗句而起，王若虚由诗句分析，认为这句诗平平，没有什么绝妙之处，不应该为此杀死亲人。王若虚同时批评了诗坛的不良现象，

---

① 《滹南遗老集校注》卷38，第447页。

如"池塘生春草"并非什么佳句，但品评之人百般发挥。王安石《金牛洞》六言诗本是平常诗，但晁补之认为"二十四字而有六籍群言之遗味"，可与经学典籍之文俱传。王安石《题舒州山谷寺石牛洞泉穴》："水泠泠而北出，山靡靡而旁围。欲穷源而不得，竟怅望以空归。"他的诗歌是写景诗，但意蕴深厚，是比较好的写景之作，但晁补之的这一评价显然过高了。王若虚根据这些现象进一步证明，一些文人多出信口之言，所以关于宋之问杀害刘希夷之事不可信。

二、追寻诗歌创作的情境之真

对于诗歌情境的真实，王若虚有自己的看法，他认为诗歌情境的真实是来源于生活又不等同于生活的真实。例如《诗话上》第七则：

> 杜诗称李白云"天子呼来不上船"，吴虎臣《漫录》以为范传正《太白墓碑》云："明皇泛白莲池，召公作引，时公已被酒于翰苑中，乃命高将军扶以登舟。"杜诗盖用此事。而夏彦刚谓蜀人以襟领为船，不知何所据？《苕溪丛话》亦两存之。予谓襟领之说，定是谬妄，正使有据，亦岂词人通用之语。此特以"船"字生疑，故尔委曲。然范氏所记，白被酒于翰苑，而少陵之称，乃"市上酒家"，则又不同矣。大抵一时之事，不尽可考，不知太白凡几醉，明皇凡几召，而千载之后，必于传记求其证邪？且此等不知，亦何害也？[①]

杜甫的《饮中八仙歌》中写道："李白斗酒诗百篇，长安市上酒家眠。天子呼来不上船，自称臣是酒中仙。"对杜甫所写之事，《太白墓碑》有相似的记载："明皇泛白莲池，召公作引，时公已被酒于翰苑中，乃命高将军扶以登舟。"在对杜诗的解释中，"夏彦刚谓蜀人以襟领为船"。王若虚对这种解

---

① 《滹南遗老集校注》卷38，第441页。

释很不赞同，认为这样的解释根本不是当时的真实情境，"予谓襟领之说，定是谬妄，正使有据，亦岂词人通用之语"。杜甫诗歌中所写情境与《太白墓碑》中记载的情境不太相同，杜甫写的是"长安市上酒家"，墓碑记载的是"被酒于翰苑"。王若虚认为没有资料可以证实，"不知太白凡几醉，明皇凡几召"，这样的情况并不影响诗歌的大意。在诗歌中写到李白醉酒、皇帝召见、醉态面圣，一个傲视一切、洒脱任性的诗人形象已经跃然纸上了，至于他在市上酒家醉酒，还是在翰苑醉酒，这些都不重要了。由此可见，王若虚所追求的诗歌情境的真实是来源于生活，但是又不完全等同于生活。

《诗话上》第五则：

> 梅圣俞爱严维"柳塘春水漫，花坞夕阳迟"之句，以为天容时态，融和骀荡，如在目前。或者病之曰："夕阳迟系花，而春水漫不系柳。"苕溪又曰："不系花而系坞。"予谓不然，夕阳迟固不在花，然亦何关乎坞哉？诗言"春日迟迟"者，舒长之貌耳。老杜云"迟日江山丽"，此复何所系耶？彼自咏自然之景，如"梨花院落溶溶月，柳絮池塘淡淡风"，初无他意，而论者妄为云云，何也？裴光约诗云："行人折柳和轻絮，飞燕衔泥带落花。"或曰："柳常有絮，泥或无花。"苕溪以为得其膏肓，此亦过也。据一时所见，则泥之有花，不害于理，若必以常有责之，则絮亦岂所常有哉？①

严维《酬刘员外见寄》中有诗句"柳塘春水漫，花坞夕阳迟"，梅尧臣认为此诗"以为天容时态，融和骀荡，如在目前"，刘攽认为"夕阳迟系花，而春水漫不系柳"，苕溪认为"春水慢不须柳，此真确论；但夕阳迟则系花，此论殊非是。盖夕阳迟乃系于坞，初不系花，以此言之，则春水慢不必柳塘，夕阳迟岂独花坞哉？"。对于这几种说法，王若虚都不完全认同，他认

---

① 《滹南遗老集校注》卷38，第439页。

为诗句只是写春日迟迟的舒缓情境，不关花，亦不关坞，只是写自然之景，就像杜甫诗句"迟日江山丽"描写的情境一样。王若虚又举出"行人折柳和轻絮，飞燕衔泥带落花"诗句来说明自己的观点。这一诗句并非裴光约诗句，依据是《苕溪渔隐丛话》前集卷二十："余尝爱《西清诗话》载吴越王时，宰相皮光业每以诗为己任，尝得一联云：'行人折柳和轻絮，飞燕衔泥带落花。'自负警策，以示同僚，众争叹赏。裴光约曰：'二句偏枯不为工，盖柳当有絮，泥或无花。'此论乃得诗之膏肓矣。"对于胡仔的膏肓之说，王若虚很不认同，他认为泥中带花在春天是可能发生的事情，虽然不常见，但不能否认这种情境的真实性，所以认为，"据一时所见，则泥之有花，不害于理，若必以常有责之，则絮亦岂所常有哉？"，认为胡仔的膏肓之说是不合理的。

三、追寻诗歌情感之真

王若虚主张诗歌表现真性情，他在《诗话上》第二十则写道："郊寒白俗，诗人类鄙薄之，然郑厚评诗，荆公苏黄辈曾不比数，而云乐天如柳阴春莺，东野如草根秋虫，皆造化中一妙，何哉？哀乐之真，发乎情性，此诗之正理也。"他明确提出，哀乐发乎真性情是写作诗歌的正理，并在评论诗歌时多次强调了这一主张。

> 柳公权"殿阁生微凉"之句，东坡罪其有美而无箴，乃为续成之，其意固佳，然责人亦已甚矣。吕希哲曰："公权之诗，已含规讽。盖谓文宗居广厦之下，而不知路有喝死也。"洪驹父、严有翼皆以为然。或又谓五弦之薰，所以解愠阜财，则是陈善闭邪责难之意。此亦强勉而无谓，以是为讽，其谁能悟？予谓其实无之，而亦不必有也。规讽虽臣之美事，然燕闲无事，从容谈笑之暂，容得顺适于一时，何必尽以此而绳之哉？且事君之法，有所宽乃能有所禁，略其细故于平素，乃能辨其大利害于一朝。若夫烦碎迫切，毫发不恕，使闻之者厌苦而不能堪，彼将

以正人为仇矣,亦岂得为善谏耶?①

唐文宗与学士联句诗《夏日联句》:"人皆苦炎热,我爱夏日长。熏风自南来,殿阁生微凉。"前两句是李昂诗句,后两句是柳公权联句。学者解读时,多分析其讽刺意。王若虚认为这诗句本来是君臣之间的一时游戏之作,根本就没有讽刺之意。"燕闲无事,从容谈笑之暂,容得顺适于一时,何必尽以此而绳之哉?"从容谈笑之间,偶有闲适情怀,这是他的真性情,解诗者根本没有必要强行加入讽刺意。

《诗话中》第十二则:

> 郑厚云:"魏晋已来,作诗倡和,以文寓意。近世倡和,皆次其韵,不复有真诗矣。诗之有韵,如风中之竹,石间之泉,柳上之莺,墙下之蛩,风行铎鸣,自成音响,岂容拟议?夫笑而呵呵,叹而唧唧,皆天籁也,岂有择呵呵声而笑,择唧唧声而叹者哉?"慵夫曰:郑厚此论,似乎太高,然次韵实作者之大病也。诗道至宋人,已自衰弊,而又专以此相尚,才识如东坡,亦不免波荡而从之,集中次韵者几三之一。虽穷极技巧,倾动一时,而害于天全多矣。使苏公而无此,其去古人何远哉?②

王若虚引用郑厚之言,对次韵诗提出了批评,他基本同意郑厚的观点,认为次韵诗没有真性情,还会因此出现大量的模拟之作,这种风气使得诗道衰弊。才识过人的苏轼也难以摆脱这种不良习气,作了大量的次韵诗,在他的诗集中几乎占到三分之一。正是因为苏轼写作了大量的次韵诗,所以影响了他在诗歌方面的成就。次韵诗多是形式上的模拟,在情感的表达上往往不

---

① 《滹南遗老集校注》卷38,第440页。
② 《滹南遗老集校注》卷39,第456页。

是自己的真性情，所以诗歌就失去了自然的情韵。

《诗话中》第十一则也论述了同一问题：

> 东坡云："论画以形似，见与儿童邻。赋诗必此诗，定非知诗人。"夫所贵于画者，为其似耳。画而不似，则如勿画。命题而赋诗，不必此诗，果为何语！然则坡之论非欤？曰：论妙在形似之外，而非遗其形似，不窘于题，而要不失其题，如是而已耳。世之人不本其实，无得于心，而借此论以为高。画山水者，未能正作一木一石，而托云烟杳霭，谓之气象。赋诗者茫昧僻远，按题而索之，不知所谓，乃曰格律贵尔。一有不然，则必相嗤点，以为浅易而寻常，不求是而求奇，真伪未知，而先论高下，亦自欺而已矣，岂坡公之本意也哉？[①]

王若虚是针对苏轼的一段诗画论而发的议论。苏轼的"论画以形似，见与儿童邻。赋诗必此诗，定非知诗人"出自《书鄢陵王主簿所画折枝二首》，这是苏轼重要的诗画论，他认为，画作如果只停留在形状的模仿，说明作者只是初学者的水平；诗歌如果只是描写现实中的事物，那么作者还没有真正懂得作诗。王若虚认为苏轼的论述"论妙在形似之外，而非遗其形似，不窘于题，而要不失其题，如是而已耳"。他认为作画虽然妙在形似之外，但首先要不失其形似，写诗不能局限于眼前事物，但仍然要不失眼前事物，他的言论是对苏轼诗画论的补充。王若虚也批评了苏轼诗画论带来的危害，"世之人不本其实，无得于心，而借此论以为高。画山水者，未能正作一木一石，而托云烟杳霭，谓之气象。赋诗者茫昧僻远，按题而索之，不知所谓，乃曰格律贵尔"，他认为诗画不本于心，就会走向虚幻、生僻，诗画最重要的东西是真性情的表现，不能盲目追求高远。

---

① 《滹南遗老集校注》卷39，第455页。

四、打破众人之言，寻求诗句之真价值

王若虚在解经过程中不受前人笺注传疏的束缚，寻孔孟论述之本意。他的这种解经思想也影响到了对诗句的分析，对于前人的论述，他不受其束缚，探寻诗歌真正的艺术价值。例如《诗话上》第四则：

> 谢灵运梦见惠连而得"池塘生春草"之句，以为神助。《石林诗话》云："世多不解此语为工，盖欲以奇求之耳。此语之工，正在无所用意，猝然与景相遇，借以成章，故非常情所能到。"冷斋云："古人意有所至，则见于情，诗句盖寓也。谢公平生喜见惠连，而梦中得之，此当论意，不当泥句。"张九成云："灵运平日好雕镌，此句得之自然，故以为奇。"田承君云："盖是病起忽然见此为可喜，而能道之，所以为贵。"予谓天生好语，不待主张，苟为不然，虽百说何益。李元膺以为反覆求之，终不见此句之佳，正与鄙意暗同。盖谢氏之夸诞，犹存两晋之遗风，后世惑于其言而不敢非，则宜其委曲之至是也。①

"池塘生春草，园柳变鸣禽"出自谢灵运《登池上楼》，对于这句诗，谢灵运颇为得意，认为是自己梦见惠连后得此佳句，有如神助。王若虚引《石林诗话》中的评价，又引了冷斋、张九成、田承君的评价，对于这些赞美之词，他都不以为然，"予谓天生好语，不待主张，苟为不然，虽百说何益。李元膺以为反覆求之，终不见此句之佳，正与鄙意暗同"。他赞同李元膺的说法，认为此诗句很平常，不可称为佳句。这句诗写得清新自然，放在谢灵运的诗歌中，确实别具一格。但是如果放在写景诗歌中，这样的句子也算不上佳句，王若虚的观点是有一定道理的。

《诗话中》第二十二则是对黄庭坚诗歌的评价：

---

① 《滹南遗老集校注》卷38，第438页。

吴虎臣《漫录》云："欧阳季默尝问东坡：'鲁直诗何处是好？'坡不答，但极称道。季默复问如《雪》诗'卧听疏疏还密密，起看整整复斜斜'，岂亦佳耶？坡云：'正是佳处。'"慵夫曰：予于诗固无甚解，至于此句，犹知其不足赏也，当是所传妄耳。徐师川亦尝咏雪云："积得重重那许重，飞时片片又何轻。"曾端伯以为警策，且言"师川作此罢，因诵山谷'疏疏密密'之句，云我则不敢容易道"。意谓鲁直草率而已语为工也。噫！予之惑滋甚矣。①

据吴虎臣《能改斋漫录》记载，欧阳修之子欧阳季默曾与苏轼有一段关于黄庭坚诗歌的对话，欧阳季默追问苏轼，黄庭坚诗歌好在什么地方，苏轼并没有回答他的问题，而是极力称道黄庭坚诗歌。季默举出了《雪》的诗句"卧听疏疏还密密，起看整整复斜斜"，问是不是最佳诗句，苏轼回答"正是佳处"。王若虚对苏轼的文学素养是非常赞赏的，对他评判诗歌的眼光也是很肯定的。他认为这句诗属于平常诗句，没有什么独到之处，苏轼不应该有这么高的评价，所以他认为这是妄传，不可能是苏轼的真实评价。接着他又引用曾端伯的评价说明黄庭坚诗句的草率。在《诗话中》第二十三则中，也引用了东坡对黄庭坚的评价："王直方云：'东坡言鲁直诗高出古人数等，独步天下。'予谓坡公决无是论，纵使有之，亦非诚意也。"王若虚还是认为苏轼不可能对黄庭坚有如此高的评价，也直接否认了苏轼评价的真实性，要么是记载有误，要么就是苏轼的敷衍之语。王若虚评价诗人和诗歌不受前人评价的束缚，追求诗歌的真正价值，这种求真的精神是值得肯定的。

王若虚的文学思想也受到了中庸思想的影响，他反对生涩新奇之作、怪僻高远之论，认为诗文应该难易适度，难与易都不需要刻意追求，只要是适合抒写自己的情感就是最恰当的。在《诗话中》第一则中，他明确提出了自己的观点。

---

① 《滹南遗老集校注》卷39，第462页。

《唐子西语录》云:"古之作者,初无意于造语,所谓因事陈辞。老杜《北征》一篇,直纪行役耳,忽云:'或红如丹砂,或黑如点漆。雨露之所濡,甘苦齐结实。'此类是也。文章即如人作家书乃是。"慵夫曰:子西谈何容易!工部之诗,工巧精深者,何可胜数,而摘其一二,遂以为训哉?正如冷斋言乐天诗必使老妪尽解也。夫《三百篇》中亦有如家书及老妪能解者,而可谓其尽然乎?且子西又尝有所论矣,曰:"诗在与人商论,深求其疵而去之,等闲一字放过则不可,殆近法家难以言恕,故谓之诗律。立意之初,必有难易二途,学者不能强所劣,往往舍难而趋易,文章不工,每坐此也。"又曰:"吾作诗甚苦,悲吟累日,仅能成篇,初未见可羞处,明日取读,疵病百出,辄复悲吟累日,反覆改正,稍稍有加。数日再读,疵病复出。如此数四,方敢示人,然终不能奇也。"观此二说,又何其立法之严,而用心之劳邪?盖喜为高论而不本于中者,未有不自相矛盾也。退之曰:"文无难易,唯其是耳。"岂复有病哉?[1]

王若虚首先批评了《唐子西语录》中关于难易问题的观点,唐子西关于难易问题的几段论述的观点是不统一的。"古之作者,初无意于造语,所谓因事陈辞。老杜《北征》一篇,直纪行役耳,忽云:'或红如丹砂,或黑如点漆。雨露之所濡,甘苦齐结实。'此类是也。文章即如人作家书乃是。"说明写文章是很容易的,就像写家书一样。"诗在与人商论,深求其疵而去之,等闲一字放过则不可,殆近法家难以言恕,故谓之诗律。立意之初,必有难易二途,学者不能强所劣,往往舍难而趋易,文章不工,每坐此也。"学者立意往往舍难求易,所以造成文章不工。从文意看,作者认为诗文立意要舍易求难,才能求得诗文之工。"吾作诗甚苦,悲吟累日,仅能成篇,初未见可羞处,明日取读,疵病百出,辄复悲吟累日,反覆改正,稍稍有加。数日

---

[1] 《滹南遗老集校注》卷39,第450页。

再读，疵病复出。如此数四，方敢示人，然终不能奇也。"作诗的过程是很艰难的，反复修改，难以出奇。从这几段论述中可见，唐子西对难易问题的论述是有矛盾的，主要原因是他对这个问题没有自己真正的看法。王若虚在批评唐子西的观点的同时，借用韩愈的论断提出了自己的观点："文无难易，唯其是耳。"

王若虚认为白居易的诗歌就是在浅易中取得了很高的艺术成就，《诗话上》第十九则中有"乐天之诗，情致曲尽，入人肝脾，随物赋形，所在充满，殆与元气相侔。至长韵大篇，动数百千言，而顺适惬当，句句如一，无争张牵强之态。此岂捻断吟须悲鸣口吻者之所能至哉！而世或以浅易轻之，盖不足与言矣"。他赞美白居易诗歌"顺适惬当，句句如一"，尽管浅易，但能够达到自然顺适，无争张牵强之态，这是很高的艺术境界。这是那些为求高远"捻断吟须悲鸣口吻者"所无法比拟的。在此，王若虚也进一步说明了他的观点，即诗文无所谓难易，适合抒写自己情志就是最恰当的。

综上所述，王若虚的诗文理论没有专门的文章集中论述，主要散见于他关于诗文问题的辨析中，分析可见这些观点与他的儒学思想有着密切的关系，他追求自然平和的诗文风尚，追寻诗歌真实的情境以及真正的感情和价值，这是他治经思想在诗文研究中的表现。

第二节 努力践行儒家理论

王若虚一生致力于学，对儒学经典研究很深，对汉代之后的儒学著作几乎都有涉猎，特别是对于宋代的儒学著作，都有比较深入的研究。在理论研究的基础上，他还不断地推动儒学的传播。他一直身处官场，对现实社会密切关注，所以也很重视儒学的现实性，努力用儒家理论解决现实问题，积极推进儒家理论的践行。

一、推动儒学的传播

在王若虚的《五经辨惑》《论语辨惑》《孟子辨惑》等文章中，我们可以清晰地看到，王若虚只尊孔孟，他认为在儒学的发展过程中，孔孟之道已经在众说纷纭中失去本真，所以追寻孔孟理论的本意是他儒学研究的核心任务。金代曾出现了一部影响比较大的著作《道学发源》，可惜已经散佚。赵秉文曾对这部著作大力推介，作《道学发源引》，强调此著作是传圣人之意的作品，同时强调了此著作通俗易懂、切合实际，在传播儒学、教化百姓方面有重要作用。这部著作与王若虚的儒学思想相吻合，所以王若虚在《道学发源后序》中对此著作大力推介。

> 韩愈《原道》曰："孟轲之死，不得其传。"其论斩然，君子不以为过。夫圣人之道，亘万世而常存者也。轲死而遂无传焉，何耶？愚者昧之，邪者蠹之，驳而不纯者汩之，而真儒莫继，则虽存而几乎息矣。秦、汉以来，日就微灭。治经者局于章句训诂之末，而立行者陷于功名利欲之私。至其语道，则又例为荒忽之空谈而不及于世用，仿佛疑似而失其真，支离汗漫而无所统，其弊可胜言哉！故士有读书万卷，辨如悬河，而不免为陋儒。负绝人之奇节，高世之美名，而毫厘之差，反入于恶者，惟其不合于大公至正之道故也。韩愈固知言矣，然其所得亦未至于深微之地，则信其果无传已。自宋儒发扬秘奥，使千古之绝学一朝复续，开其致知格物之端，而力明乎天理、人欲之辨，始于至粗，极于至精，皆前人之所未见，然后天下释然知所适从，如权衡指南之可信。其有功于吾道，岂浅浅哉！国家承平既久，特以经术取人，使得参稽众论之所长，以求夫义理之真，而不专于传疏，其所以开廓之者至矣。而鸣道之说，亦未甚行。三数年来，其传乃始浸广，好事者往往闻风而悦之。今省庭诸君尤为致力，慨然以兴起斯文为己任，且将与未知者共之，此发源之书，所以汲汲于锓木也。学者尝试观之，其必有所见矣。

心术既明，趋向既正，由是而之焉，虽至于圣域无难，犹发源不已，则汪洋东注，放诸海而后止。呜呼，其可量哉，亦任之而已矣。仆嘉诸君乐善之功，为人之周，而喜为天下道也。故略书其末云。东垣王某序。[1]

《道学发源后序》是把《道学发源》这本书放在儒学发展史上来评价的。王若虚对宋以前的儒学史进行了概括叙述，基本同意韩愈的论断："孟轲之死，不得其传。"孟轲之后，秦汉以来，儒道渐渐湮灭。王若虚认为儒道不传的原因是"治经者局于章句训诂之末，而立行者陷于功名利欲之私。至其语道，则又例为荒忽之空谈而不及于世用，仿佛疑似而失其真，支离汗漫而无所统，其弊可胜言哉！故士有读书万卷，辨如悬河，而不免为陋儒。负绝人之奇节，高世之美名，而毫厘之差，反入于恶者，惟其不合于大公至正之道故也"。王若虚把秦汉以来儒道的发展情况归为：治经者局限于章句训诂，倡导儒道者陷于功名利欲的泥潭，儒道的阐释走向了脱离现实的空谈，儒道理论没有系统阐释而支离破碎，而现实中的儒士，虽然读书万卷、辨如悬河，但成了陋儒。儒学早已偏离了大公至正之道，所以说儒道不传。对于宋儒的贡献，王若虚还是充分肯定的："自宋儒发扬秘奥，使千古之绝学一朝复续，开其致知格物之端，而力明乎天理、人欲之辨，始于至粗，极于至精，皆前人之所未见，然后天下释然知所适从，如权衡指南之可信。其有功于吾道，岂浅浅哉！"他认为宋儒的贡献主要是开启了"格物致知"的理论探讨，阐述、讨论了天理、人欲的关系，从而使得千古绝学得以复续。所以他认为宋儒对儒学的发展贡献巨大。

对于金代的儒学发展情况，王若虚也进行了概括。首先，统治者重视儒道，开始以经义取士，促使儒士们走出了传疏的窠臼，探寻经典义理，拓宽了儒学研究的视野。其次，《鸣道集》传入金国，在儒士中形成了一定的影响，引起了儒士探索经义的热情。在这样的大背景下，《道学发源》的编著

---

[1]《滹南遗老集校注》卷44，第533～534页。

出版具有重要意义。王若虚劝学者阅读此作，认为肯定会有收获。他对这部著作的评价也很高，"心术既明，趋向既正，由是而之焉，虽至于圣域无难，犹发源不已，则汪洋东注，放诸海而后止。呜呼，其可量哉，亦任之而已矣"，对这部著作的编著者也热情鼓励，对他们促进儒道传播的贡献大加赞赏。王若虚与赵秉文都是金代的儒学大家，他们对《道学发源》的推介，必然引起学界的关注，促使更多的学者阅读此作，扩大了这部著作的影响力。

赵秉文曾著《扬子法言微旨》，这部书已经散佚，唯有赵秉文文章《法言微旨引》存世。王若虚曾为这部书作序。

扬雄的《法言》一直以来因为模仿《论语》而不受重视。赵秉文给这部书很高的评价。他在《法言微旨引》中写道："扬子圣人之徒与？其《法言》《太玄》，汉二百年之书也。汉兴，贾谊明申韩，司马迁好黄老，董仲舒溺灾异，刘向铸黄金，独扬子得其正传，非诸子流也。"[①] 赵秉文认为，汉代贾谊、司马迁、董仲舒、刘向等人，虽然是儒门弟子，但他们的理论都有所偏离，只有扬雄的理论才是圣人学说的正传，所以，他对扬雄的著作进行深入研究，完成著作《法言微旨》。对这部著作的内容，赵秉文在《法言微旨引》中有大概的介绍。"然《法言》之作，虽拟《论语》，不同门人问答，先后无次，乃扬子自著之书也，不应辞意不相连属。其命名自序，思过半矣。或先义而后问，或后答以终义，或离章以发微，或终篇以明数。旁钩远引，微显著晦，川属脉贯，会归正道。今所谓分章微旨者，非敢有异于先儒也。但使一篇之义，自相连属，穿凿之罪，余何敢逃。万一有得微旨于言辞之表者，或有助于发机云。"[②] 也就是说，《法言》是模仿《论语》而作，其辞意似乎"不相连属"。赵秉文的著作主要是分析前人注释，多采用司马光的《法言集解》，对《法言》的义旨进行分析研究，使得义旨"自相连属"。

对于赵秉文的《法言微旨》，王若虚在序文中充分肯定其价值，并大力

---

① 《赵秉文集》卷15，第346页。

② 同上。

宣传支持此作的出版和传播。

《扬子法言微旨》序

　　《法言》之行于世，尚矣。始注释者，四家而已。疏略粗浅，无甚可观。其后益而为十二，互有所长，视其旧殊胜，而犹未尽也。今礼部尚书赵公素嗜此书，得其机要，因复为之训解，参取众说，析之以己见，号曰《分章微旨》，论高而意新，盖奇作也。予尝窃怪子云之自叙，以为《法言》,《论语》之体耳。随问更端，错杂无次，而独取篇首二字以为名而冠之，无乃失其宜耶。及观公解，则终始贯穿，通为一义，灿有条理而不乱，乃知子云之意，初非苟然，但学者未之深考也。昔人以杜预、颜师古为邱明、孟坚忠臣，今公于子云之书，辨明是正，厥功多矣。至于进退隐见之际，尤为反复而致意，使千载之疑，可以尽释而无遗恨，兹不亦忠之大者欤！古泽陈氏者，将购工板行，以广其传。友人张君茂进实赞成之，而属予为序。呜呼，公一代巨儒，德业文章，皆可师法。自少年名满四海间，平生著述，殆不可胜纪，而晚年益勤心醉乎义理之学，六经百子，莫不讨论，迄今孜孜，笔不停缀。其所以发挥往典而启迪来者，非特一书而止也。如鄙不肖，曷足为公重轻，而斯书之传，岂待予言而后信？虽然，陈氏细民，而能好事如此。其用心固已可喜，且不肖于公门下士也。辱知为深，是区区者而敢辞乎？乃书而授之。元光元年九月望日，中议大夫、守平凉府判王某序。①

　　在这篇序言中，首先充分肯定了这部书的价值和意义。王若虚以自己对《法言》的看法说明了《法言微旨》的价值，"予尝窃怪子云之自叙，以为《法言》,《论语》之体耳。随问更端，错杂无次，而独取篇首二字以为名而冠之，无乃失其宜耶"。王若虚也认为《法言》为模仿之作，义旨杂乱，

---

① 《滹南遗老集校注》卷44，第534～535页。

对扬雄此作颇有不屑。但读完《法言微旨》之后，他的看法完全改变，"及观公解，则终始贯穿，通为一义，灿有条理而不乱，乃知子云之意，初非苟然，但学者未之深考也"。王若虚认为赵秉文对《法言》的研究挖出了扬雄的深意，使人们对《法言》的理解从此不再停留在表层。他还进一步说明了《法言微旨》在《法言》研究中的价值，"昔人以杜预、颜师古为邱明、孟坚忠臣，今公于子云之书，辨明是正，厥功多矣。至于进退隐见之际，尤为反复而致意，使千载之疑，可以尽释而无遗恨，兹不亦忠之大者欤！"，杜预著《春秋左传集解》，深得左丘明之意，颜师古著《汉书注》也追寻班固之本意，他们对原作的注解都忠于作者本意。王若虚把赵秉文与他们并列，认为赵秉文挖出了扬雄之本意，破解了《法言》中的千载之疑，也可以用大忠论之。

在对《法言微旨》高度评价之后，他对赵秉文道德文章都大加赞美，对其在儒学研究方面的成就也高度肯定。他不仅宣传赵秉文的《法言微旨》这部著作，也在宣传赵秉文的儒学研究成果。"公一代巨儒，德业文章，皆可师法。自少年名满四海间，平生著述，殆不可胜纪，而晚年益勤心醉乎义理之学，六经百子，莫不讨论，迄今孜孜，笔不停缀。其所以发挥往典而启迪来者，非特一书而止也。如鄙不肖，曷足为公重轻，而斯书之传，岂待予言而后信？"

王若虚赞美赵秉文这部著作的同时，对出版此作的陈氏大加赞赏，"古泽陈氏者，将购工板行，以广其传"，"陈氏细民，而能好事如此。其用心固已可喜，且不肖于公门下士也"。从这些可见，王若虚对于儒学著作极力宣传，对出版这些著作的行为也颇为赞赏，他用自己的影响力为儒学的传播做出了重要贡献。

二、推动儒学走向现实生活

在王若虚的文章中可以看到，他对儒家理论的现实性非常关注，也注意把儒家理论运用到现实社会生活中。他教育后学者对儒家经典深入学习，在科举应试中积极探讨运用，使儒家理论在科举考试中不断传播。在《送吕鹏举赴试序》中，他阐述了自己的观点。

> 夫经义虽科举之文，然不尽其心，不足以造其妙。辞欲其精，意欲其明，势欲其若倾。故必探《语》《孟》之渊源，撷欧、苏之菁英，削以斤斧，约诸准绳。敛而节之，无乏作者之气象；肆而驰之，无失有司之度程。勿怪勿僻勿猥。而并若是者，所向如志，敌功无劲，可以高视而横行矣。沽美玉者，不忧无善价。骍犊且角，山川其舍诸？鹏举勉矣。①

这虽然是教导后进学者如何作应试之文，但作者明确提出要探求《语》《孟》之渊源，认为这是文章的基石，在此基础上才能谈文法，如果失去此基石，文章就成为虚壳，由此可见，王若虚把探《语》《孟》之渊源放在了首位。

王若虚常常用儒家理论教导后进学者为官之道。道德修养是儒家理论的重要内容，儒家理论通过强调个人修养以达到社会群体的和谐，王若虚非常重视这一理论的践行，他不断教育后进学者、官员要加强个人修养。在《送彭子升之任冀州序》中，他结合彭子升的具体情况，强调了个人修养的问题。彭子升将要赴任，王若虚教育他要推贤让能，要厚德宏量，不嫉不妒，具有君子之美德，要与同僚和谐相处。

> 成王戒卿士，以谓推贤让能，则庶官和。不和，政且乱。而《秦穆之誓》亦曰，人必能容，而后可以保民。古之君子，有道相为徒，而其徒相为用，故能有济也。有虞之时，众贤和于其朝，而无乖争之患。垂让于殳斨，伯夷让于夔、龙，皋陶之不知者以问诸禹，禹所不知者以质

---

① 《滹南遗老集校注》卷44，第538页。

诸益。贤于己而不妒,不贤于己而不侮;师于人而不耻,告于人而不吝。志同气合,不知物我之为二。盖其量诚宏,而其德诚厚,此其能共成一代之极治者欤!予尝悲夫昔人之难见,而病后世士风之薄也。忌嫉之心胜,而推让之道绝。自待者重,待人者轻。相夸以其所长,而相鄙以其所短。鳃鳃然惟恐人之愈乎我也。凡得一职,必先审问其同僚者何如人,闻其不能而不己若也,则幸而喜。如其能焉,往往不乐,曰:"是何以彰我?"故其至也,莫不角其智力,而争其权,至于不相容以败事。处公家之事而败之以其私,罪孰大焉?吾子始践仕途而得李君者为长官,彼其才干有余,而能声益著。盖吾子之幸也。而吾子性明志强,临事有决,亦自为过人者。诚能相与戮力而无求胜之心,一司之治,何忧而不举哉?子行矣,幸不至如吾之所病,且并谢李君,其亦以是而待子焉可也。①

在这篇文章中,王若虚首先引用了《尚书·周官》中的句子:"戒尔卿士……推贤让能,庶官乃和,不和政庞。举能其官,惟尔之能。称匪其人,惟尔不任。"②这里强调的是为官要有推贤让能的美德,只有这样,才能使同僚之间和谐相处。如果同僚不和,就会出现乱政,这会给国家造成巨大的损失。接着文章又引用《尚书·秦誓》中的句子:"人之有技,若己有之。人之彦圣,其心好之,不啻若自其口出,是能容之。以保我子孙黎民,亦职有利哉!"③这里强调的是宽宏大量、不嫉贤妒能的美德,这也是官场相处的重要美德。彭子升出任冀州,王若虚没有虚夸的恭贺之语,只有劝诫之辞,其心殷殷可鉴。

接着王若虚以古代贤人君子的事例进一步说明,同僚推贤让能、相互扶

---

① 《滹南遗老集校注》卷44,第539页。
② 《十三经注疏》整理委员会整理,李学勤主编:《十三经注疏·尚书正义》卷18,北京大学出版社1999年版,第488页。
③ 《尚书正义》卷20,第571页。

助、不嫉不妒的美德是非常必要的，"古之君子，有道相为徒，而其徒相为用，故能有济也。有虞之时，众贤和于其朝，而无乖争之患。垂让于殳斨，伯夷让于夔、龙，皋陶之不知者以问诸禹，禹所不知者以质诸益。贤于己而不妒，不贤于己而不侮；师于人而不耻，告于人而不吝。志同气合，不知物我之为二。盖其量诚宏，而其德诚厚，此其能共成一代之极治者欤！"这些历史故事出自《尚书·舜典》，王若虚通过儒家经典的理论和古代贤人君子的行为为当时的青年人树立了学习的典范。同时，他也对当时的现实情况提出了批评："予尝悲夫昔人之难见，而病后世士风之薄也。忌嫉之心胜，而推让之道绝。自待者重，待人者轻。相夸以其所长，而相鄙以其所短。鳃鳃然惟恐人之愈乎我也。凡得一职，必先审问其同僚者何如人，闻其不能而不己若也，则幸而喜。如其能焉，往往不乐，曰：'是何以彰我？'故其至也，莫不角其智力，而争其权，至于不相容以败事。处公家之事而败之以其私，罪孰大焉？"王若虚认为现实中人们嫉妒之心很强，推贤让能的风气已绝，夸耀自己之长，鄙视他人之短，相互挤压，争强夺利，自私自利之心造成国家的损失。这种不良风气罪责甚大。

王若虚列出了贤人君子的典范，也列出了现实中的不良现象，在此基础上，给年轻人提出了希望，希望彭子升能够学习贤人之美德，与同僚和谐相处，勿负天资，勿负圣恩，"吾子始践仕途而得李君者为长官，彼其才干有余，而能声益著。盖吾子之幸也。而吾子性明志强，临事有决，亦自为过人者。诚能相与戮力而无求胜之心，一司之治，何忧而不举哉？子行矣，幸不至如吾之所病，且并谢李君，其亦以是而待子焉可也"。从这篇文章可见，王若虚在为士人道德、社会道德的提升而呐喊，努力推动着社会风气、官场风气的改善。

王若虚在提倡官员美德的同时，也在倡导仁政，他希望百姓能够得到仁政之惠泽。在《答张仲杰书》中他阐述了自己的仁政主张。张仲杰为县令，是最基层的官员，他的施政得失直接关系着百姓的利益。王若虚对张仲杰县令的劝勉也是他对基层官员的希望。

某启：仲杰县令，方深渴想，辱惠好音，曷胜慰喜。膻根之赐，甚慊老饕。正恐踏破菜园，为藏神所怪耳。所论道学，自是儒者本分事，抑老夫衰谬，日负初心，不足进也。吾子年壮气锐，乃能屏去豪华之习，而专力于此。好之乐之，自谓有得，他时所至，殆未可量。老夫将受教之不暇，而反能为之发药哉。州郡之职，古称劳人，况此多虞，亦必有道，颇闻吾子一以和缓处之，所望正如此。民之憔悴久矣，纵弗能救，又忍加暴乎！君子有德政而无异政，史不传能吏而传循吏。若夫趋上而虐下，借众命以易一身，流血刻骨，而求干济之誉，今之所谓能吏，古之所谓民贼也。诚不愿吾子效之。吾侪读孔孟仁义之书，其用心自当有间，宁获罪于人，无获罪于天。昔宋讨元昊，关右困于征敛，杜祁公在永兴，谓其民曰："吾非能免汝也，而能使之不劳。"于是量所有无，宽其期限，民得以次而输之，而费省十六七。及王氏法行，官吏不堪其迫，邵康节门人之从仕者，皆欲投檄以归，康节止之曰："此正贤者用力时。新法甚严，能宽一分则民受一分之赐。"呜呼，古人远矣！如此等事，尚可行之。造次颠沛，无忘是念，始可谓不忘所学矣。老人家益贫而官益拙，鲇鱼上竿，可笑可悯。虽然，远依余庇，大小幸安，不必过烦念虑也。遽中奉报，草草不宣。[①]

这封信是王若虚写给张仲杰的回信，信一开头，数句寒暄，马上提出了自己的主张，"所论道学，自是儒者本分事"，他认为，论述儒道是他的本分，很自然地就给对方提出了自己的希望。他充分肯定了张仲杰的做法，"州郡之职，古称劳人，况此多虞，亦必有道，颇闻吾子一以和缓处之，所望正如此"。接着直接提出了自己的仁政思想，表现出了对百姓的怜悯之情，"民之憔悴久矣，纵弗能救，又忍加暴乎！"，提出了宁可为百姓做循吏，不可为自己做能吏，"君子有德政而无异政，史不传能吏而传循吏。若夫趋上而虐

---

① 《滹南遗老集校注》卷44，第531～532页。

下，借众命以易一身，流血刻骨，而求干济之誉，今之所谓能吏，古之所谓民贼也。诚不愿吾子效之。吾侪读孔孟仁义之书，其用心自当有间，宁获罪于人，无获罪于天"。王若虚提出自己的仁政观点之后，也充分考虑到了县令的权限和无奈，作为基层官员，一方面是上面的压力，一方面是百姓的困苦，在这样的现状下，如何行仁政？有些官员确实对百姓有仁慈之心，但他们处境却非常艰难，高适诗《封丘作》云"拜迎长官心欲碎，鞭挞黎庶令人悲"，写出了基层官员的无奈境遇。王若虚考虑到了这样的现实问题，所以他举例说明了基层县令在这种情况下能够做到的事情。"昔宋讨元昊，关右困于征敛，杜祁公在永兴，谓其民曰：'吾非能免汝也，而能使之不劳。'于是量所有无，宽其期限，民得以次而输之，而费省十六七。及王氏法行，官吏不堪其迫，邵康节门人之从仕者，皆欲投檄以归，康节止之曰：'此正贤者用力时。新法甚严，能宽一分则民受一分之赐。'呜呼，古人远矣！如此等事，尚可行之。"文章中举出了杜祁公的事例，又举出了邵康节劝阻门人归隐的话，说明在无法改变现状的情况下，尽可能减少百姓的痛苦，"能宽一分则民受一分之赐"。作为县令，不能完全解除百姓的困苦，但可以做杜祁公、邵康节所能做的事情。在此，王若虚深深地理解底层官员的无奈，他强调这些官员的仁慈之心和施行仁政的愿望，有这样的愿望就可以在有限的范围内给百姓以保护，让百姓得到一点惠泽。

　　王若虚的仁政思想是与现实密切结合的，他没有高谈阔论，教育后进官员，而是根据实际情况给他们以启示，从这里可以看到，王若虚的儒学思想具有鲜明的现实性特征。王若虚主要生活在金代后期，他宣传儒家理论，提高文士的品德，教化百姓，拯救世俗，希望他的国家在儒家理论的实践中国泰民安，但是他不得其时，在他60岁的时候，他的国家走向了灭亡，这可能是他人生最大的遗憾，但是他无力改变这一切，在改朝换代时期，他已经尽到了自己最大的努力，最终他留下了经史研究的成果《滹南遗老集》，走向了人生的尽头。"金亡，微服北归镇阳，与浑源刘郁东游泰山，至黄岘峰，憩萃美亭，顾谓同游曰：'汩没尘土中一生，不意晚年乃造仙府，诚得终老此山，志愿毕矣。'乃令子忠先归，遣子恕前行视夷险，因垂足坐大石上，良久瞑目而逝，年七十。"[①] 一位跨越时代的老人就这样走完了他的人生，虽然他的宏图远志湮没尘世中，但他的著作却长存人间。

综上所述，王若虚博览群书，研究百家学说，对儒学经典中容易引起疑惑的问题进行了研究和探讨，虽然他没有留下鸿篇巨著阐述他的儒学思想，但从他的一些篇章的论述中可知其基本思想是非常清晰的。他的思想具有金代儒学思想的特征，被打上了鲜明的时代烙印。同时他对经典深入细致的研读，对以后的儒学发展有重要影响，而他的解惑文章成为元明清学者关注的内容。他对宋代大儒的批评、对圣人本意的追寻，在一定程度上是宋代儒学思想的补充和完善。所以说，王若虚的儒学思想不仅具有重要的现实意义，也具有重要的学术价值，又具有实践性，一直在还原孔孟之道的治世功能，推动着儒家学说的践行，对儒家学说的发展做出了重要贡献。

[①]《金史》卷126，第2738页。

第十一章　元好问的儒学思想

第一节　元好问对儒学的思考

　　元好问（1190—1257），金末重要的文学家，他的诗、词、文、文论都取得了很高的成就，对当时及后代文坛产生了重要影响。近年来，学界对元好问的文学成就、文化影响和人生经历都有了深入的研究。元好问的赋作仅有4篇，学界对他赋作的关注度不高。元好问的赋作有着骚体赋的抒情特色，充分发挥了赋作抒发情志的功能，尽情抒写了自己的慨叹与思考，真实地表现了他当时的情感世界和他特殊时段对人生的思考，研究这些赋作可以理解元好问不同时期人生道路的选择，也能够看出儒学思想在他人生关键时期的影响。

　　元好问的赋作有《秋望赋》《蒲桃酒赋并序》《新斋赋并序》《行斋赋并序》等，根据狄宝心先生的《元好问年谱新编》的观点，可知《蒲桃酒赋》作于正大四年（1227），《行斋赋》作于正大五年（1228），《新斋赋》作于正大六年（1229）。关于《秋望赋》的写作时间，因为赋作没有序文，难以确定，但从赋作内容看，作者在思考出处问题，而且明显表现了自己想要出仕的愿望，由此可知，元好问当时是闲居状态，赋作中有"汗漫之不可与期，竟老我而何成！"，作者明显在感叹自己老无所成。按照常人的感觉，这样的焦虑慨叹应该是在35岁以后，赋作中又有嵩山信息"望崧少之霞景"，可知该赋作于作者居住嵩山时期。据狄宝心先生考证，元好问移居嵩山的时间是金宣宗兴定二年（1218），之后元好问又开始了他的科举之路，接着在史馆任职。金哀宗正大二年（1225）五月，36岁的元好问辞史馆职，西归嵩山，从此开始了一段闲居生活。从他的诗词中，也可见他决心归隐，不再出仕。而在正大四年（1227）春天，他赴任内乡县令。元好问从史馆离职到任职内乡，中间有两年时间，《秋望赋》应该作于这两年之间。正大二年（1225）秋天，他刚刚满怀失望离职，不可能马上又渴望出仕，所以，赋作应该作于正大三年（1226）的秋天。此年元好问37岁，经过一年多的闲居生活，他对自己的人生有了新的思考，重新燃起了出仕的愿望，符合情理。几个月之后他就赴任内乡县令。

元好问4篇赋作写于正大三年（1226）到正大六年（1229）的4年间，赋作真实地记录了他在这一时段的人生思考。

一、《秋望赋》：独善还是兼济

秋望赋

步裵回而徙倚，放吾目乎高明。极天宇之空旷，阅岁律之峥嵘。于时积雨收霖，景气肃清，秋风萧条，万籁俱鸣。菊鲜鲜而散花，雁杳杳而遗声。下木叶于庭皋，动砧杵于芜城。穿林早寒，阴崖昼冥。浓澹霏拂，绕白纡青。纷丛薄之相依，浩霜露之已盈。送苍苍之落日，山川郁其不平。

瞻彼辇辕，西走汉京，虎踞龙蟠，王伯所凭。云烟惨其动色，草木起而为兵。望嵩少之霞景，渺浮丘之独征。汗漫之不可与期，竟老我而何成！把清风于箕颍，高巢由之遗名。悟出处之有道，非一理之能并。鍪南山之石田，维景略之所耕。老螭盘盘，空谷沦精。非云雷之一举，将草木之偕零。太行截天，大河东倾。邈神州于西北，恍风景于新亭。念世故之方殷，心寂寞而潜惊。激商声于寥廓，慨涕泗之缘缨。

吁咄哉！事变于已穷，气生乎所激。豫州之土，复于慷慨击楫之誓；西域之侯，起于穷悴佣书之笔。谅生世之有为，宁白首而坐食。且夫飞鸟而恋故乡，嫠妇而忧公室。岂有夷坟墓而蔑桑梓，视若越肥而秦瘠！天人不可以偏废，日月不可以坐失。然则时之所感也，非无候虫之悲。至于鳌六翮而睨层霄，亦庶几乎鸷禽之一击。①

在写作4篇赋作之前，对元好问影响比较大的一件事就是在史院任职一年多并告归。对于元好问史院告归，李峭仑的《元好问史院告归原因推断》一文中提到了三种可能的原因，但因为缺乏资料，所以不能确定元好问史院告归的直接原因。元好问直接与此事相关的诗歌是《出京》："从宦非所堪，长告欣得请。驱马出国门，白日触隆景。半生无根著，飘转如断梗。一昨随牒来，六月阻归省。城居苦湫隘，群动日蛙黾。惭愧山中人，团茅遂幽屏。尘泥久相浼，梦寐见清颍。矫首孤云飞，西南路何永。"元好问认为自己本为"山中人"，根本不适合在史院任职。《浣溪沙·史院得告归西山》："万顷风烟入酒壶。西山归去一狂夫。皇家结网未曾疏。情性本宜闲处著，文章自忖用时无。醉来聊为鼓咙胡。"从这两首诗词看，在史院发生了与皇家相关的事件，而这种事情他不能或者不敢说出口，所以只能在酒后自己私下发泄一下。他认为自己的脾气性情与复杂的官场环境格格不入，因而发生了不愉快的事情，于是对官场产生了失望情绪。史院告归之事可以说是对元好问多年来积极出仕愿望的沉重打击。从此，元好问回归嵩山，开始了一段闲居生活。

元好问留下的赋作，或多或少都与这件事情相关，与此事密切相关的赋作是《秋望赋》。史院辞官之后，元好问闲居在嵩山，暮秋时节，登高远望，眼前一片秋色，在作者落寞的心境下，尽显萧条。"步裴回而徙倚，放吾目乎高明。极天宇之空旷，阅岁律之峥嵘。于时积雨收霖，景气肃清，秋风萧条，万籁俱鸣。菊鲜鲜而散花，雁杳杳而遗声。下木叶于庭皋，动砧杵于芜城。穿林早寒，阴崖昼冥。浓澹霏拂，绕白纡青。纷丛薄之相依，浩霜露之已盈。送苍苍之落日，山川郁其不平。瞻彼镮辕，西走汉京，虎踞龙蟠，王

---

① 《元好问全集》卷1，第1～2页。

伯所凭。云烟惨其动色，草木起而为兵。望崧少之霞景，渺浮丘之独征。"在嵩山高处，作者可以"放吾目乎高明""极天宇之空旷，阅岁律之峥嵘"，登上嵩山，跳出了日常的景观与视界，达到了高远之境，同时也从自己的凡俗琐事中解脱，可以纵观古今，横看当世，自然而然地把自己放在了纵横交错的坐标中思考人生。

元好问想到了自己的人生也近秋天，但仍然无所成就，"汗漫之不可与期，竟老我而何成！"，由此引发了自己的焦虑情绪和对人生的思考。"挹清风于箕颍，高巢由之遗名。悟出处之有道，非一理之能并。繄南山之石田，维景略之所耕。"极目远眺，隐隐可以望见箕山、颍水，这是古代隐士的隐居地，他们的生活受到后人的赞美。元好问也曾想到像古代隐士巢父和许由一样生活，但又觉得人生出处之道不能一概而论，各人有自己的具体情况。像王景略的人生，既有隐居生活，也成就了王霸之业。从另一个角度看，人情世故也对元好问形成了压力，想到亲人的殷殷期盼，想到自己闲居的处境，他伤感不已："念世故之方殷，心寂寞而潜惊。激商声于寥廓，慨涕泗之缘缨。"于是他给自己的勉励之语是"事变于己穷，气生乎所激。豫州之土，复于慷慨击楫之誓；西域之侯，起于穷悴佣书之笔。谅生世之有为，宁白首而坐食"。他认为困顿之境也是自己振作的基础，他想到了祖逖，想到了班超，他们都是处于绝境而奋发的典范。自己的人生应该是有所作为的，怎么能够坐食到白头呢！接着，元好问从另一个层面为自己找到了奋进的动力："且夫飞鸟而恋故乡，嫠妇而忧公室。岂有夷坟墓而蔑桑梓，视若越肥而秦瘠？"国家处在危难之中，家乡也已经沦陷，嫠妇尚有忧天下之心，自己怎么能够坐视国家面临灾难而不顾，冷眼旁观故乡的沦陷呢？最后，元好问认为自己应该走出闲居生活。尽管时势艰辛，但应该抓紧时间，奋力一搏："天人不可以偏废，日月不可以坐失。然则时之所感也，非无候虫之悲。至于整六翮而睨层霄，亦庶几乎鸷禽之一击。"

《秋望赋》是元好问在特殊时段对人生出处问题的思考过程，他思考的结果是：抓紧时间，奋力一搏。赋作中我们可以看到元好问的焦虑情绪，也可以看到他决定奋起的理由。他虽然有着隐逸山林的想法，但成就功业、不负此生的愿望还是很强烈的。面对山河破碎、家乡沦陷的现实，他非常焦虑，决定奋力一搏。从这篇赋作中可以看到元好问辞去史馆职位之后，闲居一年多的人生思考。他认为自己应该积极入世，担起作为士大夫的责任，实现自己的人生价值。元好问完成了这样的人生思考之后，就开始为再次出仕做准备，在第二年的春天他赴任内乡令。

二、《新斋赋》：事功还是立言

正大五年（1228），元好问罢内乡令，出仕道路再次中断，他需要重新安排自己的人生。他在内乡县东南的长寿村置办田产，修建房屋，准备在此定居。"予既罢内乡，出居县东南白鹿原，结茅菊水之上，聚书而读之。其久也，优柔厌饫，若有所得，以为平生未尝学，而学于是乎始。乃名所居为新斋，且为赋以自警。"这篇赋作是作者罢内乡县令、建成新宅之后写成的。在赋作中同样写出了自己的人生思考。

元好问辞去史馆职位后，在诗词中都表现出了愤恨不平的情绪，因为他看到了上层的种种盘根错节的复杂问题。在内乡，他是底层官员，接触的是百姓的种种生活琐事，他全身心投入自己的角色中，为百姓干了许多实事。这次的罢官原因是丁母忧，他的心情很平静，做好了定居于此的准备。

新斋赋并序

予既罢内乡，出居县东南白鹿原，结茅菊水之上，聚书而读之。其久也，优柔厌饫，若有所得，以为平生未尝学，而学于是乎始。乃名所居为新斋，且为赋以自警。其辞曰：

新之为说也，在金曰从革，在木曰从斤。丘陵为山而恶乎画，履霜坚冰而致于驯。犹之于人，则齐鲁有一再之渐，狂圣由念否之分。唯夫守一而不变者，不足以语化化之为神。拊陈迹以自观，悼吾事之良勤。失壮岁于俯仰，竟四十而无闻。圣谟洋洋，善诲循循。出处语默之所依，性命道德之所存。有三年之至谷，有一日之归仁。动可以周万物而济天下，静可以崇高节而抗浮云。曾出此之不知，乃角逐乎空文。依北辕以适楚，将畴问而知津。揵虚名以自夸，适以增顽而益嚚。我卜我居，于浙之滨。方处阴以休影，思沐德而澡身。盖尝论之：生而知，困而学，固等级之不蹋；愤则启，悱则发，亦愚智之所均。斋戒沐浴，恶人可以祀上帝；洁己以进，童子可以游圣门。顾年岁之未暮，岂终老乎凡民？已焉哉？孰糟粕之弗醇？孰土苴之弗真？孰昧爽之弗旦？孰悴槁之弗春？人安知温故知新与夫去故之新，他日不为日新、又新、日日新之新乎？①

《新斋赋》一开始就提出了新变的观点："新之为说也，在金曰从革，在木曰从斤。丘陵为山而恶乎画，履霜坚冰而致于驯。犹之于人，则齐鲁有一再之渐，狂圣由念否之分。唯夫守一而不变者，不足以语化化之为神。"赋作由自然到人事，说明新变的必要性。接着作者直接写到了自己的人生，说明自己现在也需要新变："拊陈迹以自观，悼吾事之良勤。失壮岁于俯仰，竟四十而无闻。"作者对走过的人生道路进行了反视，认为自己一直勤恳努力，但是转眼之间，壮岁已失，现在40岁仍然默默无闻。面对现状，他认为不能在这一条路上走下去了，他要为自己寻找一条合适的道路，这就是作者追求新变的原因。元好问要选择一条什么样的道路呢？"圣谟洋洋，善诲循循。出处语默之所依，性命道德之所存。有三年之至谷，有一日之归仁。动可以周万物而济天下，静可以崇高节而抗浮云。曾出此之不知，乃角逐乎空文。"他要追寻生命道德所依托的圣贤理论，或者三年至谷，或者一日归仁，不管难易，动可以济天下，静可以修品德。他觉得自己从小受到儒学的熏染，却没有真正理解它的神圣之处，没有在此深入研究探讨。"我卜我居，于浙之滨。方处阴以休影，思沐德而澡身。"从此可见，元好问所选择的道

---

① 《元好问全集》卷1，第4页。

路就是潜心学习儒家理论，以求实现自身价值。他回顾了自己以前走过的道路，是与目标背道而驰的，"伥北辕以适楚，将畴问而知津。揜虚名以自夸，适以增顽而益嚚"。这是他对自己40岁之前人生的总结。

元好问决心选择一条新的人生道路，但此时他已经40岁了，重新选择道路会不会太晚了呢？"斋戒沐浴，恶人可以祀上帝；洁己以进，童子可以游圣门。"只要自己荡涤心灵，全心修养，现在趋向圣贤之道是不会晚的。元好问给自己找到了重新起步的充分理由："顾年岁之未暮，岂终老乎凡民？已焉哉？孰糟粕之弗醇？孰土苴之弗真？孰昧爽之弗旦？孰悴槁之弗春？人安知温故知新与夫去故之新，他日不为日新、又新、日日新之新乎？"他认为自己还没有到人生暮年，怎么能甘心做一个平凡的人呢？现在虽然是人生的低谷，难道就不会有欣欣向荣的春天吗？他期待着人生的一个新的辉煌时期。

《新斋赋》其实是元好问对仕进道路的又一次否定。在前面谈到的史馆辞职后，他曾经对多年来的仕进努力进行了否定，认为自己是"山中之人"，与官场的复杂情况格格不入，从此，他闲居嵩山。一年之后，他心中又燃起了仕进的愿望，在《秋望赋》中明确写出了自己的思考和打算。几个月后，他赴任内乡，开始了又一段地方官生涯。内乡罢官之后，他在《新斋赋》中总结以前走过的路，认为是与自己的目标相背离的。这次罢官之后，他选择了追寻圣贤之道。《新斋赋》是元好问对自己人生道路的又一次思考和选择，这是他后期致力于倡导儒学的起点，正是因为此时的思考和选择，他开始潜心研究领悟儒家理论。"盖尝论之：生而知，困而学，固等级之不蹐；愤则启，悱则发，亦愚智之所均。"元好问把自己的这次人生选择称为"去故之新"，他要以全新的起点，走出全新的道路。

三、《行斋赋》与《蒲桃酒赋》：应酬亦明志

元好问的《行斋赋》和《蒲桃酒赋》应该是应酬之作，这一点我们在赋作的序文中可以看出来。但其中也蕴含着他对人生的思考。

行斋赋并序

戊子冬十月,长寿新居成。仲经张君从予卜邻,得王氏之败屋焉。环堵萧然,不蔽风日,君为之补罅漏治芜秽,盖十日而后可居。革门圭窦,故事毕举,取君子素其位而行之义,名曰"行斋",而乞文于予。予以为士之贫至于君极矣,无禄以为养,无田以为食,无僮仆为之负贩,无子弟为之奔走,无好事者为之谋缓急而助薄少。率贳无旬日计,泰然以闭户读书为业。不以为失次,而以为当然;不以为怨,不以为忧,而又且以为乐也。然则不谓之无愧其名也而可乎?乃为赋云:

赋分在人,如物有常。反鹤与凫,无益短长。力有可求,胜天不祥。福不盈睫,一败莫偿。莫难养心,操存舍亡。出入无时兮,莫知其乡。饱饥有时而激怒兮,殆犛虎之贻殃。我思古人,动静有方。静以养虚,刚以作强。辱以处污,愚以退藏。屹中立而不倚,溯横溃而独障。直钓磻溪之鱼,秃节单于之羊。有漆身以为厉,有被发而为狂。仕污世而执翻,徇殊俗而解裳。太阿存兼善之达,缊袍有不求之臧。唯夫长剑大冠以揖让人主之前者若固有,故木食涧饮虽至于劳筋骨而饿体肤者为无伤。古有之,居不隐者志不广,身不抑者志不扬。士固有遁世而不复见,然愈拼而愈彰。南山苍苍,北风雨霜。有兰不雕,俟春而芳。伟哉造物,又将发吾子之幽光耶?[①]

《行斋赋》是受张仲经之请所作。张仲经生活困顿,得到他人破败房屋,简单修缮之后居住,此屋与元好问的新斋为邻。元好问在赋作中一方面赞美张仲经清贫困顿中仍能坚守自己的品德,另一方面鼓励他暂且隐居,必有腾达之时。"太阿存兼善之达,缊袍有不求之臧。"说明张仲经虽然"衣敝缊袍",但是德行才学出众,像曾经困顿的伊尹一样,终会有腾达之时。在赋作的最后,元好问进一步鼓励张仲经:"居不隐者志不广,身不抑者志不扬。

---

① 《元好问全集》卷1,第5页。

士固有遁世而不复见，然愈掩而愈彰。南山苍苍，北风雨霜。有兰不雕，俟春而芳。伟哉造物，又将发吾子之幽光耶？"目前的困顿也许是造物主的特意安排，是为了以后展示光彩。

张仲经当时与元好问为邻，他们选择了相同的生活环境，相同的生活方式，都是潜心读书修养。元好问在《新斋赋》中说明，自己要选择一条新的路径，潜心研读儒家理论。他没有展示未来的前景，但在《行斋赋》中对张仲经的激励，何尝不是作者对自己的激励呢？从这里可见，元好问此时潜心儒学，就是为了振兴儒学，以另外一种形式实现自己的人生价值。在金亡之际，他为了儒学的振兴所做的种种事情，都是他实现自身价值的努力。

蒲桃酒赋并序

刘邓州光甫为予言："吾安邑多蒲桃，而人不知有酿酒法。少日，尝与故人许仲祥，摘其实并米炊之，酿虽成，而古人所谓'甘而不饴，冷而不寒者'，固已失之矣！贞佑中，邻里一民家，避寇自山中归，见竹器所贮蒲桃在空盎上者，枝蒂已干，而汁流盎中，薰然有酒气。饮之，良酒也！盖久而腐败，自然成酒耳。不传之秘，一朝而发之，文士多有所述。今以属子，子宁有意乎？"予曰："世无此酒久矣！予亦尝见还自西域者云：'大石人，绞蒲桃浆封而埋之，未几成酒；愈久者愈佳。有藏至千斛者。'其说正与此合。物无大小，显晦自有时，决非偶然者。夫得之数百年之后，而证数万里之远，是可赋也。"于是乎赋之。其辞曰：

西域开，汉节回。得蒲桃之奇种，与天马兮俱来。枝蔓千年，郁其无涯。敛清秋以春煦，发至美乎胚胎。意天以美酿而饱予，出遗法于湮埋。序罔象之玄珠，荐清明于玉杯。露初零而未结，云已薄而成裁。挹幽气之薰然，释烦悁于中怀。觉松津之孤峭，羞桂醑之尘埃。我观《酒经》，必麴蘖之中媒。水泉资香洁之助，秋稻取精良之材。效众技之毕前，敢一物之不偕？艰难而出美好，徒酖毒之贻哀。絷工倕之物化，与梓庆之心斋。既以天而合天，故无桎乎灵台。吾然后知圭璋玉毁，青黄木灾。音衰而鼓钟，味薄而盐梅。惟掸残天下之圣法，可以复婴儿之未孩。安得纯白之士，而与之同此味哉。①

《蒲桃酒赋》是当时发现葡萄酒的酿制秘密之后，沉醉于葡萄美酒之中的一些文人作诗赋记载这件事，元好问也写赋助兴。虽然是助兴之作，但赋作中也可以看到他对人生的思考。在铺陈描写之后，他感慨："吾然后知圭璋玉毁，青黄木灾。音衰而鼓钟，味薄而盐梅。惟掸残天下之圣法，可以复婴儿之未孩。安得纯白之士，而与之同此味哉。"最后的感慨直接化用下面的句子："众人熙熙，如享太牢，如春登台。我独泊兮其未兆，如婴儿之未孩。"（《老子》）"殚残天下之圣法，而民始可与论议。"（《庄子·胠箧》）作者在此追求纯净的、没有污染的赤子之心，也表现了他对自己高洁品格的坚守，以及他不与受污染者同流合污的决心。

元好问自幼聪慧，勤奋好学，父亲精心培养，老师认真教导，这些都使得他从小就志存高远。但是经过官场的坎坷，40岁的他仍然没有大的作为，从《秋望赋》《新斋赋》中都可以看到他焦虑的心情。当时身处动乱时期，仕途无望，元好问不会甘心于默默无闻，空负才华。在这样的情况下，他对自己的人生进行了思考和总结，从而选择了潜心学习儒家理论，实现"立言"之不朽。从此之后，虽然元好问还有做官的经历，但是传承儒学、保存文化典籍已成为他追求的目标。直到元代初期，元好问受到耶律楚材父子的出仕邀请，他也毫不犹豫地谢绝了。虽然这些与他在金末受到的冤枉辱骂有关，但是更重要的因素是他经历了坎坷，已经为自己选定了人生后期的目标。于是他编辑整理金代文化文学资料、著书立说、为振兴儒学奔走呼号，成为金代历史上最重要的文人，对元代乃至明清文坛产生了重要影响。胡传志先生的《假如没有元好问》一文，正是从文学史的框架下说明了元好问的

---

① 《元好问全集》卷1，第2～3页。

价值。从这一点看，元好问当年选择的是一条正确的道路。他的赋作给我们铺叙了他人生思考、人生选择的过程。所以说，元好问赋作虽少，但不容忽视，因为他用赋作展示了自己的心理过程。

第二节　元好问儒学思想的践行

元好问是金元之际的重要文人，他的诗歌是金代诗歌创作的高峰，他上承杜甫真实反映现实的创作风格，真实记录了金代末期的社会现实，同时也引导、影响了元代初期的诗歌创作。金亡之后，他在诗文中不断追忆已经离去的风流蕴藉的一代文人，饱含情感地抒写了自己对已去时代的怀念和祭奠，用自己的方式总结了自己的时代。元好问是金代争议很大的一位文人，后人对他的行为提出了种种批评，他也成为金代最受冤屈的文人。近年来批评界开始客观地看待元好问，正确地评价他的文学成就，也肯定了元好问在金末元初文坛上的地位及在中国文学史上的地位。但是，如何真正地理解这位文人，如何解释他在当时的种种行为，我们还应该深入他的思想进行分析研究。

一、高屋建瓴的教育和君子儒的情怀

元好问从小被过继给嗣父元格，因为天资聪慧，嗣父对他抱有很大期望。元格望子成龙心切，为他遍访名师。对于选师过程，元好问在《郝先生墓铭》中记载：

泰和初，先人调官中都。某甫成童，学举业。先人思所以引而致之者，谋诸亲旧间。皆曰："漠泽风土完厚，人质直而尚义。在宋有国时，

俊造辈出，见于黄鲁直廉成县之诗。风俗既成，益久益盛。迄今，带经而锄者四野相望。虽间巷细民，亦能道古今，晓文理。为子求师，莫此州为宜。"于是先人乃就陵川令之选。时乡先生郝君方聚子弟秀民，教授县庠。先生习于义礼之俗，出于贤父兄教养之旧，且尝以太学生游公卿间，阅人既多，虑事亦审，故其容止可观，话言亦可传。州里老成宿德多自以为不及也。①

在这一段文字中，虽然作者是在介绍选师过程，但我们可以看到元好问所受到的家庭教育情况。元格对元好问的教育非常重视，他希望名师对元好问教授、引导，为了能够把元好问琢成大器，他愿意付出各种努力。在多方征求亲友意见之后，他选定了泽州，努力争取就选陵川令。泽州的教育状况，郝经在他的《先曾叔大夫东轩老人墓铭》中也有介绍：

金有天下百余年，泽、潞号为多士。盖其形势表里山河，而土风敦质，气禀浑厚。历五季而屡基王业，而尝雄视天下，故其为学广壮高厚，质而不华，敦本业，务实学，重内轻外。宋儒程颢尝令晋城，以经旨授诸士子，故泽州之晋城、陵川、高平，往往以经学名家，虽事科举，而六经传注皆能成诵。耕夫贩妇，亦耻谣诼而道文理，遂与齐鲁共为礼义之俗而加厚焉。②

在这一段文字中，郝经介绍了泽州的风土人情、气质禀赋、质朴无华的务实学风、彬彬多士的经学基础、传诵六经的社会风气。在泽州，耕夫贩妇这样的普通人也可以"耻谣诼""道文理"，泽州礼仪之俗可以与齐鲁比肩，在这样的土地上孕育着中华文明的精英人物。元格认识到重教、好学风气是

---

① 《元好问全集》卷23，第517页。
② 《郝经集编年校笺》卷36，第952页。

良好的学习环境，会为接受良好的教育打下基础。于是争取到陵川任职，亲自督促元好问的学习。

在元好问的人生中，郝天挺对他的教育影响了他的一生。对于自己的先生，元好问是这样评价的："时乡先生郝君方聚子弟秀民，教授县庠。先生习于义礼之俗，出于贤父兄教养之旧，且尝以太学生游公卿间，阅人既多，虑事亦审，故其容止可观，话言亦可传。州里老成宿德多自以为不及也。"郝经对自己的祖父的介绍与元好问类似：

先大父讳天挺，字晋卿。幼开朗，卓卓不群。举进士，两赴廷试，以太学生颉颃缙绅间。崇庆之变，束载而去，曰：时事如此，可区区冒进乎？遂归。远近俊茂多从之学，其教人以治经行己为本，莅官治人次之，决科诗文则末也。故经其指授者，往往有成资。河东元好问从之最久，而得其传，卒为文章伯，震耀一世。其余巨公硕士，出其门者甚众，则其所学可知已。①

郝经在介绍了自己先祖的风神气质、学识声名之后，主要介绍了郝天挺的教育思想，"其教人以治经行己为本，莅官治人次之，决科诗文则末也。"郝天挺把六经研读和道德修养放在首位，而将时人最为关注的科举时文的教授放在了末位，可见，在他心中科举之事并不是第一重要。这样的教育理念对元好问的影响是巨大的，可以说影响了元好问的人生走向，推进了元好问的文学成就，铸成了元好问在文学史、文化史上的重要地位。

元好问在《郝先生墓铭》中也重点谈到了郝天挺的教育理念：

先生尝教之曰："学者贵其有受学之器，器者何？慈与孝也。今汝有志矣，器如之何？"又曰："今人学词赋以速售为功，六经百氏分裂

---

① 《郝经集编年校笺》卷36，第956～957页。

补缀外,或篇题句读之不知,幸而得之,且不免为庸人,况一败涂地者乎!"又曰:"读书不为文艺,选官不为利养,唯知义者能之。今世仕宦多用贪墨败官,皆苦于饥冻不能自坚者耳,丈夫子处世不能饥寒,虽一小事亦不可立,况名节乎?汝试以吾言求之。"先生工于诗,尝命某属和。或言:"令之子欲就举,诗非所急,得无徒费日力乎?"先生曰:"君自不知,所以教之作诗,正欲渠不为举子耳。"盖先生惠后学者类如此,不特于某然也。①

在这一段文字中,元好问介绍了郝天挺的教育思想。郝天挺认为受学之基础是"慈与孝",学习不为名利,为功利之速学,难以贯通六经,必沦为庸人,即使为官,难成大器。这种沦为庸人的教育,就是一败涂地的教育。为"利养"而为官,难以成就名节。面对他人对自己教育内容的质疑,郝天挺认为,他对元好问的教育就是不单单为举子而读书。在元好问的介绍中,我们可以看到郝天挺一直把自己的教育思想与当时俗人的教育思想相比较,明确地表示自己的教育不是专门培养科举之士,而是在高一个层面培养社会精英人才。郝天挺不媚俗、不功利的教育思想也得到了多数人的认同,身为县令的元格也认可了郝天挺对其子元好问的教育方式。嗣父的见识与先生的教育思想在此时达到了一致。正是因为父亲与老师的教育思想一致,使得元好问能够在超越尘俗的层面上接受教育。

郝天挺的教育使得元好问在儒学思想方面追求的是高层次的认识。在《曲阜纪行十首》之九中,元好问明确提出自己对儒学不同层面的看法:

　　天地有至文,六籍留圣谟。圣师极善诱,小智只自愚。文章何物技,不直咳唾余。操戈竞虚名,望尘拜高车。所得不毫发,咎责满八区。公论悬日星,岂直小人儒?喻彼失相者,伥不知所如。指南一授

---

① 《元好问全集》卷23,第517～518页。

辔，圣门有修途。阳光照薄暮，尚堪补东隅。悠哉发深省，洒扫今其初。①

细读这首诗，我们可以看到，诗歌的内容，几乎是郝天挺教育思想的诠释。诗歌首先赞美了儒家六经的神圣理论和圣人的伟大胸怀和理想，接着直接批评了当时"小智"对圣人思想的不理解，"操戈竞虚名，望尘拜高车"，他们学习儒家理论，也只能得到一些糟粕，不能掌握真正的思想，于是科场竞逐，追求虚名，屈从于名利官禄。元好问在此对这些人表现出了不屑的态度。接着提出了"公论悬日星，岂直小人儒？"，虽然这里只出现了"小人儒"的说法，但从诗意中，我们还可以看出与"小人儒"相对的"君子儒"，这是作者想说未说的概念，是隐含在"岂直小人儒"这一诗句中的。在诗歌中我们可以看到，作者是把"小智"与"小人儒"相等同的。它们是指同一类人。

"小人儒""君子儒"的说法见《论语·雍也》："子谓子夏曰：'汝为君子儒，无为小人儒！'"历代学者关于"君子儒""小人儒"的解释很多，梁皇侃《论语义疏》："儒者，濡也。夫习学事久，则濡润身中，故谓久习者为儒也。但君子所习者道，道是君子儒也；小人所习者矜夸，矜夸是小人儒也。"②"马融曰：'君子为儒，将以明其道。小人为儒，则矜其名也。'"③ 宋朱熹《论语集注》："儒，学者之称。程子曰：'君子儒为己，小人儒为人。'"④ 清刘宝楠《论语正义》："子夏于时设教，有门人。故夫子告以为儒之道：君子儒，能识大而可大受；小人儒，则但务卑近而已。"⑤

对于君子儒、小人儒的解释，主要有"明道""矜名"之分，有"为己""为人"之分，有"识大""识小"之分，也有"远大""狭隘"之分，

---

① 《元好问全集》卷2，第46页。
② ［梁］皇侃撰，高尚榘校点：《论语义疏》卷3，中华书局2013年版，第136页。
③ 同上。
④ ［宋］朱熹撰：《四书章句集注》，中华书局1983年版，第88页。
⑤ ［汉］郑玄注，［清］刘宝楠注：《论语正义》，上海书店出版社1986年版，第122页。

等等。究其根本，君子儒与小人儒的区别只是胸怀的不同，境界的不同。元好问在诗歌中明显表现出对小人儒的不屑，他认为儒家学说有大道、坦途，应该沿着正道发扬儒学。他所说的儒道坦途，就是对六经的贯通学习，以严谨的态度、宽阔的胸怀、高远的见识，超越世俗的功利，追寻儒道的真谛。

二、对金国的忠诚与立言之不朽

元好问拜师郝天挺，受到了良好的教育，具有大胸怀、大境界，以及超人的眼光。国家的灭亡，使得他需要重新思考自己的社会责任和人生价值。

首先，他忠于自己的国家，在金国灭亡之后，蒙古统治集团内部的重要人物耶律楚材、耶律铸都盛情邀请他出仕新朝，他都拒绝了。在他的心目中，他要为自己的国家做一些事情，来表示对故国的祭奠。为自己的国家留下真实的历史，这是对逝去朝代最有意义的祭奠。从《漆水郡侯耶律公墓志铭》中的一段话，我们可以看到金亡后元好问所焦虑的事情：

> 呜呼！世无史氏久矣。辽人主盟将二百年，至如南衙不主兵，北司不理民，县长官专用文吏，其间可记之事多矣。泰和中，诏修《辽史》。书成，寻有南迁之变，简册散失，世复不见。今人语辽事，至不知起灭凡几。主下者不论也。《通鉴长编》所附见，及《亡辽录》《北顾备问》等书，多敌国诽谤之辞，可尽信耶？正大初，予为史院编修官，当时九朝实录已具，正书藏秘阁，副在史院。壬辰喋血之后，又复与辽书等矣，可不惜哉！①

金亡后，元好问最关心的事情就是金国的历史，他希望在金国灭亡之后，能够有一本《金史》客观地记载这个时代的真实存在。在金代，曾经有过编撰《辽史》的工作，但可能受到史料的限制，没有详尽完整地编成《辽

---

① 《元好问全集》卷27，第582～583页。

史》，对辽国的评价也有失公允。元好问看到辽国的情况，想到金国的历史，很为之焦虑。

从国家层面看，元好问希望保存故国的历史，从个人的人生价值看，元好问也把"立言"放在了首位。《尚药吴辨夫寿冢记》："至于太上立德，其次立功，其次立言，三者于人道为极致，无以加矣。"①《陆氏通鉴祥节序》："温公修此书十五余年，虽相业未究，而能成百代不刊之典，以与左丘明氏并传。立功、立言，皆圣哲之能事，在公为无憾。"②在元好问对他人的评价中，可以看到他对人生价值的思考，他认为"三不朽"是人生的最高境界。

"三不朽"最早出现在《左传·襄公二十四年》，其中记载了鲁大夫叔孙豹的一段话："大上有立德，其次有立功，其次有立言。虽久不废，此之谓不朽。若夫保姓受氏，以守宗祊，世不绝祀，无国无之，禄之大者，不可谓不朽。"《春秋左传正义》对"三不朽"的看法是：立德，"创制垂法，博施济众，圣德立于上代，惠泽被于无穷"；立功，"拯厄除难，功济于时"；立言，"言得其要，理足以传"③。根据孔颖达的观点，立德、立功、立言是道德修养达到一定层次的人才能做到的。立德的人是圣王、圣人，立功的人是大贤之人，而立言的人是次大贤之人。

从这些内容看，"立德"的境界不是一般人可以达到的，必须是圣王、圣人，"立功"也必须是大贤之人，只有"立言"是元好问可以追求的境界。金亡后，元好问致力于金代文献的整理和历史事件的记录。在这里，对故国的忠诚与"立言"的追求是一致的，元好问在金亡后，放弃了出仕新朝，不再为官为宦，全身心投入自己认定的事业中。"每以著作自任，以金源氏有天下，典章法度，几及汉、唐，国亡史兴，己所当为。而国史、实录在顺天

---

① 《元好问全集》卷34，第724页。
② 《元好问全集》卷36，第749页。
③ 《十三经注疏》整理委员会整理，李学勤主编：《十三经注疏·春秋左传正义》卷35，北京大学出版社1999年版，第1003页。

道万户张公府,乃言于张公,使之闻奏,愿为撰述。奏可,方辟馆,为人所沮而止。先生曰:'不可遂令一代之美泯而不闻。'乃为《中州集》百余卷,又为《金源君臣言行录》。往来四方,采撷遗逸,有所得,辄以寸纸细字亲为记录,虽甚醉不忘。于是杂录近世事至百余万言,捆束委积,塞屋数楹,名之曰'野史亭'。书未就而卒。呜呼!先生可谓忠矣。"①

从郝经的记载看,元好问在金亡之后,把修史、存史当作自己的责任,他希望能为金代留下真实的历史,采撷遗逸,完成金史著作《金源君臣言行录》。同时为了留下金代的文学成果,编成《中州集》,为金代诗人资料及诗歌的保存做出了巨大贡献。元好问以金史著作祭奠他的故国,以《中州集》祭奠那个时代曾经风流一时的文人,这份对自己朝代的忠诚,他的学生郝经深深理解,于是有"呜呼!先生可谓忠矣"这样的感叹。元好问以最理想的方式表示了对故国的忠诚,也在这样的忠诚中实现了自己的人生价值,达到了不朽之境界。

三、忧民与忧道

金代末期,儒学的传播遭到重大挫折。特别是甲戌(1214)之祸,山东遭遇战火,曲阜也不能幸免。儒家圣地的灾难沉重地打击了儒士对国家的期望。到元代初期,在成吉思汗的支持下,全真教盛行,佛教也在战争中继续发展,道教、佛教盛行,儒家的纲常礼教遭到挤压。在这样的大背景下,元好问的思想发生了怎样的变化呢?

(一)面对百姓的灾难,认可道家的止杀之力

在元好问的文集中,我们可以看到多篇关于道观的文章,例如《紫薇观记》《忻州大庆观重建功德记》《太古观记》《朝元观记》《清真观记》《通仙观记》《五峰山重修洞真观记》等,在这些文章中,作者都说明了自己写作的缘由,多是受人所托,希望借他的文坛盛名扩大道观的影响。虽然在字里

---

① 《郝经集编年校笺》卷35,第908~909页。

行间可见元好问的难以推脱之意，但文中我们还是可以看到他对全真教止杀伐作用的肯定。

首先元好问看到了道教传播不可阻挡之势，在《紫薇观记》中他写道：

> 贞元、正隆以来，又有全真家之教。咸阳人王中孚倡之，谭、马、丘、刘诸人和之。本于渊静之说，而无黄冠禳祴之妄；参以禅定之习，而无头陀缚律之苦。耕田凿井，从身以自养，推有余以及之人。视世间扰扰者，差若省便然故，堕窳之人翕然从之。南际淮，北至朔漠，西向秦，东向海。山林城市，庐舍相望，什百为偶，甲乙授受，牢不可破。上之人亦尝惧其有张角斗米之变，着令以止绝之。当时将相大臣有为主张者，故已绝而复存，稍微而更炽。五七十年以来，盖不可复动矣。贞佑丧乱之后，荡然无纪纲文章，茧茧之民靡所趋向，为之教者，独是家而已。①

面对全真教的迅猛发展，元好问虽然有对儒教的挚爱，但也清楚地看到全真教给社会带来的影响，他是一位积极面对现实的人，所以不能不承认全真教的积极作用。当时丘处机不畏艰险，以70多岁的高龄远赴西域，来到成吉思汗的西征前线，以道教理论极力劝说成吉思汗停止杀伐，在其他诸多因素的作用下，终于动摇了成吉思汗继续西征的决心，决定班师回朝。丘处机和他的全真教也得到了蒙古统治阶层的认可和尊重。之后，全真教立足"止杀伐""止争斗"，宣扬自己的主张。在深受战乱之苦的北方地区应时、应运迅猛发展。在元好问关于道观的文章中，充分肯定了全真教的社会作用：

> 人情甚不美，重为风俗所移，幸乱乐祸，勇斗嗜杀，其势不自相鱼肉、举六合而墟之不止也。丘往赴龙庭之召，亿兆之命悬于好生恶死之一言。诚有之，则虽冯瀛王之对辽主不是过。从是而后，黄冠之人十分

---

① 《元好问全集》卷35，第740～741页。

天下之二，声焰隆盛，鼓动海岳，虽凶暴鸷悍、甚愚无闻知之徒，皆与之俱化。衔锋茹毒，迟回顾眄，若有物掣之而不得逞。父不能召其子，兄不能克其弟，礼义无以制其本，刑罚无以惩其末。所谓"全真"家者，乃能救之荡然大坏不收之后，杀心炽然如大火聚，力为扑灭之。呜呼，岂非天耶！[①]（《清真观记》）

从这里可以看到，元好问充分肯定了丘处机在劝阻成吉思汗杀伐中的作用，而且说明，全真教使一些社会上的暴虐凶悍之徒趋向和善，为社会扑灭了屠戮之烈火。在强调全真教止杀伐的社会作用的同时，他也强调了道家知退、不争的思想：

况乎执兵凶器行战危道，奋迅于风尘之隙，而角逐于功名之会，伏尸流血，仅乃得之。大方之家，方以拱璧驷马，不如坐进此道。彼功定天下之半，声驰四海之表，且不能满渠一笑，其下者当置之何地哉？故虽文成君之豪杰，一旦自视缺然，愿弃人间事，绝粒轻举，以从赤松子游，非自苦也。惟侯知物之不可太盛，知名之不可久处，知权之不可不畏，而退之不可不勇，故慨然自拔于流俗，思欲高举远引也如此。[②]（《朝元观记》）

从元好问关于道教的文章中，可以看到他对全真教没有特别的赞美，只是客观地认可，这也说明元好问思想现实性的一面。例如，他在《紫薇观记》中，叙述了道教的发展，对道教的早期发展情况，有着明显的倾向性，文辞之间，有一些贬讽之意。从"贞元、正隆以来"，全真教兴起，文章对道教的态度发生了变化，叙述态度明显变为客观介绍。因为全真教的止杀伐

[①] 《元好问全集》卷35，第744页。
[②] 同上注，第742页。

之力，元好问改变了他对道教的态度。作为一个密切关注现实的文人，他继承了儒学关注现实、以民为本的精神实质，在金末元初的大动荡之际，他也在寻找着救民于水火的理论主张，而"全真教"的盛行和社会作用正好与他的愿望一致，所以他突破了自己以前对道教的看法，肯定了全真教的社会作用。在这里，必须说明，元好问认可的只是全真教，而对以前的道教还是持批评态度的。这一点，在《紫薇观记》中我们可以清楚地看出。

（二）面对儒学被挤压的现实，忧心忡忡

元好问虽然写了多篇关于道观的文章，但在这些文章中，他肯定全真教的作用时，总是想到儒教的地位和处境。这一点也是当时的社会现实决定的。随着全真教的盛行，儒教的地位受到了挤压。元好问从小受儒学浸润，"我昔入小学，首读仲尼居。百读百不晓，但有唾成珠。少长授鲁论，稍与义理俱。摄齐念升堂，坏壁想藏书"。面对儒学的境况，元好问表现出了自己的忧心。例如：

> 自神州陆沉之祸之后，生聚已久，而未复其半。蚩蚩之与居，泯泯之与徒，为之教者独全真道而已。尝试言之：圣人之忧天下后世深矣，百姓不可以逸居而无教，故为之立四民，建三纲五常。士、农、工、贾各有业，父慈、子孝、兄友、弟敬、君臣严、夫妇顺，各有守。九官而有司徒，仁义礼智，典章法度，与为士者共守之。天下之人耕而食，蚕而衣，养生送死而无憾。粲然而有文，欢然而有恩。于圣人之教也，若饥者之必食，寒者之必衣，由身而家，由家而达之天下四方。由不可斯须离，至百世千世万世而不可变。其是之谓教，而道存焉于其间。《传》有之："天佑下民，作之君，作之师。"道之行与否，皆归之天。今师徒之官与士之业废者将三十年，寒者不必衣，而饥者不必食，盖理有不可晓者，岂非天耶？[①]（《清真观记》）

---

① 《元好问全集》卷35，第743～744页。

《清真观记》是一篇不长的文章，但在这篇为道观作记的文章中，作者几乎用了三分之一的篇幅叙述儒教在教化百姓、规范社会秩序、制定典章法度方面的巨大功绩。他要说明，如果没有圣人的规范教化，几乎没有当时的社会秩序，人类可能还生活在无序的状态中。后代儒士谨慎地守卫着圣人的教化成果，人类也在不断地创造灿烂的文明。这样的秩序千世万世不可变。但是，突然之间，一切都发生了变化，儒教荒废，社会秩序被打乱。元好问也对当时的现象不明白，"岂非天耶？"的责问，是他痛苦思考之后的呐喊，因为他不明白，他只能认为"道之行与否，皆归之天"。

元好问在《曲阜纪行十首》中，也写出了儒教受挤压的状况。十首诗都是自己在曲阜的见闻和感受，诗中描写了曲阜破败萧条的景象："泮宫何所有，舞雩但荒台。泮水涸已久，北风卷黄埃""不见讲堂处，指似存世谱。遗基洙泗间，荒恶余十亩""殿屋劫火余，瓦砾埋荒基""荒城卧鲁甸，寒日澹平芜""雩台满荒榛，逵宫余曲沼"等，这组诗歌不仅写出了曲阜的萧条景象，同时也写出了佛、道在当时的兴盛景象："谁言甲戌乱，煨烬入炎燎。青烟干云上，群鹤空自矫"，这虽然是作者愤然不平的诗句，但用"群鹤自矫"写出了全真教的繁荣兴盛景象。组诗的第八首又集中描写了佛教在山东的发展："白塔表佛屋，万瓦青鳞鳞。何年胜果寺，西与姬公邻。塔庙恣汝为，岂合鲁城闉？鲁人惑异教，吾道宜湮沦。"说明在山东孔子故里，佛教也很盛行。当时儒学所受到的挤压，可想而知。

元好问祭拜孔庙，看到的是满目萧条，而在当地，佛教、道教盛行，面对这样的境况，元好问内心哀痛不已，"顾瞻鲁公宫，感极令人哀""哀哀峄阳人，肠肺痛如搅"，元好问此时的哀痛之感，在这些诗句中表现得淋漓尽致。《在明阳观记》中，作者描写了全真教的兴盛景象之后，写出了自己的感悟："吾于此有感焉：三纲五常之在，犹衣食不可以一日废。今千室之邑，岂无人伦之教者？至于携《兔园策》，授童子之学者，乃无一人焉！寒不必衣，饥不必食，痛乎风俗之移人也。呜呼！二家之盛衰，又何足记邪。"① 面对儒教的荒废，元好问痛愤不已。

四、传承儒学的决心

元好问于乙巳年（1245），祭拜曲阜孔庙。经历贞祐之变，孔庙一片萧条。元好问至此，百感交集，对于儒学的现状、前景，写出了自己的看法。在当时，佛教、道教盛行，儒教有萧条之状。元好问对当时社会上佛教与儒教的前景，做出了自己的判断，他认为佛教虽然当时盛行，但会被人们所抛弃，"况彼桑门家，粪壤待其身。一朝断生化，万国随荆榛"。而对于儒道的将来，他认为"纷纷阅成坏，何异晏与早。道存有汙隆，物齐无寿夭"，"君看太山石，万古青未了"。从中可见元好问对儒道的发展充满信心。

在曲阜，他找到了孔子手植桧的残枝。孔子当年亲自栽种了三棵桧树。之后，手植桧就成为国家繁荣、社会安定的象征，它的繁茂与毁坏，是与盛世、乱世相对应的。手植桧在贞祐之变中毁于大火。30年之后，元好问看到当年手植桧的残枝，感慨良多，于是用之雕刻了圣像，以表示自己对儒学传承后世之信心：

手植桧圣像赞

乙巳冬十二月，拜林庙还，得手植桧把握许。就刻之为宣圣、颜、孟十哲像，且以文楷为龛。像出于手桧为难，其得于煨烬之余又为难，合是二难，宜为儒家世宝，乃百拜而为之赞云：

体则微，理则全，望之俨然，即之温然。见其参于前，手所植焉，形所寓焉。敛之管窥，浩浩其天，是将以为甘棠之贤耶！抑与夏鼎殷盘而传也。②

---

① 《元好问全集》卷35，第747页。
② 《元好问全集》卷38，第796页。

在这一篇赞辞中可见，元好问认为自己在手植桧被毁30年之后，能够得到残枝，并用之雕刻出圣哲之像，这将是儒家的世宝，与"夏鼎殷盘"一样传之后世。

"圣师既已老，自卫归在鲁。正乐修六经，卒业此其所。当时季路室，完整逮建武。太仆忠且壮，持用方御侮。如何唐盛日，一废不重举。中和天地位，宁复俟庭庑。""建武"是汉中兴之主刘秀的年号，元好问认为国家的振兴之日还会到来，儒学的中正之位还会重现，自己愿意在庭院之中等待着儒学的重振之日。（亦可解为：儒学重振之日，自己愿意回归庭院，像圣师一样著书立说。）这里可见元好问对儒学重兴的期待与坚定的信心。

元好问在自己的诗文中很少直接谈到自己重振儒学的决心，但他在《曲阜纪行十首》诗中，明确地表示自己的决心："坐令钟鱼地，再睹笾豆陈。吾谋未及用，勿谓秦无人。"钟鱼之地是指佛教寺院，"笾豆陈"是指儒家礼仪，前两句就是说明儒学一定会振兴。而儒学的振兴与国家的振兴是有不同之处的，不是靠尖兵利刃的装备和勇赴死难的精神可以完成的，而是要靠见识和谋略来实现的。元好问很自信地认为"吾谋未及用，勿谓秦无人"。这句话为我们透漏了很多信息：元好问认为振兴儒学需要有识之士的谋划，对于振兴儒学他有自己的思考，但还没有开始实施自己的谋划，在适当的时候，他会为振兴儒学实施自己的计划。

谈到元好问为振兴儒学所做的努力，我们很容易想到的事件是：壬子年（1252），元好问与张德辉等人请忽必烈为"儒教大宗师"，忽必烈很高兴，下令蠲免儒户兵赋，开始进一步任用汉人儒士为官，儒士境况好转。这件事是元好问、张德辉等人长时间谋划之后所采取的行动，完全是以谋略为之。尊忽必烈为"儒教大宗师"是一个万全之策，因为忽必烈之前就有任用汉人儒士的倾向，他如果欣然接受，儒教和儒士地位都会好转，这是最好的结果。忽必烈如果对这样的尊称不感兴趣，他也不会断然拒绝，对儒教也没有什么危害。元好问与张德辉等人用这一谋略提高了儒教的社会地位，为元代儒学的振兴做了一件非常重要的事情。这一事件可以说是"吾谋未及用，勿谓秦无人"这句诗的最好诠释。

元好问是以诗文引起后人关注的诗人,他的学生郝经对他的评价也主要在诗文方面:

> 诗自三百篇以来,极于李、杜。其后纤靡淫艳,怪诞癖涩,寖以弛弱,遂失其正。二百余年而至苏、黄,振起衰踣,益为瑰奇,复于李、杜氏。金源有国,士务决科干禄,置诗文不为,其或为之,则群聚讪笑,大以为异。委坠废绝,百有余年,而先生出焉。当德陵之末,独以诗鸣,上薄风雅,中规李、杜,粹然一出于正,直配苏、黄氏。天才清赡,邃婉高古,沉郁太和,力出意外,巧缛而不见斧凿,新丽而绝去浮靡,造微而神采粲发,杂弄金璧,糅饰丹素,奇芬异秀,洞荡心魄,看花把酒,歌谣跌宕,挟幽并之气,高视一世。①

一直以来,人们对元好问的思想没有太多的关注,其实,他的思想是他诗文成就的基础,正是因为他贯通六经的基础,才能够"上薄风雅",才能够在诗文创作的道路上一直沿着康庄大道前行,也正是有这样的基础,他才能写出《论诗三十首》这样的评诗作品,他品评诗歌的水平才能够受到后人的赞美。当然,也是因为他的大境界、大胸怀,使他的见识和行为超越了一般人,他给耶律楚材写信请求保存金国的儒士精英,他为耶律楚材的父兄写墓志铭,他与张德辉等人一起尊忽必烈为"儒教大宗师",这些事件许多人不理解,对他指责谩骂,影响了对他在文学史上地位的客观评价。我们真正认识了他的思想基础,就能够更好地理解他的行为,给他客观的评价,也能够进一步深入研究他的诗文,更好地理解他诗歌的内蕴。

---

① 《郝经集编年校笺》卷35,第907~908页。

第十二章 元好问对儒道的变通

第一节 对社会现实的批判和思考

元好问在金亡后,怀着亡国后的孤寂、痛苦的心情成为元代的百姓。

一、对现实的憎恶

金末元初的战乱不仅夺去了大量百姓的生命,改变了儒士们的命运,同时也打乱了社会秩序,面对这样的景象,元好问的叹息是悲切的。他在《东平府新学记》中描写了当时的社会现实:

> 学政之坏久矣!人情苦于羁检而乐于纵恣,中道而废,从恶若崩。时则为揣摩、为捭阖、为钩距、为牙角、为城府、为穿护、为溪壑、为龙断、为捷径、为贪墨、为盖藏、为较固、为干没、为面谩、为力诋、为贬驳、为讥弹、为姗笑、为陵轹、为觊觎、为睚眦、为构作、为操纵、为麾斥、为劫制、为把持、为绞讦、为妾妇妒、为形声吠、为崖岸、为阶级、为高亢、为湛静、为张互、为结纳、为势交、为死党、为囊橐、为渊薮、为阳挤、为阴害、为窃发、为公行、为毒螫、为蛊惑、为狐媚、为狙诈、为鬼幽、为怪魁、为心失位;心失位不已,合谩疾而为圣癫、敢为大言,居之不疑,始则天地一我,既而古今一我。小疵在人,缩颈为危;怨谤薰天,泰山四维;吾术可售,无恶不可;宁我负人,无人负我;从则斯朋,违则斯攻;我必汝异,汝必我同;自我作

古，孰为周孔？人以伏膺，我以发冢。①

这一段文字描绘了金末元初，经过战乱之后人们的种种恶行。这些恶行充斥于社会的各个层面，人性自私自利、贪婪狡诈、邪恶阴险，不仅在家庭中，而且在社会交往中，在朝堂臣子中，都有各种邪恶的行为。元好问一口气写出了这么多的恶行，可见在那个时段，他看到了多少人性之恶，经历了多少痛苦磨难。我们好像看到了一个孤独的灵魂，在冰冷黑暗的世界中游荡，没有一丝光明，没有一点温暖，他看到周围都是狰狞的面孔，感受到每一张面孔下邪恶的心灵。在这鬼魅世界中，他没有感受到光明和温暖，更看不到善良和纯净，在这里，元好问把人性的恶表现得淋漓尽致。

元好问没有专门的儒学理论著作，也没有对人性善恶的论述，在一些文章中可见，元好问还是认同"人性善"的观点的，但在金末元初的社会现实中，在人们对他的责骂中，在他被众人无情地冤枉中，这"人性善"的观念早已被"人性恶"所替代了。如果元好问还有一点点"人性善"的信念，那在他的眼中就不会是一片黑暗和冰冷。

人性之恶泛滥，社会风俗败坏，但在元好问看来，这还不是最糟糕的事情。最让元好问担忧的事情是儒学在异端杂说中失去了本来面目。

凡此皆杀身之学，而未若自附于异端杂家者为尤甚也。居山林，木食涧饮，以德言之，则虽为人天师可也，以之治世则乱。九方皋之相马，得天机于灭没存亡之间，可以为有道之士，而不可以为天子之有司。今夫缓步阔视，以儒自名，至于徐行后长者，亦易为耳，乃羞之而不为。窃无根源之言，为不近人情之事，索隐行怪，欺世盗名，曰："此曾、颜、子思子之学也。"不识曾、颜、子思子之学，固如是乎？夫动静交相养，是为弛张之道；一张一弛，游息存焉。而乃强自矫揉，以

---

① 《元好问全集》卷32，第669页。

静自囚，未尝学而曰"绝学"，不知所以言而曰"忘言"。静生忍，忍生敢，敢生狂，缚虎之急，一怒故在，宜其流入于申、韩而不自知也。古有之：桀纣之恶，止于一时；浮虚之祸，烈于洪水。夫以小人之《中庸》，欲为魏晋之《易》与崇观之《周礼》，又何止杀其躯而已乎？道统开矣，文治兴矣，若人者必当戒覆车之辙，以适改新之路。特私忧过，计有不能自已者耳，故备述之。既以自省，且为无忌惮者之劝。侯名澄，七岁入小学，师名士龙江张某。自读诵至剖析义理者余十年。衍圣必其为特达之器，以其子妻之。迄今为名诸侯，二君子有国焉。①（《东平府新学记》）

在这段文字中，元好问一气呵成，虽然不是理性思考的结果，但文章中的几层意思很明确。第一，道家思想不能成为治理国家的思想理论，能够成为治国思想的理论只有儒家理论。在金元之际，全真教得到统治者的推崇，在社会上影响很大。元好问在这段文字中明确指出全真教不能成为治理国家的理论，全真道士虽然可以成为有道之士，可以教人修养心性，但不应该进入朝堂。可见他对当时全真教的看法。第二，儒学出现了乱象，一些儒士自称为"曾、颜、子思子之学"，但事实上出现虚妄之言，偏离儒学的本真，歪曲了儒家理论。元好问把这些人的罪恶与桀纣相比，"古有之：桀纣之恶，止于一时；浮虚之祸，烈于洪水"，认为这对于儒家理论的危害是很大的。第三，元好问对过分推崇《中庸》的儒学倾向很不满，他认为《中庸》无法代表儒家思想，用中庸之道遮蔽儒家理论体系也是对儒家理论的损毁，所以也是不能容忍的。

元好问不仅总结了社会上人性的恶，也对儒家理论遭受歪曲和损毁的情况深感担忧。他在其他的学记文章中也写出了相同的问题，表现出了相同的担忧。在《博州重修学记》中他写道：

---

① 《元好问全集》卷32，第669～670页。

呜呼！王政扫地之日久矣。战国吾不得而见之，得见两汉斯可矣；两汉吾不得而见之，得见唐以还斯可矣；唐以还且不可望，况于为血为肉之后乎？丧乱既多，生聚者无几，茕茕之与居，伥伥之为徒。亦有教焉，不过破梁碎金，"胡书记咏史"而已。前世所谓《急就章》《兔园册》者，或篇题句读之不知矣。后生所习见者，非白昼攫金，则御人于国门之外，取箕帚而谇语，借耰锄而德色，秦人之抵冒殊捍，贾子之所为太息而流涕者，盖无足讶。由是观之，父子、夫妇、人伦之大节，亦由冠履上下之定分。冠而履之，履而冠之，非正名百物，则倒置之敝无所正。父不父、子不子、夫不夫、妇不妇，必肇修人纪者出而后有攸叙之望矣。①

从上面的文字中，我们看到的是社会秩序的混乱，"父不父、子不子、夫不夫、妇不妇"，上下尊卑倒置，教化体系崩塌，整个社会处于混乱状态。儒学的教育传承体系也遭到极大的破坏。庙学损毁严重，儒士们处境悲惨，"自贞祐南渡，河朔丧乱者余二十年。赵为兵冲，焚毁尤甚；民居官寺，百不存一。学生三数辈逃难狼狈，不转徙山谷，则流离于道路。庙学之存亡，亦付之无可奈何而已。户牖既坏，瓦木随彻，当路者多武弁，漫不加省，上雨旁风，日就颓压；识者惜之"②。

元好问的学记类文章涉及不同的地区，都写到了儒学教育体系遭到破坏的情况，儒士们生存十分困难，他们的温饱难以保障，无法静下心来从事儒学的教育和研究工作。庙学遭到严重毁坏，一般家庭子弟无法安心求学。整个社会处在虚浮、杂乱的状态，人们抛开了伦理纲常，社会的道德体系崩塌。这是元好问最痛心的事情，所以他在不同的文章中都写出了当时社会的乱象。

---

① 《元好问全集》卷32，第672页。
② 同上注，第673页。

二、对古代盛世的向往

元好问对现实社会表现出了极度的不满,作为金代精英士大夫,他所关注和思考的是改变现实中的恶行,匡正世俗,构建良好的社会秩序。他在文章中描绘了自己所向往的理想社会。在《令旨重修真定庙学记》中他写道:

> 窃不自揆度,以为仁、义、礼、智,出于天性,其为德也四;君臣、父子、兄弟、夫妇、朋友,著于人伦,其为典也五;惟其不能自达,必待学政振饰而开牖之,使率其典之当然,而充其德之所固有者耳。三代皆有学,而周为备。其见之经者,始于井天下之田。井田中之法立,而后党庠遂之教行。若乡射,乡饮酒,若春秋合乐、劳农、养老、尊贤、使能、考艺,选言之政,受成、献馘、讯囚之事,无不在。又养乡之俊,造者为之士,取乡大夫之尝见于施设而去焉者为之师。德则异之以知、仁、圣、义、忠、和;行则同之以孝、友、睦、姻、任、恤;艺则尽之以礼、乐、射、御、书、数。淫言诐行,凡不足以辅世者,无所容也。故学成则登之王朝;蔽陷畔逃不可与有言者,则挞之、识之,甚则弃之为匪民,不得齿于天下。民生于其时,出入有教,动静有养,优柔餍饫,于圣贤之化日益加而不自知,所谓人人有士君子之行者,非过论也。[①]

在这样的理想社会,人保持着仁、义、礼、智,这是人的天性,是人所固有的美德。所以说,元好问认为人性本善,他的这一观点,直接来源于《孟子》,"无恻隐之心,非人也;无羞恶之心,非人也;无辞让之心,非人也;无是非之心,非人也。恻隐之心,仁之端也;羞恶之心,义之端也;辞让之心,礼之端也;是非之心,智之端也。人之有是四端也,犹其有四体

---

① 《元好问全集》卷32,第665页。

也。有是四端而自谓不能者，自贼者也；谓其君不能者，贼其君者也。凡有四端于我者，知皆扩而充之矣。若火之始然，泉之始达。苟能充之，足以保四海；苟不充之，不足以事父母"①。

这段话是孟子关于"人性善"的主要论述。元好问也认为，人本来具有仁、义、礼、智之四端，在君臣、父子、兄弟、夫妇、朋友五常的人伦规范下，就能保持基本的社会秩序，再加上教化之功，社会就会出现良好的秩序。他所向往的社会是西周井田制时期，这个时期，教育体系很全面，礼乐制度很完善，社会活动很丰富，社会的教化达到了很高水平。整个社会丰富多彩又秩序井然，人们的行为符合规范，从劳动教育到养老体系都很完备。在这样的理想社会中，融入了先圣的理想，例如，孟子的理想"五亩之宅，树之以桑，五十者可以衣帛矣。鸡豚狗彘之畜，无失其时，七十者可以食肉矣。百亩之田，勿夺其时，数口之家，可以无饥矣；谨庠序之教，申之以孝悌之义，颁白者不负戴于道路矣。七十者衣帛食肉，黎民不饥不寒，然而不王者，未之有也"②。元好问所描绘的理想社会并没有停留在孟子所勾勒的社会理想层面，而是在继承孟子理想的基础上，更加细致具体。

在这样的理想社会中还融入了元好问对周代礼仪制度的理解，他在强调社会教化的时候，特别注意乡射礼、乡饮酒等活动，注意六艺的教育，这些都是元好问对周代礼制的学习和理解，把周代的礼仪规范融入了他的社会理想中。

在元好问的理想社会中，教化是核心内容，对于普通百姓教育引导，就可以具有良好效果。对于顽劣不化之人，他也有自己的惩治办法，"蔽陷畔逃不可与有言者，则挞之、识之，甚则弃之为匪民，不得齿于天下"，在这样的教化之后，整个社会处在良好的氛围中，"民生于其时，出入有教，动

---

① 《十三经注疏》整理委员会整理，李学勤主编：《十三经注疏·孟子注疏》卷3，北京大学出版社1999年版，第94页。
② 《孟子注疏》卷1，第10页。

静有养,优柔餍饫,于圣贤之化日益加而不自知,所谓人人有士君子之行者,非过论也"。

元好问的理想社会蓝图,在《博州重修学记》还有相似的描绘:

> 博自唐以来为雄镇,风化则齐、鲁礼义之旧,人物则鲁连子、华歆、骆宾王之所从出。在承平时,登版籍者余三十万家,其民号为良善而易教。特丧乱之后,不能自还耳。虽然,岂独此州然哉? 先王之时,治国治天下,以风俗为元气,庠序党术无非教,太子至于庶人无不学。天下之人,幼而壮,壮而老,耳目之所接见,思虑之所安习,优柔于弦诵之域,而餍饫于礼文之地;一语之过差,一跬步之失容,即赧然自以为小人之归。若犯上,若作乱,虽驱逼之、从臾之、诱引之,有不可得者矣。故以之为俗则美,以之为政则治,以之为国则安且久。理之固然而事之必至者,盖如此。①

在这段文字中同样描绘了先王之世的情况,在教化之下,先王之时,百姓生活于礼乐环境中,自然而然具有良好的修养,但凡有一点差池,都会自觉反思。整个社会风俗醇美,社会安定,国家大治,这是元好问所向往的社会状态。

元好问所向往的先王之世,太过于久远,也太过于理想,似乎离现实很遥远,给人以不可及之感。他也描绘了金末战乱之前的社会,面对元初的社会现实,金代的社会竟然成了元好问追忆的美好时代:

> 近代皇统、正隆以来,学校之制,京师有太学、国子学;县官饩廪,生徒常不下数百人,而以祭酒、博士、助教之等教督之,外及陪京总管大尹府、节度使镇、防御州,亦置教官。生徒多寡,则视州镇

---

① 《元好问全集》卷32,第671～672页。

大小为限员。幕属之由左选者，率以提举系衔刺史，州则系籍生附于京府，各有定在。外县则令长司学之成坏，与公廨相授受，故往往以增筑为功。若仕进之路，则以词赋、明经取士，豫此选者多至公卿达官。捷径所在，人争走之。文治既洽，乡校家塾弦诵之音相闻。上党、高平之间，士或带经而锄，有不待风厉而乐为之者。化民成俗，概见于此。自大安失驭，中夏版荡，民居官寺，毁为焦土。天造草昧，方以弧矢威天下，俎豆之事宜有所待也。①

元好问是金代的士人精英，金代的文教制度比较完善，儒士对金代社会的各个层面都有影响。在《寿阳县学记》中，元好问追忆、赞美了金代的文教制度和彬彬多士的社会现实。文士们在金代有走入仕途的路径，这为读书人打开了理想的窗户，他们看到了希望，就有了动力。正是在这样的社会氛围中，文人有自己的学习仕进的路径，他们可以沿着唐宋以来文人走出来的道路前行。他们的生活简单，在学习中修养心性，增长知识，这种生活状态，也成为经历了乱世后的元好问时时追忆的生活。元好问曾经在上党、高平一带求学，此地的耕读生活场景让他记忆深刻。"文治既洽，乡校家塾弦诵之音相闻。上党、高平之间，士或带经而锄，有不待风厉而乐为之者。化民成俗，概见于此。"

元好问对金代社会文士生活及社会风尚的追忆，虽然难免有情感因素，但是，也有金代注重文教的社会风气的影响。由宋入元的赵孟頫曾极力赞美金代文士辈出的社会现实："金自有国以至于亡仅百年，然以文取士，完州之境，登进士第者举不乏人。当金之时，完未为州，永平一县而已。夫一县不为大也，百年不为久也，而士往往以儒科起家，岂可谓非美哉！"②

在《博州重修学记》中，元好问也表现出了相同的对已逝的美好时光的

---

① 《元好问全集》卷32，第674～675页。
② ［元］赵孟頫著，黄天美点校：《松雪斋集》卷7，西泠印社出版社2010年版，第173页。

追忆:"博自唐以来为雄镇,风化则齐、鲁礼义之旧,人物则鲁连子、华歆、骆宾王之所从出。在承平时,登版籍者余三十万家,其民号为良善而易教。特丧乱之后,不能自还耳。虽然,岂独此州然哉?"[1] 自唐代延续的教化之风在金代末期的战乱中遭到破坏,当时的良好秩序在战火中被打破,金代社会的文治景象成为元好问的美好回忆。西周时期的社会景象是元好问美好的理想,这个理想是他在历代文人的赞美声中构筑的,这里集中了他关于社会秩序最美好的构想。如果说西周社会只是虚幻的理想,那么,金代社会的文治景象就是他真切的经历,是实实在在存在过的美好景象。

不断用礼乐教化百姓,构筑良好的社会秩序,这是儒家理论的社会实践,也是儒士们奋斗的终极目标。元好问作为金代社会的士大夫精英,曾经为金代的文治成果做出了自己的贡献,现在一切都遭到了极大的破坏和损毁,他内心的痛苦和悲哀,我们是难以想象的。他站在了两个时代的交接点,为金代繁荣的景象唱着悲伤的葬歌,而他自己的人生还要走向下一个时代。他不能眼看着儒学的衰落而心死,想要振作起来,为社会做点事情,希望用儒学重建社会秩序,所以他同时又为刚刚开启的时代摇旗呐喊。

三、为重振儒学而呐喊

元代初期,元好问积极推动儒学的振兴,他与张德辉把"儒教大宗师"的桂冠送给了忽必烈,希望忽必烈能够给予儒学曾经有过的社会地位,给儒士们一些关照,有力地推动儒学的复苏,重建文明有序的社会秩序。

在元好问与张德辉等人的努力下,儒学的状况有了可喜的改变。而这种向好的改变极大地激发了元好问振兴儒学的激情,在《令旨重修真定庙学记》中我们能读出他的激越情绪。

> 洪惟大朝,受天景命,薄海内外,罔不臣属。武克刚矣,且以文治

---

[1] 《元好问全集》卷32,第671页。

为永图。方夏甫定，垂恩选举，念孤生之不能自存也；通经之士，悉优复之，虑儒业之无以善继也。老成宿德，使以次传之。深计远览，所以贻丕显之谟，而启丕承之烈者，盖如此。王府忠国抚民，一出圣学。比年宾礼故老，延见儒生，谓六经不可不尚，邪说不可不绌，王教不得不立，而旧染不得不新。顺考古道，讲明政术，乐育人材，储蓄治具，修大乐之绝业，举太常之坠典。其见于恒府庙学者，特尊师重道之一耳。夫风俗，国家之元气；学校，王政之大本。不塞不流，理有必至。癃老扶杖，思见德化之成。汉来美谈，见之今日。盖兵兴四十年，俎豆之事不绝如线，独吾贤王为天下倡，是可为天下贺也。①

真定在宋代、金代是河北西路的首府，在北方具有重要的政治文化地位。元代初期，它仍然是一个军事、政治、文化重镇。忽必烈关注到了真定的庙学重修问题，这对儒学来说是一个非常积极的信号，是忽必烈对儒学态度的一种表现。"王以丁未之五月，召真定总府参佐张德辉北上。德辉既进见，王从容问及镇府庙学，今废兴何如？德辉为言：'庙学废于兵久矣！征收官奉行故事，尝议完复，仅立一门而已。今正位虽存，日以颓圮。本路工匠总管赵振玉方营葺之。惟不取于官，不敛于民，故难为功耳。'于是令旨以振玉、德辉合力办集，所不足者，具以状闻。"②张德辉得到忽必烈的旨令后，积极行动，以很快的速度完成了庙学的修葺工作。

对于忽必烈下令修葺真定庙学之事，元好问表现得很兴奋，"洪惟大朝，受天景命，薄海内外，罔不臣属。武克刚矣，且以文治为永图"。他看到皇朝武力征服后就开始重视文治，似乎看到了皇朝文治武功的繁盛景象。他列出了目前应该着手办理的事情，"方夏甫定，垂恩选举，念孤生之不能自存也；通经之士，悉优复之，虑儒业之无以善继也"。他认为首先要改变儒士

---

① 《元好问全集》卷32，第666页。
② 同上注，第664页。

们的状况，选取通经之士，给他们一些待遇，使得他们能够继续儒业，这些儒士是儒学得以传承的保证。儒士们肩负重任，他们可以尚六经、绌邪说、立王道、施教化。"比年宾礼故老，延见儒生，谓六经不可不尚，邪说不可不绌，王教不得不立，而旧染不得不新。顺考古道，讲明政术，乐育人材，储蓄治具，修大乐之绝业，举太常之坠典。"他们可以探讨古道，讲解治国之政，培养人才，重兴儒道，是完善经典的主要力量。这些儒士可以加强社会教化，使社会重现醇美风俗，汉以来的文明景象重现于世。

元好问不仅仅描绘了元代社会风俗的美好蓝图，而且说明这种蓝图一定能够实现。这种蓝图的实现是以教化百姓为前提的。他列举了井田制破坏之后，社会秩序出现了混乱，但是在汉代君臣儒士的努力下，又实现了社会秩序的好转，从而证明了匡正世俗的可能性。

> 或者以为井田自战国以来扫地矣，学之制不可得而见之矣。天下之民既无以教之，将待其自化欤？窃谓不然。天佑下民，作之君师，夫岂不欲使之正人心、承王道、以平治天下？岂独厚于周师而薄于世乎？由周而为秦，秦又尽坏周制，烧诗、书以愚黔首，而黔首亦皆从之而愚。借糨锄而德色，取箕帚而谇语，抵冒殊扞，熟烂之极，宜莫秦民若也。高帝复以马上得天下，其于变狂秦之余习，复隆周之美化，亦不暇给矣。然而叔孙典礼，仅出绵蕝之陋；陆贾《诗》《书》，又皆煨烬之末；孰谓斫雕为璞者，乃于不旋踵之顷而得之？宽厚化行，旷然大变。兴廉举孝，周暨郡国。长吏劝为之驾者，项背相望。是则前日所以厚周者，今易地而为汉矣。况乎周制虽亡，而出于人心者固在，惟厌乱所以思治，惟顺流易于更始。始于草创而终之以润色，本末先后还相为用，为周为汉，同归于治，何详略迟速之计邪？[①]

---

① 《元好问全集》卷32，第665页。

战国时期井田制破坏之后，秦代又焚书坑儒，进一步破坏周制，"烧诗、书以愚黔首，而黔首亦皆从之而愚。借耰锄而德色，取箕帚而谇语，抵冒殊扞，熟烂之极，宜莫秦民若也"。秦代百姓已经到了不认父母，不知廉耻的地步。尽管社会风俗已经到了这种程度，汉代兴儒学、重教化，社会风俗也旷然大变，重现周代的文明景象。元好问对秦汉情况的分析，充分说明，尽管现在社会上出现了秩序混乱、邪恶横行的情况，但是，只要像汉代一样重视儒学，重开教化，文明秩序、美好风俗一定会再现的。

元好问不仅为当时社会描绘了美好的蓝图，还充分地说明了，只要重视教化，这种良好社会秩序的再现是必然的。他特别强调了教化是必须的，百姓不可能自化，"天下之民既无以教之，将待其自化欤？窃谓不然"，明确提出必须要通过教化，才可以"正人心、承王道、以平治天下"[①]。

元好问激情满怀地为元朝描绘了盛世的蓝图，并且满怀激情地呼吁要实现蓝图，他也在多篇文章中表现了这样的热情和希望。

予谓二三君言："公辈宁不知学校为大政乎？夫风俗国家之元气，而礼义由贤者出。学校所在，风俗之所在也。吾欲涂民耳目，尚何事于学？如曰：'如之何使吾民君臣有义而父子有亲也？夫妇有别而长幼有序也？'则天下岂有不学而能之者乎？古有之'有教无类'；虽在小人，尤不可不学也。使小人果可以不学，则武城之弦歌，当不以割鸡为戏言矣。予行天下多矣，吏奸而渔，吏酷而屠，假尺寸之权，朘民膏血以自腴者多矣！崇祠宇，佞佛老，捐所甚爱以求非道之福，颦呻顾盼，化瓦砾之场为金碧者，又不知几何人也！能自拔于流俗，崇儒重道如若人者乎？且子所言'无以自达'者，亦过矣。兴学之事，贤相当任之，良民吏当为之。贤相不任，良民吏不为，曾谓斗食吏不得执鞭于其后乎？使吾不为记兹学之废兴则已，如欲记焉，吾知张不渝之后，唯此两从事而

[①]《元好问全集》卷32，第665页。

已！奚以斗食之薄、万钟之厚为计哉？"①（《寿阳县学记》）

在这里元好问疾呼：风俗是国家的元气，有学校的存在才有良好的风俗，才可以出现君臣有义、父子有亲、夫妇有别、长幼有序的良好社会秩序。现在，社会秩序混乱，邪恶横行，任何人都需要学习才能够遵守社会秩序。兴学之事是整个社会的任务，上自贤相，下至良民、小吏，都有责任兴学重教，这不单单是底层官吏的事情。

在元好问看来，振兴儒学，重开教化是需要全社会共同来完成的大事，所以他对致力于振兴儒学、教化百姓的儒士，极力赞美。他在《代冠氏学生修庙学壁记》中写道：

> 冠氏庙学，贞祐初知县事鲁仔所增建。泰和中，主簿折元礼画七十二子像。丧乱以来，民居皆被焚毁而庙学独存。岁乙未，右副元帅赵侯悯其颓圮，复为完补之。学之制，初亦俭狭，侯就为料理，而作新之意盖未已也。侯崇儒重道，出于天性。在军旅中，亦常以文史自随；一府之人，若偏裨、若府吏，皆随而化之；兴学之事，特其滥觞耳。呜呼！吾邑为大县久矣。在承平时，登版籍者余三万家；侨寓之民，又倍而三之。学校，大事也，前后历数十政非无贤令佐，而乃因卑习陋，漫不加省；百年以来，能崇起之者，唯吾侯与鲁、折三人而已。可胜叹哉！②

这是元好问代人所作的一篇学记，其中赞美了冠氏庙学的兴建和修葺过程，对赵侯崇儒重道、教化他人的行为很赞赏。这也说明，在当时的社会，虽然儒学受到冲击，社会秩序出现混乱，但儒学并没有彻底被湮没，儒士依

---

① 《元好问全集》卷32，第675页。
② 同上注，第676页。

然存在于社会的各个层面，他们虽然无法影响儒学在整个社会中的地位，但是他们是重振儒学的基础。只要有统治者高层的倡导，儒学在社会上会很快振兴，社会的文明秩序也会很快出现。

元好问没有自己的儒学著作，虽然他没有对儒学理论深入探讨，但我们可以看到，他一直自觉担负着儒士的重任，重视儒家理论的社会功能，强调其教化意义，把儒家理论与当时的社会现实密切结合，为当时儒学的重振做出了重大贡献，为元代初期社会秩序的恢复也付出了大量心血。在中国儒学发展史上应该重视儒学的社会实践，更应该重视金末元初曾经为社会秩序的恢复做出贡献的元好问。

第二节　元好问对儒道的变通

元好问主要生活在金代后期，他经历了金末元初的战乱过程。在战乱时期，一切社会秩序都遭到了破坏，儒学也经历了一次大的劫难。在这样的特殊时期，元好问的儒学思想也发生了变化。他没有办法固守儒家的基本理论，只能在变通中为儒家理论坚守阵地。

元好问的变通思想首先表现在金末的守城过程中。汴梁城是金代最后的国都，蒙古军在壬辰年（1232）进攻汴梁城，城中军民奋勇抵抗，蒙古军围城十月。城中粮草用尽，百姓因饥饿、瘟疫大量死亡。壬辰年（1232）十二月，皇帝出逃。癸巳年（1233）正月，金军将领崔立起兵杀死守城重臣，向蒙古军投降，城中百姓得以活命，金国走向灭亡。这一事件是金末大事，历史学者多有研究：有的认为崔立救生灵有功，此时皇帝已经弃民不顾，自去逃亡，崔立的行为不是反叛，是爱民的表现；有的认为崔立作为金国将领，杀害守城重臣，出卖皇室成员，就是叛将。学者各执一词，观点难以达到一致。从当时的社会情况来看，这件事给社会带来的震动是巨大的，它打破了千百年来形成的以"忠孝"为核心的道德规范，也打破了金人精心营造的文化氛围。面对国家的灭亡、道德规范的溃破，金代的士人群体都是一种什么样的心态呢？他们为国家、为社会道德，做了些什么事情呢？金亡前后社会道德是不是完全崩塌了呢？

中国的社会道德是以儒学思想为基础建立起来的。孔子提出了君君、臣臣、父父、子子和仁义礼智的道德观念，为社会制定了理想的秩序和规范，后经孟子的发展，进一步完善。到了汉代，董仲舒在《春秋繁露》中系统阐述了自己的阴阳尊卑理论，在孔孟学说基础上提出了"三纲""五常"，为社会制定了道德规范。这一道德规范的核心就是"忠孝"，一个"忠"理顺了君臣关系，使国家在大的层面上进入一种规范和秩序中，一个"孝"在家庭层面上保证了社会基本单位的稳定，君臣父子关系得到"忠孝"的规范，社会处于稳定的秩序中。而"五常"也有效地调整了社会各个方面的矛盾。儒学从产生起就很注重教化百姓，儒家思想理论方面的成果，随着教化功能的强调也渗透到社会的各个层面，"忠孝"思想深入到了人们的骨髓，"乱臣贼子"会遭到人们痛恨和责骂。中国社会朝代更替，虽然也出现了乱臣的行为，但他们都为自己的行为披上了符合道德的外衣，比如说"清君侧""禅让""选贤任能"等，新朝建立之后，仍然延续着"忠孝"的教化。中国封建社会就这样一代代延续、更替，不断地修复因特殊原因造成的"忠孝"为核心的传统道德的残破和创伤。

金代虽然是草原民族建立的政权，但统治阶层对社会的"忠孝"教化也非常重视，传统道德并没有在这个时期受到冷落，社会仍然在儒家道德所规范的秩序中前行。金末发生的崔立事件及其后来的走向，正是传统道德由破溃到修复的过程，从中可以看到以"忠孝"为核心的传统道德强大的自我修复能力。

一、围城中"忠君"思想的变通

蒙古军在壬辰年（1232）正月，曾经攻城十六昼夜，因汴梁城难以攻克，他们知难而退，同时留重兵驻扎要地，等待时机。之后，将近一年的时间内，金国君臣做了种种努力，希望能够保存金国国都，等待转机的到来。此时，蒙古军占领了主要的交通要道，也占领了金国的大部分土地，国都已经没有了物资补充的源头，而物资的匮乏带来的是可怕的饥饿。金代的资料留存甚少，当年在汴梁城中的刘祁、元好问的著作有幸存世，他们在著作中都记载了当时的情况，刘祁的记载比较具体：

> 二守臣素庸暗无谋，但知闭门自守。百姓食尽，无以自生，米升直银二两，贫民往往食人殍，死者相望，官日载数车出城，一夕皆剔食其肉净尽。缙绅士女多行匄于街，民间有食其子。锦衣、宝器不能易米数升。人朝出不敢夕归，惧为饥者杀而食。平日亲族交旧，以一饭相避于家。又日杀马牛乘骑自啖，至于箱箧、鞍鞯诸皮物，凡可食者皆煮而食之。其贵家第宅与夫市中楼馆木材皆撤以爨。城中触目皆瓦砾废区，无复向来繁侈矣。朝官士庶往往相结携妻子突出北归，众谓不久当大溃。①

在这段文字中我们看到，百姓把家中可食之物搜刮一空，最后甚至杀人而食、抢饿殍而食，这种惨烈景象元好问在《外家别业上梁文》中也有提及："久矣公私之俱罄，困于春夏之长围。穷甚析骸，死惟束手。"虽然元好问没有很具体地写出当时百姓的饥饿状态，但也说明了当时百姓在死亡线上挣扎。汴京被围期间，刘祁和元好问都在城中目睹了当时物资匮乏、百姓极度饥饿带来的疯狂景象。后来《金史》也记录了当时的情况，与刘祁、元好问所记相似。

---

① 《归潜志》卷10，第126页。

第十二章 元好问对儒道的变通

在被围的汴梁城中,百姓被饥饿所裹挟,瞪着血红的眼睛寻找着可以充饥的食物,他们几乎回到了野蛮人的时代,此时的"仁义礼智信"已经被饥饿摧毁殆尽。在全城生灵的生死存亡之际,皇帝出城了。"(天兴二年)十二月辛丑,上出京,服绛纱袍,乘马导从如常仪。留守官及京城父老从至城外奉辞。有诏抚谕,仍以鞭揖之。"① 皇帝以他的威仪告诉全城百姓要"御驾亲征"。百姓在极度饥饿中等待着胜利的消息,但等来的是"俄闻军败卫州,苍黄走归德"②,接着,皇帝派人到汴梁城中迎接皇太后、皇后等人,百姓绝望。至此,皇帝彻底抛弃了他的臣民。

在皇帝抛弃了臣民之后,城中的各种势力开始谋求自救。第一股势力来自民间,他们虽非官员,却是缙绅,是民间的有识之士。他们开始策划归顺,求取生路,"于是民间有立荆王监国,以城归顺之议"③。在这个群体中,刘祁是积极的行动者,他在《归潜志》也记载了自己的主张和行为。他决定与麻信之等人向守城宰相建言,欲立荆王监国,开城投降,以保全皇室祭祀和全城百姓。第二股势力来自于官场:

> 天兴二年正月丙寅,省令史许安国诣讲议所言:"古者有大疑,谋及卿士,谋及庶人。今事势如此,可集百官及僧道士庶,问保社稷、活生灵之计。"左司都事元好问以安国之言白奴申。奴申曰:"此论甚佳。可与副枢议之。"副枢亦以安国之言为然。好问曰:"自车驾出京今二十日许,又遣使迎两宫,民间汹汹,皆谓国家欲弃京城,相公何以处之?"阿不曰:"吾二人惟有一死耳。"好问曰:"死不难,诚安社稷,救生灵,死方可也。如不然,徒欲一身饱五十红纳军,亦谓之死耶。"阿不欸语曰:"今日惟吾二人,何言不可。"好问乃曰:"闻中外人言,欲立

---

① 《金史》卷115,第2524页。
② 同上。
③ 同上。

二王监国，以全两宫与皇族耳。"阿不曰："我知之矣，我知之矣。"即命召京城官民，明日皆聚省中，谕以事势危急当如之何。①

从上面的记载中可见，在民间力量积极自救的同时，守城官员们也开始为百姓的生命考虑了，他们开始讨论救民的办法。而在此讨论中，元好问是一个积极的参与者，他提出了自己的献城策略，认为百姓提议的二王监国的主张是可行的。虽然元好问说得很委婉谨慎，但很明显，他认为救民于水火，是此时最重要的事情。皇帝抛弃了他的臣民，在生灵涂炭之时，没有必要死守一个"忠"字，而是应该对忠进行变通，由对皇帝的忠，变通为对皇室的忠和对国家的忠。他希望另选君王监国，开城归顺，既可以拯救全城百姓，也可以保全皇家颜面，延续皇家祭祀。元好问的意见与民间有识之士的意见相同，他是朝廷命臣，更应该忠于君王，但在百姓几乎无法生存的情况下，他以百姓为重，抛开了对皇帝的忠，寻求一种变通，既救百姓，又忠于朝廷。

二、蒙古军入城时气节的变通

蒙古军开始攻打汴梁城之时，城内的军民拼死抵抗，蒙古军伤亡惨重。后蒙古军切断汴梁城的供给，改为围城。按照蒙古军的惯例，凡是攻城之时遇到抵抗，城破之日就是屠城之时。汴梁城当时是金国首都，如果屠城，城内数十万百姓的生命化为冤魂，北宋至金保存的文化典籍也将毁于一旦。汴梁城是北宋的都城，保存着历史上留存的珍贵典籍。北宋亡国后，所有的文化典籍都归入金。金国的皇帝对中原文化非常仰慕，他们较好地保存了北宋都城的文化典籍。贞祐南渡后，金国的文化典籍也都集中于此。所以汴梁城所保存的文化典籍数量巨大，而且弥足珍贵。如果汴梁城被屠城，不仅意味着千百年来传承下来的文化典籍化为乌有，而且当时集中于都城的大量士人

---

① 《金史》卷115，第2525页。

精英也都将死于屠刀之下。中国文化的传承在此将出现断裂。

崔立献城之后，蒙古军于癸巳年（1233）四月进城，在蒙古军进城之时，元好问要为保存文化典籍奋力一搏。他知道当时能够保护这些文化典籍的得力之人就是耶律楚材，于是给当时在蒙古阵营中的耶律楚材写了一封信《寄中书耶律公书》：

> 四月二十有二日，门下士太原元某，谨斋沐献书中书相公阁下。《易》有之："天造草昧""君子以经纶"。伏惟阁下辅佐王室，奄有四方，当天造草昧之时，极君子经纶之道。凡所以经造功业，考定制度者，本末次第，宜有成策，非门下贱士所敢与闻。独有事系斯文为甚重，故不得不为阁下言之。自汉、唐以来，言良相者，在汉则有萧、曹、丙、魏，在唐则有房、杜、姚、宋。数公者固有致太平之功，而当时百执事之人，毗助赞益者，亦不为不多。传记具在，盖可考也。夫天下大器，非一人之力可举。而国家所以成就人材者，亦非一日之事也。从古以来，士之有立于世，必藉学校教育、父兄渊源、师友之讲习，三者备而后可。喻如修明堂总章，必得梗楠豫章、节目磥砢、万牛挽致之材，豫为储蓄数十年之间，乃能备一旦之用。非若起寻丈之屋，榾楛桹楔、楹杙薨桷，杂出于榆柳槐柏，可以朝求而暮足也。窃见南中大夫士归河朔者，在所有之。圣者之后如衍圣孔公，耆旧如冯内翰叔献、梁都运斗南、高户部唐卿、王延州从之，时辈如平阳王状元纲、东明王状元鹗、滨人王贲、临淄人李浩、秦人张徽、杨焕然、李庭训、河中李献卿、武安乐夔、固安李天翼、沛县刘汝翼、齐人谢良弼、郑人吕大鹏、山西魏璠、泽人李恒简、李禹翼、燕人张圣俞、太原张纬、李谦、冀致君、张耀卿、高鸣、孟津李蔚、真定李冶、相人胡德圭、易州敬铉、云中李微、中山杨果、东平李彦、西华李世隆、济阳张辅之、燕人曹居一、王铸、浑源刘祁及其弟郁、李同、平定贾庭扬、杨恕、济南杜仁杰、洺水张仲经、虞乡麻革、东明商挺、渔阳赵著、平阳赵维道、汝南

杨鸿、河中张肃、河朔句龙瀛、东胜程思温及其从弟思忠。凡此诸人，虽其学业操行参差不齐，要之皆天民之秀，存用于世者也。百年以来，教育讲习非不至，而其所成就者无几。丧乱以来，三四十人而止矣。夫生之难，成之又难。乃今不死于兵，不死于寒饿，造物者挈而授之维新之朝，其亦有意乎？无意乎？诚以阁下之力，使脱指使之辱，息奔走之役，聚养之，分处之。学馆之奉不必尽具，饘粥足以糊口，布絮足以蔽体，无甚大费，然施之诸家，固以骨而肉之矣。他日阁下求百执事之人，随左右而取之，衣冠礼乐，纪纲文章，尽在于是，将不能少助阁下萧、曹、丙、魏、房、杜、姚、宋之功乎？假而不为世用，此诸人者，可以立言，可以立节，不能泯泯默默、以与草木同腐。其所以报阁下终始生成之赐者，宜如何哉？阁下主盟吾道，且乐得贤才而教育之。一言之利，一引手之劳，宜不为诸生惜也。冒渎台严，不胜惶恐之至。某再拜。①

元好问主要说明培养人才是一个漫长的过程，而人才是"衣冠礼乐，纪纲文章"的传承者，应该对优秀人才进行保护，为新朝储备人才。元好问与耶律楚材未曾谋面，书信言辞恳切，完全站在蒙古建立新朝的角度来说服耶律楚材，并为耶律楚材提供了54人的名单，请求保护。

儒家有关于气节的论述，孔子提出"志士仁人，无求生以害仁，有杀身以成仁"(《论语·卫灵公》)。为了追求"仁"，生命是可以抛弃的，不能为了生命，而做不仁的事情。"齐景公有马千驷，死之日，民无德而称焉。伯夷、叔齐饿于首阳之下，民到于今称之。其斯之谓与？"(《论语·季氏》)伯夷叔齐不食周粟，最后饿死于首阳山，孔子对他们的行为大力赞赏，后来他们就成了儒家有气节者的典范。而孟子则大力赞美浩然之气，主张"富贵不能淫，威武不能屈"，也为士人树立了有气节者的典范。儒家所主张的气

---

① 《元好问全集》卷39，第804页。

节成了士人修身的基本内容，如果丢失了气节会被人唾弃。

面对灭国的蒙古政权，屈膝求救，完全丢弃了对自己国家的忠，也丢弃了儒家所倡导的气节，这不仅仅是对国家的背叛，也是对儒家主张的背叛。但从另一个角度来说，在当时国家破灭，儒学遭到践踏，儒学传播者随时可能被杀灭，儒学传承出现严重危机的状况下，是死守气节，任凭儒学遭到摧残，还是灵活变通以保护儒学呢？元好问毅然选择了后者。

元好问为耶律楚材提供了士人精英的名单，这些人大多是儒士，他们后来得到了耶律楚材的保护，为蒙古政权的建立和中原文化的传承起到了很重要的作用。元好问具有很高的境界，他抛开了儒家所主张的"忠"，却保存了中原文化典籍，保证了中原文化的持续传承，为"以夏变夷"奠定了人才基础，为重振儒学做出了巨大贡献，这是他对儒家理论的一次大的变通。为了这一变通，元好问也付出了沉重的代价，他遭到了当时士人群体的持续谩骂和孤立，后人也对元好问的气节提出了质疑，从而影响了对他在文坛地位的评价。

结　语

　　金代是草原女真民族建立的政权，勇猛善战的女真民族凭借武力开疆拓土，对北宋形成碾压之势，最后灭亡北宋，进入了与南宋的对峙时期。就在金国不断征伐的过程中，金代早期文人队伍不断壮大，这些文人属于"借才异代"的文人，他们进入金国之后，很快促成了金代文学文化的繁荣。在这样的背景下，金代自己的文人士大夫群体"国朝文派"成长起来了。他们是金代培养起来的文人，拥护金国政权，代表金代文化，他们的心态与"借才异代"的文人完全不同，他们既有学习中原先进文化的意识，又有推进金国文化繁荣的责任感和强烈的正统观念，认为金国文化直承汉唐，对当时的宋代文化是傲视或平视的态度，他们的这种心态也表现在他们的儒学思想中。

　　从对金代儒学思想的研究中可见，他们对宋儒的理论都有学习探讨，但是进行了批评取舍。他们对宋代大儒的理论都有批评，对宋儒的理论成果并不完全认同。例如，赵秉文的儒学思想很明显受到了宋代理学的影响，但他并没有全盘接受宋儒的理论，而是在学习宋代理学的基础上，形成了自己的中庸思想体系，同时，他对宋儒的一些理论也有自己的批评。李纯甫在接受儒、释、道理论之后，形成了他的三圣人理论，他看到了儒、释、道三家理论的相通之处，努力在寻找三家理论的关联。他对宋代理学思想提出了批评，认为理学理论都受到佛教的影响，并把佛家的理论引入他们的理论体系，所以他批评宋儒窃取佛家理论。李纯甫著《鸣道集说》对宋儒的《鸣道集》进行了激烈抨击，从而引起了南北思想界的一场大的论战。王若虚博览群书，对前人及当代的儒学著作都进行了细致的研读，对一些不合理、有疑义的问题进行了辨别。在辨惑过程中，对宋代儒学解经著作细致甄别，小心取舍，力图找到最合理的解释。他在自己解经理论的框架下，对宋儒的解经注疏及理论都提出了批评。从金代学者的著作中可见，他们对宋儒没有景仰的心态，把宋儒完全当成了与他们地位平等的学者进行评论，有时甚至是一种居高临下的批评。

金代学者对孔孟都是非常景仰的，力图寻找孔孟之道的源头，追寻孔孟学说的本来面目。他们非常认真地学习、解读孔孟学说，即使遇到疑惑的地方，也基本上没有批评孔孟学说的弊端，而是在寻找新的解读思路，以求证明孔孟学说的合理性。赵秉文在自己整理的《闲闲老人滏水文集》中留下了他对中庸之道的论述，《原教》《性道教说》《中说》《诚说》《庸说》《和说》等文章都是对中庸之道的解读，他对中庸之道非常推崇，认为是至大至尊之道。虽然赵秉文大量阅读研究了宋儒的理学著作，也受到了宋代理学一些影响，但他却抛开了这些宋儒的学说，去寻找儒家理论的源头，建构自己以中庸之道为基础的儒学思想体系。李纯甫虽然对宋儒的理论极为不屑，但他没有抨击孔孟学说，他很尊崇孔圣人，在对宋儒理论的批评中，都维护着孔孟学说。王若虚对宋儒多有批评，主要是他认为宋儒歪曲了孔孟学说，曲解了孔孟本意，所以，王若虚的辨惑文章大多在追寻孔孟的本意。金代学者的儒学研究都表现出对孔孟学说本来面目的探寻，这是金代儒学思想的重要特征。他们之所以会出现这样的研究思路，与他们的正统意识是分不开的，他们觉得自己要承继正统，就应该清除儒学园囿中的荆棘，恢复儒学纯净的状态，为儒学的发展创造良好的环境。

金代学者注重儒家理论的践行，金代儒学也表现出了鲜明的实践性。他们没有把儒学当成高高在上的脱离现实的理论，而是把儒家理论与现实密切结合起来。学者们认为儒家理论的产生就是为了"修身、齐家、治国、平天下"，所以他们把这一理论放到现实中去研究。赵秉文、王若虚、元好问等人都注意到了儒家理论"合人情"的问题，他们在符合人情的基础上阐释孔孟学说，王若虚明确提出了"揆以人情而约之中道"的解经思路。由于学者们认为人情为解经之本，所以他们对不合人情的《周礼》多有质疑，认为《周礼》的一些烦琐规定不合人情，是不适合现实需要的。金代学者也非常重视儒家理论的救世功能，特别强调其教化百姓、匡正世俗的作用。赵秉文在《黄河九昭》中特别强调了儒家理论匡正世俗的作用，王若虚也在他的诗文中强调了这一作用，元好问在他的文章中也有相关论述。这些学者几乎都身体力行，努力践行着儒家理论，使得金代儒家学说具有明显的现实性特征。

金代学者为儒学在金末元初的承继做出了重要贡献。金元之际战火几乎烧遍了北方大地，儒家理论在北方也遭到了巨大的挫折。这一时期，大量的庙学遭到损毁，儒学教育也受到了严重影响。在这一特殊时期，儒学传统几乎出现断裂。金代文人在生命受到威胁的情况下，仍然以保护儒学传承为己任，以各自不同的方式，努力保护儒学。元好问在汴梁城可能会遭遇屠城的情况下，给素昧平生的耶律楚材写信，请求保护儒士生命，延续儒学传统，并列出了 54 人的精英名单。"河汾诸老"因为战火隐居河汾一带，但是他们没有忘记儒士的使命，在当地教授学生，传播儒学。例如，段成己的《霍州迁新学记》《河中府新修庙学碑》《猗氏县创建儒学碑》《河津县儒学记》等文章都可见他对儒学的关注，也可见他推进儒学发展的努力。李俊民在金亡后也隐居乡里，教授学生，为家乡的儒学传承不断努力。正是因为金末儒士们的努力，在元代初期的文化重构过程中，儒学经历了被漠视、被摧残的过程之后，很快又成为元代初期思想文化的重要内容。

儒学在元代初期能够被重视，一方面是因为忽必烈金莲川幕府儒士们的努力，这些人都是金代培养起来的儒士，虽然他们在金亡前后来到了蒙古统治者的麾下，但是他们是金代儒学氛围下成长起来的文人士大夫，他们的治国理念是以儒家思想为基础而形成的。他们不仅以自己的治国理念影响着忽必烈，而且在忽必烈夺取皇位之后，积极为新的政权建构思想文化体系，所以元代初期的思想文化体系是以儒家理论为基础的。这些人以郝经、刘秉忠等为代表。另一方面，金代灭亡之后，金代的儒士成为元代的臣民，不管这些儒士是否认可蒙古族的统治，他们对儒学的研究和坚守都没有停止过。一些儒士希望"以夏变夷"，他们活跃于元初社会权力阶层，为儒学地位的恢复做着各种努力，例如元好问、张德辉等人。一些儒士回归乡里，继续耕读生活，教授学生，在乡间传播儒学。他们推动乡间庙学的重建，引导乡间子弟学习儒家经典，这些儒士为儒学在乡间的恢复做出了重要的贡献。总之，金代虽然灭亡了，但金代培养的儒士承载着金代儒学研究的成果和金代儒学思想的精髓，成为元代的臣民。虽然战火使他们生活艰难，但他们仍然推动儒学由金到元延续、发展。

参考文献

［汉］班固著，［唐］颜师古注：《汉书》，中华书局1962年版。

［汉］司马迁撰：《史记》，中华书局1959年版。

［汉］郑玄注，［清］刘宝楠注：《论语正义》，上海书店出版社1986年版。

［三国］王肃注：《孔子家语》，上海古籍出版社1990年版。

［梁］皇侃撰，高尚榘校点：《论语义疏》，中华书局2013年版。

［唐］韩愈撰，马其昶校注：《韩昌黎文集校注》，上海古籍出版社1987年版。

［后晋］刘昫等撰：《旧唐书》，中华书局1975年版。

［宋］程颢、程颐撰：《二程遗书》，上海古籍出版社2000年版。

［宋］范晔撰，［唐］李贤等注：《后汉书》，中华书局1965年版。

［宋］胡仔纂集，［宋］廖德明校点：《苕溪渔隐丛话》，人民文学出版社1984年版。

［宋］黄庭坚撰，任渊等注，刘尚荣校点：《黄庭坚诗集注》，中华书局2003年版。

［宋］李心传撰：《建炎以来系年要录》，上海古籍出版社1992年版。

［宋］欧阳修、［宋］宋祁撰：《新唐书》，中华书局1975年版。

［宋］苏轼撰，张志烈、马德富、周裕锴主编：《苏轼全集校注》，河北人民出版社2010年版。

［宋］苏洵著，曾枣庄、金成礼笺注：《嘉祐集笺注》，上海古籍出版社1993年版。

［宋］徐梦莘撰：《三朝北盟会编》，上海古籍出版社2019年版。

［宋］叶隆礼撰，贾敬颜、林荣贵点校：《契丹国志》，中华书局2014年版。

［宋］朱熹集注：《诗集传》，上海古籍出版社1980年版。

［宋］朱熹撰：《四书章句集注》，中华书局1983年版。

［金］李纯甫撰：《鸣道集说》，中国子学名著集成编印基金会1978年印行。

［金］刘祁撰，崔文印点校：《归潜志》，中华书局1983年版。

［金］王若虚著，胡传志、李定乾校注：《滹南遗老集校注》，辽海出版社2006年版。

［金］元好问著，姚殿中主编，李正民增订：《元好问全集》，山西古籍出版社 2004 年版。

［金］元好问著，狄宝心校注：《元好问文编年校注》，中华书局 2012 年版。

［金］元好问编，张静校注：《中州集校注》，中华书局 2018 年版。

［金］元好问编纂，薛瑞兆校订：《中州集校订》，广陵书社 2019 年版。

［金］赵秉文著，马振君整理：《赵秉文集》，黑龙江大学出版社 2014 年版。

［元］房祺编，张正义、刘达科校注：《河汾诸老诗集》，山西古籍出版社 1996 年版。

［元］郝经著，张进德、田同旭编年校笺：《郝经集编年校笺》，人民文学出版社 2018 年版。

［元］苏天爵编：《元文类》，商务印书馆 1936 年版。

［元］脱脱等撰：《宋史》，中华书局 1977 年版。

［元］脱脱等撰：《金史》，中华书局 1975 年版。

［元］脱脱等撰：《辽史》，中华书局 1974 年版。

［元］耶律楚材著，谢方点校：《湛然居士文集》，中华书局 1986 年版。

［元］赵孟頫著，黄天美点校：《松雪斋集》，西泠印社出版社 2010 年版。

［明］冯从吾撰：《元儒考略》，文渊阁四库全书本。

［明］丘濬撰：《大学衍义补》，文渊阁四库全书本。

［明］宋濂撰：《元史》，中华书局 1976 年版。

［清］何文焕辑：《历代诗话》，中华书局 1981 年版。

［清］黄宗羲原著，［清］全祖望补修，陈金生、梁运华点校：《宋元学案》，中华书局 1986 年版。

［清］纪昀、陆士熊、孙士毅等撰：《钦定四库全书总目》，中华书局 1997 年版。

［清］厉鹗撰：《辽史拾遗》，文渊阁四库全书本。

［清］毛奇龄撰：《经问》，文渊阁四库全书本。

［清］孙希旦撰，沈啸寰、王星贤点校：《礼记集解》，中华书局 1989 年版。

［清］汪琬著，李圣华笺校：《汪琬全集笺校》，人民文学出版社 2010 年版。

［清］张金吾编纂：《金文最》，中华书局 1990 年版。

［清］庄仲方编：《金文雅》，成文出版社 1967 年版。

狄宝心：《元好问年谱新编》，中国文联出版社 2000 年版。

丁福保辑:《历代诗话续编》,中华书局1983年版。

都兴智:《辽金史研究》,人民出版社2004年版。

胡传志:《金代文学研究》,安徽大学出版社2000年版。

胡传志:《宋金文学的交融与演进》,北京大学出版社2013年版。

胡传志校注:《金代诗论辑存校注》,人民文学出版社2017年版。

胡传志:《元好问传论》,中华书局2021年版。

贾秀云:《辽金诗歌与诗人的心灵世界》,山西人民出版社2015年版。

李修生主编:《全元文》,江苏古籍出版社1999年版。

刘辉:《金代儒学研究》,中国社会科学出版社2018年版。

裴兴荣:《金代科举与文学》,中国社会科学出版社2016年版。

钱穆:《中国思想史》,九州出版社2017年版。

《十三经注疏》整理委员会整理,李学勤主编:《十三经注疏·春秋左传正义》,北京大学出版社1999年版。

《十三经注疏》整理委员会整理,李学勤主编:《十三经注疏·孟子注疏》,北京大学出版社1999年版。

《十三经注疏》整理委员会整理,李学勤主编:《十三经注疏·尚书正义》,北京大学出版社1999年版。

舒大刚撰:《王若虚年谱》,见《宋代文化研究》第5辑,巴蜀书社1995年版。

汤一介、李中华主编:《中国儒学史》,北京大学出版社2011年版。

王庆生:《金代文学家年谱》,凤凰出版社2005年版。

韦政通:《中国思想史》,上海书店出版社2003年版。

阎凤梧主编:《全辽金文》,山西古籍出版社2001年版。

杨伯峻译注:《孟子译注》,中华书局1960年版。

杨海峥撰:《王若虚的〈史记辨惑〉》,见《北京大学古文献研究所集刊1》,北京燕山出版社1999年版。

张晶:《辽金元诗歌史论》,吉林教育出版社1995年版。

张晶:《辽金元文学论稿》,北京广播学院出版社2004年版。